开明教育书系

蔡达峰○主编

生命·生活·生态

顾黄初教育文选

顾黄初○著

梁好○选编

开明出版社

"开明教育书系"丛书编委会

"开明教育书系"
总　序

中国民主促进会（以下简称民进）是以从事教育、文化、出版工作的高、中级知识分子为主的参政党。民进创立以后，在中国共产党的指引和帮助下，积极投身爱国民主运动，在这个过程中，发挥自身优势，举办难民补习培训，创办中学招收群众，参加妇女教育活动，在解放区开展扫盲教育，培养青年教师。

新中国成立以后，民进以推进国家教育事业发展为己任，贯彻党的教育方针，倡导呼吁尊师重教。

一方面，坚持不懈地为教育发展建言献策。从马叙伦先生在任教育部长时向毛泽东主席反映学生健康问题，得到了毛主席关于"健康第一"的重要批示，到建议设立教师节、建立健全《教师法》《职业技术教育法》《民办教育促进法》等法律法规、深化教育改革、促进学前教育发展、义务教育均等化、加强教师队伍建设、中小学教材建设、减轻学生课业负担等等，提出了一系列高质量的意见建议。

另一方面，坚持不懈地开展教育服务。改革开放以来，围绕"四化"建设的需要，持续举办了大量讲座和培训，帮助群众学习，为民工子女、下岗职工、贫困家庭子女、军地两用人才、贫困地区教师等提供教育服务，创办了文化补习学校、业余职业大学、专科学校、业余中学等大批学校，出现了当时全国第一所民办高中、规模最大的民办高校、成人教育学院、民办幼儿教育集团等；不断开展"尊师重教"的慰问、宣传和捐赠等活动，拍摄了电视片《托着太阳升起的人》；举办了一系列教育服务的研讨会和交流会。

在为教育事业长期服务的过程中，民进集聚了越来越多的教育界会员，现有的近19万会员中，约60%来自教育界，其中大部分是中小学教师。广大会员怀着崇高的使命感和责任感，爱岗敬业、默默奉献、积极作为，在教育事业和党派工作中取得了卓越的成就，涌现出无数感人的事迹，赢得了无数的赞誉，涌现出大量优秀教师、校长和著名教育家、专家学者、教育管理者等，他们共同写就了民进的光荣历史，铸就了民进的宝贵财富，是民进的自豪和骄傲。

系统地收集和整理民进会员的教育论著和教育贡献，是民进会史研究和教育的重要任务，对于民进发扬优良传统、加强自身建设、激励履职尽责具有积极的意义，对于我们深入学习多党合作历史、深入开展我国现当代教育历史研究，也具有重要的理论和现实意义。民进中央对此高度重视，组织编辑"开明教育书系"，朱永新副主席和民进中央研究室的同志们辛勤工作，邀请会内外专家学者共同参与，历时数年完成了编写工作。谨此，向各位作者和编辑同志，向开明出版社，向所有关心和支持本书编撰工作的同志，表示诚挚的感谢。

全国人大常委会副委员长

民进中央主席　蔡达峰

2022 年 12 月

顾黄初：语文教育的拓荒者

梁　好

教育家小传

顾黄初（1933—2009），曾用笔名江南春、达人等，浙江嘉善人，著名语文教育家。顾黄初先生自小酷爱文学，受高中语文老师宋清如先生的影响，中学时代立志专攻戏剧文学，18 岁在嘉兴百年名校秀州中学高中毕业报考了南大中文系并被录取。

1953 年，顾先生被分配到苏北农学院附属工农速成中学当教师。1962 年，被调至扬州地区教师进修学院中文系。1963 年，调至扬州师范学院函授部任课，并担任教研组组长。此后，他长期从事在职教师的培训工作。

1978 年顾先生转入扬州师范学院中文系，历任中文系讲师、教研室主任、副教授、教授，兼任扬州师范学院教育科学研究所所长。1992 年起享受国务院专家特殊津贴。2003 年退休前任扬州大学文学院教授、课程与教学论硕士生导师，中国教育学会语文教学法专业委员会副理事长、学术委员会主任。

1984年，因仰慕著名文学家、教育家叶圣陶先生的声望和成就，加入中国民主促进会。不久，即任民进扬州市第三届委员会第一副主委。1985年5月至2002年，先后担任民进扬州市委主委17年，为扬州民进的发展做出了不可磨灭的贡献。1987年以来，顾先生先后兼任中国民主促进会六届中央委员，第三、四届扬州市人大常委会副主任，第六届江苏省政协委员，第七届江苏省人大代表，第八届、第九届全国人大代表等职。

半个多世纪以来，特别是改革开放以来，顾先生致力于中国语文教育的理论探索、历史研究、教材建设和师资培养等方面的工作，形成了较为完整的语文教育思想体系，为我国的语文教育事业做出了重大贡献。

2009年3月9日，顾黄初在上海因病逝世，享年76岁。

作为民进会员身份的语文教育工作者，我对民进会员身份的语文教育专家，倍感亲切，在深入系统地语文教育教学理论研究学习中，我接触到了叶圣陶等民进前辈，也由叶圣陶先生的研究，认识到了顾黄初先生关于语文教育研究的文字。其对叶圣陶语文教育思想的研究，可谓语文教育发展史上的重大贡献，也是顾先生语文教育工作的重大成就。由顾先生对叶老先生的研究，再至顾先生对语文教育的独特认识，我逐渐走近了这位民进组织中的语文教育家，被其语文教育思想所深深折服。

顾黄初先生作为著名的语文教育家，关于语文教育的著述颇丰，研究的范畴广泛，涉及对语文内涵的理解，语文课程建设的思考，语文教材改革的实践探索，语文教育史研究的积淀，语文教学名家的系统研究等。

从顾先生系统的语文论述中，我们可以窥见顾先生对语文教育的真知灼见。顾先生提出了语文教育是提高全民族素质的一项奠基工程、语文教育改革的根本指导思想是"贴近生活""语文教育必须走民族化与科学化相结合的道路"等重要观点，指导、引领、推动了当时语文教育教学改革的方向。其语文教育"三生观"(生命观、生活观、生态观)论述折射的思想光芒与语文教学理论成果不仅在当时具有足够的前瞻性、建设性、引领性，而且对当前的语文教学亦有一定的启示与借鉴作用，对于指导当下的语文教育教学改革同样具有积极的建构意义。

语文教育要坚持科学化与民族化相统一

立足于现实基础上的民族化与科学化相结合的探索，是顾黄初先生语文教育思想的核心内容之一，也是他始终如一、不懈努力的方向。顾先生早期的语文教育改革文章，诸如《语文教学的多向探索》《传统，需要科学的反思》等，全面阐述了顾先生"语文教育要立足现实，吸取当代最新的科学研究成果，在批判继承我国语文教学优秀传统的基础上探索语文教学科学化、民族化的道路"这一哲学思考。

用系统的思维科学研究。语文学科是最重要的基础学科，是学习其他学科的重要工具，也是历来饱受争议的学科。有关工具性与人文性的学科定位，有关知识系统与能力素养的权衡，有关文道的结合与统一，等等，都是学者专家研究的焦点。每隔一段时间，就有关于"语文教学质量下降""中学生语文程度低落"的感叹与议论。对于这种观点，20世纪八九十年代，顾先生始终保持清醒的认识，以理性态度、严谨的治学精神，辩证分析，系统研究，科学论证语文教学真正建立在科学基础上的必要性。他不仅对"五四"以来的语文教育进行综合研究，而且着重探讨一大批卓越的语文教育家的教育思想。诸如叶圣陶、蔡元培、刘半农、梁启超、胡适、王森然、黎锦熙、夏丏尊、朱自清、陈鹤琴等教育大家。深入系统分析了 80 年代以来我国语文教学研究的成果，对语文学科教学任务的多元结构及其核心进行了科学研究，在全面系统探索的基础上，努力把握语文教育教学的客观规律，为语文教育科学化的探索与研究提供理论与行动的双重引领。

用扬弃的思想继承发展。顾先生认为，对传统的观念和做法，要用历史的眼光去观察，去分析，去理清发展演变的脉络，弃所当弃，取所当取，避免简单化的偏颇。一切符合事物发展客观规律、符合国情、符合民族生理心理特征的观念和做法，要予以肯定，并按照新的时代需要加以充实和发展，把握传统中的"活流"与"精华"；一切违背事物发展客观规律、违背国情、违背民族生理心理特征的观念和做法，要予以否定，按照新时代的需求加以批判和抛弃，辨别传统中的"积淀"和"糟粕"。要以民族传统中的"精华"为土壤，深深扎根其中，并吸收新时代的光和热、水分和养料，逐渐萌生、逐渐壮大。用扬弃思想审视语文教育改革，在继承中发展，在发展中继承，是坚持语文教学民族化与科学化有机统一的正确路径，也为当下语文教育教学改革提供了行动指南。

用辩证的思想引进吸收。顾先生强调语文教育的民族性，但并不排斥国外的先进理念。他认为，语文教育研究要坚持"三个面向"。面向世界，应该采取"拿来主义"的态度，敢于并善于吸收和借鉴世界各国语文教育研究理论成果和实践经验。有选择地引进国外有关科学研究成果和科学思维方法，放手引进各种资料，去国外考察、请外国专家来讲学，跟富有实践经验的中小学语文教师共同切磋、交流。在吸收引进国外先进教育教学理念的同时，也要输出、开拓本国的语文教育研究成果，认真总结发现鲜活的本土语文教育教学理念，探索语文教育多元发展路径，为迅速提高语文教育教学效率做出贡献。

辩证地对待民族传统，辩证地对待国外教育理念与经验，"古为今用""洋为中用"的语文教育研究思想,是顾先生在语文教学民族化与科学化探索上极其鲜明地运用的教育思想。这种教育思想让他的语文研究涉及面广而且成果厚重,非常值得当前的语文教育研究工作者学习借鉴。特别是21世纪新课改以来,我国的语文教育广泛吸收国外建构主义、人本主义等先进的理念,语文教学改革繁花似锦,精彩纷呈。但经过十余年改革发现,语文教育偏重人文的熏陶,却忽视了对语文知识的积累与运用,淡化了对中华传统文化的继承与发展。中国长达几千年的教育传统中,语文教育印刻着民族的生理、心理特征,彰显着特有的文化气质与精神内涵。语文教育改革需要正视传统教育的"精华",继承优良的文化传统,才能更加突出语文教育的学科本质,更加有力地顺应立德树人的学科育人目标。对此,2017年,全国统一使用国家统编语文教材,及时对语文教育教学改革出现的问题予以纠偏,坚持"守正创新"的理念,突出对中国文化的传承,实质上正是对顾先生语文教育民族化与科学化思想的实践验证。

语文教学要贴近生活

顾先生从语文教学方法论层面,归纳提炼出了语文教学要"贴近生活"的核心理念,为其语文教育"生命观""生活观""生态观"的哲学理论思考提供了理论基础与实践经验。顾先生的"语文贴近生活"的语文教育"生活观"集中体现在《语文教学要贴近生活》一文中。顾先生用"语文教学要贴近生活"这句话概括了其语文教学方法论的基本观点,并从三个层面系统地予以阐述。

根据实际生活中运用语文工具的规律来探求语文教学的规律。顾先生认为,探讨语文教学规律,要懂得怎么"教语文",用研究实际生活中人们运用语文工具的规律,解析制约语文工具运用的生理机制、操作方法、实践频率；思想、知识、智力；目的、对象、场合。运用现代语言学、现代心理学和现代思维科学的研究成果，摸清听说读写本身特有的规律，切实把握语文教学规律。语文是一门综合性实践性学科，语言工具是人类交际的工具，语言文字运用的基本规律，来源于生活，在生活中创生，在生活中发展。因而，语文教学只有顺应生活实际，真切把握生活中语言文字运用的技巧、方法，才能揣摩语文的真谛，把握语言文字运用的规律，才能在语文教学中游刃有余、得心应手、运用自如，才能让语文教学充满鲜活的生活气息。当前，统编语文教材，更加注重传统文化的发掘，更加注重文本的时代气息，更加注重教材的生活味与语文味，正是"生活语文"的实质体现，与顾先生所思所想，所阐述的语文教育理念精神贯通、指向一致，需要语文教师在生活中用心观察、用心体会、用心研究，努力探求语文学科的教育规律，更好地为学生发展服务。

根据实际生活中运用语文工具的众多场合来开拓语文教学的空间领域。顾先生认为，要摆脱语文教学"封闭式"的桎梏，必须把眼光投向实际生活运用语文工具的众多场合。要形成一种开放式的格局，努力让语文教学"贴近生活"，把施教的视角延伸到课外广阔的天地里去。如各科学习生活、学校课余生活、校外组织生活、家庭日常生活，全方位地把学生各方面的生活有机地联系起来，有意识地以语文课堂教学为轴心向学生生活的各个领域扩展，使语文教学形成一个"辐射型"的整体网络结构，使学生的语文实践能力同其他生活领域建立起横向联系，引导学生懂得"到处都可以学习语文"的道理。语文学习的外延与生活的外延相等，语文教学的空间领域是宽泛的，语文课程体系也是立体的。现代社会需要全面发展复合型人才，学生需要在跨文化、跨媒介、跨学科、跨领域的语文实践中开阔视野，在更加宽广的选择空间发展各自的语文特长和个性。只有建设开发多样、有序的语文课程体系，才能使学生语文素养的发展与提升适应社会进步新形势的需要。

根据现代生活的发展前景来规划语文教学的未来。顾先生提出，深刻理解语文教学"文道统一"的科学含义，从道德教育、人生哲理教育、科学思维教育、审美情感教育、治学精神教育、人际关系教育等方面，发挥语文教育在立德树人方面的重要职能，提高学生的精神道德素养。顺应现代社会快速发展的现实需求，培养学生必备的语文核心素养。使学生利用尽可能少的时间来阅读尽可能多的资料，吸收尽可能多的信息，尽可能地扩大阅读范围，提高阅读速度，满足未来学习工作的需要。充分利用幻灯、电影、电视和其他视听手段，显著提高教学效率。教育要面向世界，面向未来，面向现代化。语文教育不仅指向学生当下的生活状态，更指向学生的未来生命状态，学校语文教育的品质，影响着学生价值观、世界观、人生观的形成与发展，影响着学生的生命品质。顾先生所提出的根据现代生活发展前景来规划语文教学的未来，提醒广大语文教师，要紧紧把握语文学科特点，充分发挥学科育人的重要作用，通过语文课堂教学给予学生人生长远发展必备的综合素养，促进学生更好地发展，更好地融入未来社会，更好地活出生命的质量。

顾先生坚信语文来源于生活，又服务生活，揭示了语文教学的基本规律，深化了语文教学的内涵，丰富了语文课改的思想理论宝库。语文是学习语言运用的综合性实践性学科，语文教师应树立"大语文"课程观，在生活中教语文，引导学生在生活中用语文，提高生活质量，提升生命品质。《义务教育语文课程标准（2011 年版）》指出"语文课程是实践性课程，应着重培养学生的语文实践能力，而培养这种能力的主要途径也应是语文实践""尊重学生在语文学习过程中的独特体验""应密切关注现代社会发展的需要，拓宽语文学习和运用的领域，注重跨学科的学习和现代科技手段的运用"。这些都与顾先生提出的语文教学生活论教育思想相吻合。《普通高中语文课程标准（2017 年版）》指出

"语文学科核心素养是学生在积极的语言实践活动中积累与构建起来，并在真实的语言运用情境中表现出来的语言能力及其品质；是学生在语文学习中获得的语言知识与语言能力，思维方法与思维品质，情感、态度与价值观的综合体现"。这段论述中"语言实践活动""真实的语言运用情境"等，都与"生活观"一脉相承，充分彰显了顾黄初先生语文教育"生活观"理论的生命力，对指导当前语文教学改革具有重要的引领作用。

系统阐述教材改革理论

语文教材是语文课程的重要凭借，承载着语文课程教学的重要使命，反映了语文学科与教学研究的最新成果。语文教材的编写对于推进语文课程改革，引领语文教学方向，提高语文教学质量具有重大意义。顾先生在 1985 年至 2000 年，受教育部之聘，担任第一、二、三届全国中小学教材审定委员会中学语文学科审查委员，同时应聘担任人民教育出版社特约编审、课程教材研究所学术顾问，担任洪宗礼主持的苏教版初中语文教材编写组和"中外母语教材比较研究"课题组顾问。顾先生撰写的《改革中学语文教材之我见》《论语文教材编制的基础》《新编课本怎样才有竞争力》《论汉语文教材的优选、组合和延展》等多篇文章，全面反映了其对中学语文教材编制的系统性理论，观点独到，思想深刻，方向明晰，既具理论的高度，又具实践的深度。当下读之，可以真切感受三十多年前，语文教材改革的状况。回顾语文课程建设的发展历程，有助于更加准确地把握教材编写要领，更加深入地研究语文教材对语文教学的支撑作用。

准确把握语文教材的学科性质。语文教材的编写必须准确把握语文学科性质。长期以来，语文教育改革的历程始终伴随着语文性质的争论，政治性、思想性、人文性与工具性左右摇摆，争论的结果最终以教材的方式体现，并通过教材付诸实施。语文教材编写只有明晰语文学科的性质，准确定位语文学科的目的，才能系统全面地推进语文教学改革。顾先生在论著中，明确提出，应把语文课真正当作以传授语文知识、训练语文技能、发展语文能力为主要任务的具有高度思想性和综合性的基础工具来对待，把"精神训练"有机渗透在"语文训练"之中，这才有可能以此为目标编制出一部文质兼美的理想的语文教材来。顾先生认为，语文教材编者必须要对教材与时代、教材与社会、教材与政治、教材与国情、教材与国家的语文政策、教材与国家的教育方针以及教材与人的心智活动规律等诸多关系有正确的理解与把握。要与政治思想紧密联系，符合国情，顺应民族心理，服从国家的教育方针和政策。同时，语文教材还要使学生掌握汉语性质、特征、功能和在实际运用中应遵循的法则等基础理论知识，以及运用语言文字的基本技能，其设想的语文教材编制特点也主要体现在阅读训练、写作训练和语言文字训练基础性质的系统性和有效性上面。明确语文课程工具性与人文性相统一的基本特点，融入社会主义核心价值观教育，充分发挥语文教学立德树人的重要职责。这些语文课程教学最新的理念，在 20 世纪八九十年代，顾先生文稿中多有体现，细细品味，常常如醍醐灌顶，令人豁然开朗，对于准确把握语文学科的基本规律，切准语文学科基本性质，把握语文教材的编写特点，会有一定的启示作用。

着力优化语文教材的内容选择。语文教材内容的选择支撑着语文教学知识体系以及能力训练系统，是语文课程的显性反映，也是教师开展语文课程教学的重要凭借。顾先生在组织试验语文实验教材编写过程中，对语文教材的内容选择与优化实施了系统性研究，提出语文教材的选择既要承认学科知识的客观价值及其特点，又要考虑学生在不同发展阶段的身心特点，还要考虑社会客观需求，要实现知识价值、学生特点和社会需求三者的辩证、和谐统一。在语文知识的选择上，从初中阶段的汉语文教学中提取了 114 个知识点，并对这些知识点分别规定听说读写的行为要求，使之转化为教学训练点，进而组成一个由低到高、由浅入深、由简单到复杂的渐进序列，使学生既能凭借原有的知识结构接纳新知，又能利用新知改造和充实原来的知识结构。在语文教材内容的选择与优化上，顾先生将中学的汉语文教材内容系统分成四个部分，即知识系统、范文系统、作业系统和助读系统，语文教材建设的重要目标之一是将四大系统能"合之则相互为用"，充分发挥其整体效应。语文教材的"四大系统"对于语文教材编写体例与形式提供基本模式。知识系统与范文系统，实质上正是当下语文教材"语文要素与人文主题"双线并行教材编写模式的雏形，作业系统与助读系统，也为语文教学知识性巩固训练，课外阅读资源的编写提供了实践性经验。

系统设计语文教材的拓展功能。语文课程是开放的、系统的、立体的，语文教师应树立"大语文"教育观念，要充分发挥语文教学发展学生思维、培养学生能力、提升学生素质、促进学生发展的增值效益。并引导学生在广泛的社会生活天地中学语文、用语文。体现在语文教材中，一是要全面发掘语文教材的深层价值，二是要通过课外学习资源辅助学生更好地实施语文学科的学习。论著中，顾先生系统论述了语文教材的三大功能：教学功能、教育功能和发展功能。认为语文教材不仅要为学生语文素养的提升服务，更要在发展学生思维、影响学生精神、丰富学生的情感上，发挥立德树人的学科优势。同时，要引导学生以语文教材为端点，从有限向无限延伸拓展，切实把握语文教材有限内容表现的"中心元素"，并充分注意显示这些"中心元素"的派生力和结合力，对学生语文学习以及人生发展产生深远影响，而这正是当下所倡导的语文学科素养以及学生核心素养之指向。

语文的学习需要举一反三，通过大量阅读丰富知识以利于语言实践。仅靠语文教材呈现的内容毕竟有限，需要相应配套的语文课外学习资源予以补充与链接。顾先生将专为中学生编写的扩展性阅读教材分为四类，即是延伸性的阅读教材、鉴赏性的阅读教材、知识性的阅读教材、乡土性的阅读教材。这些扩展性教材扩大了学生的阅读范围，丰富了学生的知识储备，提高了学生的文化修养。在编写扩展性阅读教材，顾先生提出要切实做到内容和形式的难易程度要与相应的学生理解程度相切近；阅读教材的文字表达要具有示范性，要体现教材形式的活泼、多样，富有吸引力。这些论述，对于扩大学生的语文学习空间、拓展语文教学的外延、深化语文课程的内涵具有重要的指导意义。

深入研究语文教育历史

顾先生的语文教育思想涉及语文教育史、语文教材和语文教学改革等多个层面，博大精深、内涵丰富、思想深刻、见解独到。特别应指出的是顾先生对语文教学史的深入研究，可以说，他的语文教育研究是从"语文教育历史研究"展开推进的。顾先生善于对语文教育前辈大家的教育思想深入解剖，包括蔡元培、刘半农、梁启超、胡适、王森然、黎锦熙、夏丏尊、朱自清、陈鹤琴、艾伟、阮真、于在春等等。对从清末民初，到抗战时期、解放战争时期，再到中华人民共和国成立为止40年的历史进行系统性发掘，为语文教育史研究提供了阶段性总结，这既是对语文教育思想的传承，也是让语文教育在继承中发展的重要渠道，对于推进语文教育的改革具有重要的意义。

总结现代语文教育发展的历史轨迹。经过系统梳理与研究，顾先生发现在将近80年的语文发展历史中，存在着几条明显的轨迹。一是"文"和"言"的分合，即书面语与口头语的教授问题，语文从辞章到国文，从国文到国语，从国语到语文，学科名称的更替，反映了人们对语文学科性质与任务认识的逐步深化，反映了"文"与"言"，书面语与口头语在整个语文教学中的地位及其相互关系日渐明确，日渐趋于统一。二是"文"和"道"的分合，即语文形式与内容，文化与思想的相互统一，对语文性质的界定渐趋合理。三是"文"和"知"的分合，即文学与知识的统一，反映了人们对语文学科的教学内容在组织方式、系列安排上的积极探索。四是"教"和"学"的分合，揭示了正确处理"教"和"学"的相互关系，把握了语文教学统一，教学相长的总趋势。五是"教"和"研"的分合，即教学与研究的相互统一。顾先生从语文教学史的角度，用精练的五个分合，高度概括了语文教育教学改革的轨迹，探寻语文学科发展的内部规律，对于语文教学改革具有极强的引领性与指导性。

确立满足现实需要的语文历史研究方向。顾先生提出，"研究前辈走过的路，目的在于探索我们面临的现实问题"，归根到底还是要走我们自己的路。经过系统地语文教育史研究，顾先生更加坚定地认为，学习历史，研究历史，用马克思主义的观点和方法去总结和整理新中国成立以前我国语文教育发展的历史经验，从而为建设具有中国特色的、既符合科学化精神又体现民族化要求的新型语文教育开辟新路。我们今天重读顾先生所述的语文教育发展史，跟随顾先生重温民国以及建国以来语文教育改革发展历史，对于全面把握语文教育改革发展方向，稳步推进语文教育课程改革，有着一定的借鉴意义与启示。

总结提炼语文大家的语文教育思想。语文教育在推进民族化与科学化的征程中，离不开一批语文大家，语文教育发展需要站在巨人的肩膀上不断攀升。顾先生研究语文大家的过程中，为我们呈现了现代语文教育发展长河中一颗颗璀璨耀眼的明珠。特别对于叶圣陶先生的语文教育思想，通过系列的文章予以深入解读。叶圣陶先生从事语文教育工作70年，是语文教育理论研究的学界巨擘，顾先生以叶老为师，收集、整理和科学地总结了叶老对语文教育的贡献，对叶圣陶先生语文教育理论及其形成与发展过程进行了全面的展示，为当下语文教学研究提供了宝贵的资源。

　　语文教育是一代一代语文教育人不断学习、不断思考、不断改革、不断前行的路。重读顾黄初先生大量的关于语文教育的论述，对语文教育的本质将会有全新的思考。今天，开明出版社重新整理研读顾先生的文字，并予以出版，让更多的语文老师感受到语文先辈的思想，聆听大家的教导，一定会对当下的语文教育改革起到积极的作用。作为民进的前辈，顾黄初先生，对语文教学的不懈追求、严谨治学的精神、精深的语文教育思想，给我们民进人以鼓舞，也为我们树立了标杆，照亮了前行的路。

第一辑　语文课程改革

第二辑　语文教材编制

第三辑　语文教学实践

第四辑　语文教育史研究

第五辑　语文教育家研究

语
文
课
程
改
革

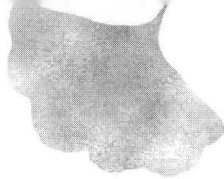

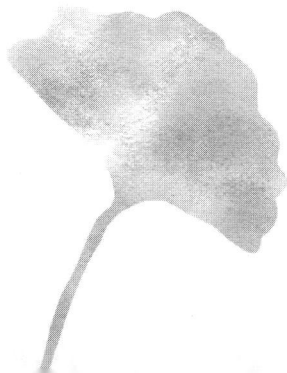

生命·生活·生态

——我的语文教育观

读了《湖南教育》编辑部寄给我的约稿函，我很感动，也很汗颜。约我写的是"百家论坛"中的文稿。年过七旬，是名副其实的老人了，编辑部居然还能记起我，真正令我感动。但要我写出"对语文教育几大问题的思考成果"，却又觉得头脑里的确盘旋过几十年而如今仍是一团乱麻，无从说起，不免汗颜。不过，既蒙厚爱，说还是要说一点的，无非是"老调重弹"而已。

一、我的语文教育生命观

德国哲学家卡西尔说，"语言（言语）是人之所以为'人'的重要标志"。因为人不只是生物学意义上的人（有生命的"生物人"），更重要的，人是"一切社会关系的总和"的人（有生命的"社会人"）。正像恩格斯所说的："人离开动物愈远，他们对自然界的作用就愈带有经过思考的、有计划的、向着一定的和事先知道的目标前进的特征。"从这个意义上说，人的语言（言语）活动是同人的生命活动几乎同时存在、同步发展的。

人需要"交流",而"交流"则是语言(言语)产生的前提。人,从个体成长史看,刚刚出生时还没有完全脱离动物的"原生态",待到用啼哭或呼叫来表示自身的某种需要时,"交流"便开始了。满周岁了,可以模仿大人的口形和发音说出一个或几个词,到一二岁开始牙牙学语,用简单的词或语表达自己的需要,直到三周岁左右已经能用较为完整的语言片段表情达意,"社会人"的生命历程便迈出了重要的一步。人生从此开始,"交流"因而也贯穿于整个生命的始终。

人需要"思维",而"思维"所凭借的工具就是语言(或叫"内部言语")。恩格斯在研究语言发展过程中所举的典型例证,即是劳动号子的整齐节奏使原始人类在劳动中得以形成整齐一致的步伐,以便减轻劳动强度。那么,这里的"劳动号子"就是"语言交流"的原生态,也就是鲁迅所说的"杭育杭育派",由此而自觉地达到步伐整齐的目的,其间就有潜在的"思维"在起作用。在这一过程中,思维活动和语言活动也几乎是共存的、同步的,因而贯穿于生命的始终。

恩格斯在《自然辩证法》里说:"理论思维仅仅是一种天赋。这种能力必须加以发展和锻炼。"这是两句话,两层意思:一层说的是"天赋",一层又说"必须加以发展和锻炼"。这"天赋"仿佛不容易理解,其实对少儿的活动分析,才知"天赋"还真的不假。幼儿玩小布娃娃的过程,就是从无意识的"本能"到有意识的"选择"的过程。即使是三四岁的儿童,尽管生活经验十分有限,但他也会进行"逻辑推理"。例如,清早起来推开窗户,见屋顶上仿佛有积水,尽管这时太阳已从东方升起,天气晴朗,他也会回头问妈妈:"昨天夜里是不是下过雨啊?"何以如此发问,因为凭他的"经验":凡是下雨,屋顶便有积水(大前提),现在屋顶上有积水(小前提),所以半夜里下过雨(结论)。这暗合着形式逻辑的"三段论"法。这种理论思维是天赋的,而且是用潜在的内部言语来完成的。又一层意思是说这种"天赋"还必须加以发展和锻炼，这就给后天的教育提出了任务。

人还需要"感悟"，而"感悟"又是以丰富的语言积累为前提的。在人的生命历程中，"感悟"是趋于成熟的生命形态的重要标志。感悟主要分两类，一是对语言的感悟，二是对人生的感悟。对语言的感悟可以提早些培养，其内涵主要是语感，大致包括语义感、语法感，甚至还有语音感。对人生的感悟，却必须是在积累了一定的语言材料和具有相当人生阅历之后才能产生，尽管有个过程，但深浅程度却大相径庭，因为"感悟"中包含着对中国传统文化的传承和对中西文化交融的体验。

为此，我想，作为育人事业奠基工程的语文教育应该致力于三件事：一是要在"交流"的"量"和"质"上下功夫，包括口头语（听说）和书面语（读写）的交流，循序渐进，由简易到复杂，不断加深交流的内容；由近及远，不断扩大交流的范围；由低到高，不断提高交流的层次。二是要在"思维"的发展和锻炼上下功夫，由形象思维到逻辑思维，由直觉思维到灵感思维，由形式逻辑到辩证逻辑，不断提升学生的思维品质。而且，思维的成果往往就是思维活动的产品。这些思维产品，也大多需要语言文字作为载体，各个学段的语文教师都应配合其他学科教师来共同完成这培养学生思维能力、提高学生思维品质的任务。三是凡需要进行语文教育的任何学段，都要在不同层次上抓好"感悟"程度的由萌生到发展到成熟的逐步强化和深化。在这里，重视"积累"是关键，包括字词和语句的积累（通过认读和记忆）、语言材料和思想材料的积累（通过大量阅读和语篇背诵）；"智力"则是基础，因为任何"积累"，只有在"智力"发展到一定水平时才能产生"裂变"或"重组"。当然，作为"社会人"，要想取得任何事业的成功，还必须有兴趣、意志、毅力、情感等的有力支撑，这是不言而喻的。

总之，生命始于交流，交流促进思维，思维催生感悟，这是生命历程的三大标志，而这一切都得凭借语言（言语）。这就是我的语文教育生命观的要义。

二、语文教育生活观

前几年，我还说过这样一句话："语文教育改革的根本指导思想是'贴近生活'。"作为论证的展开，我还补上了这么一句："语文教学的改革也得寻找它的'根'，这'根'就是实际生活中语文运用的情况。"

这一观点尽管"卑之无甚高论"，但我仍坚信是正确的。现在重申这些观点，无非是想强调：只有用"语文教育和生活紧密相连"这一视点来观察、分析、评判多年来的一些学术论争，才能作出比较符合客观真实、客观规律的结论来。

上个世纪 50 年代末展开过一场著名的"文道之争"，延续到 70 年代末又掀起了语文教学究竟该姓"语"，还是该姓"政"的论争，继而又在 90 年代中期突然刮起了"工具性"与"文学性"（后者又被所谓"人文性"所取代）究竟"谁主沉浮"的学术狂飙。这在旧中国近 50 年的现代语文教育史上，据我所知，仿佛没有出现过。换句话说，是在 20 世纪后 50 年才出现这一时起时伏、延续几十年的奇观。其实，在上个世纪 20 年代，讨论到语文课程的目标时，朱自清就根据生活中实际运用语文工具的情况，对语文课程的目标，用"分解法"阐述得非常清楚：作为语文课程"特有的"目标是"养成读书、思想和表现的习惯或能力"；它"与他科共有的"目标则是"发展思想，涵育情感"。这"特有"的目标，就是所谓"文"，或相当于"工具性"；这"与他科共有"的目标，大概就是所谓"道"，或相当于"思想性""人文性"。说白了，"语文"本身在实际生活中运用的特点，就是"一个金币的两面"，一面是语文形式，另一面是"内容实质"，二者不可分割。在生活中出现的"语文"，既不可能是"无内容"的一堆胡乱拼凑的词语，也不可能是不凭借语文形式而漂浮于虚空中的什么"思想"和"人文"。

早几年，有不少人呼吁要"淡化语法"。从实际生活中运用语言的状况看，要把语句说明白、写清通，还是需要学点语法的。早在新中国成立之初，党中央从党政机关所发文件、指示中发现常见的缺点有五类，即：滥用省略、句法不全、交代不明、眉目不清、篇幅冗长等。胡乔木曾按照毛泽东的指示于 1951 年 2 月草拟了一份党内文件，对上述五类"缺点"详加分析，并一一指出其危害。同年，为贯彻好这份文件，党中央专门办了两件事：一是从 1951 年 6 月 6 日开始在《人民日报》上连载吕叔湘、朱德熙合写的《语法修辞讲话》；二是同时配发了社论《正确地使用祖国语言，为语言的纯洁和健康而斗争》。从全党的党内生活到全国的社会生活，只要是用祖国语言做载体的场合，都得重视语法的规范作用。怎么到了近半个世纪以后，竟有以教"语文"为专职的人要"淡化语法"呢？

问题的关键是怎样学"语法"和学什么样的"语法"。语言学家张志公在主持 1978 年版中学语文教学大纲时，对"语文知识"一项提出了两点要求：一是"力求精要、好懂、有用"；二是"语法、逻辑、修辞以及词句篇章的有关知识，可以结合的内容要尽可能结合起来教学"。为此，志公先生还亲自执笔为初中语文课本写了几篇"尽可能结合起来"的知识短文，如《陈述和陈述的对象》《前后一贯，首尾一致》《肯定和否定、全部和部分》《形容和限制》等等。可惜以后就不再有人根据生活中运用语文工具的这种"结合在一起"的实情来编写这种知识短文了。但是，这种切合实用的语文基础知识研究还是有人在做的，只是其成果未能及时引入语文课本而已。例如章熊、汪寿明、柳士镇合著，由江苏教育出版社 1994 年出版的《汉语表达》；章熊等著，由北京语文出版社于 1996 年出版的《简明·连贯·得体》；朱泳燚专著，由江苏教育出版社于 1996 年出版的《语言表达》等等。

记得 1990 年 5 月，86 岁高龄的吕叔湘先生在上海召开的现代汉语语法的研究会上提出，要重视语法问题的动态研究。他认为语言毕竟只在使用中才存在，动态研究似乎更能联系实际。于是人们开始就现代语言学中关于"语用学""语体学"和"语境学"等理论问题和实际问题进行系统的研究，对在生活实际中使用语言所应当掌握的规律性知识作符合实际的调查和整理，引发了对传统语言学的一场具有创新意义的革命。

这是我近几年用语文教育生活观思考若干有争议问题的粗浅看法。

三、语文教育生态观

生态学是一门新兴的科学。19 世纪 60 年代，德国动物学家霍克尔曾给生态学这个概念下了这样一个定义："生态学是研究有机体同周围环境之间相关系的科学。"因此，这门科学的研究领域起初一直是在生物学范围之内展开的。到 20 世纪的 60 年代，美国生态学家奥托姆把它定义为"研究生态系统的结构与功能的科学"。于是突破了生物学的范围，被引入到生产领域和经济领域，成为促进经济可持续发展的一门不可或缺的科学。我国著名生态学家马世骏则认为，生态学是研究生命系统和环境系统相互关系的科学。这样，在 20 世纪 70 年代后期，生态学就被我国教育学界所关注，有人开始以研究"教育生态学"为中心课题进行深入探讨，试图在教育学与生态学之间建立起相互交融的关系。正是在这样的背景下，生态学在我国已成为学术界一种观察、分析本学科内部和外部各种关系的新的研究视角。

根据我有限的见闻，生态学研究的关键词似乎主要有四个，即生物、环境、关系、发展。把这四者联结起来，移用到语文教育领域里，我们可以获得多方面的启示。

启示之一：语文教育研究的重要对象是人，是有生命的人。吕叔湘在谈到语文教育改革时，曾提醒人们注意：教育人的工作"类似于农业，而不是工业"。这个观点受到叶圣陶的高度赞许。细想一下，的确是这样。农业生产，先得选种。种子是有机体，有内在的生命力。从下种，出苗到成长，成熟，都要求它自身主动地生根，从根须中吸取养分，外力只能是悉心培育、精心照管，却不能拔苗助长。育人既类似于农业，这就包含着生态学的一个重要观点，即在生命系统与环境系统的相互关系中，生命体本身必须要有生长（变化）的可能与欲望，有一种活跃着生命力的内在需求。这样，一旦与适当的环境相接触，便大大增加了这种生长（变化）的现实性和速率。这就是"以学生为主体""让学生主动地发展"等教育观点的根本原理所在。

启示之二：语文教育研究的一个重要命题就是"环境"。从语源上推究，"生态"原是"居所"的意思，即生物活动的"场所"。其核心内容就是"环境"。所有各种定义，几乎都离不开"环境"这个概念。

首先是母语环境。一个人从幼儿学语起，作为生命体，他的"根"是深深地扎在民族语言（即母语）的土壤之中的。这就是为什么说"语文是一门民族性很强的学科"的根本原因。在我国，最早发现语言与环境之间相互关系的人是战国时期的思想家、教育家孟子。《孟子·滕文公下》里记载了一则著名的"楚人学语"的故事。孟子跟戴不胜说，有一个楚大夫，想要他的儿子学齐国的语言，那么是请齐国的人来教，还是请楚国的人来教呢？戴不胜毫不犹豫地说，当然请齐国的人来教。孟子就申述道："一齐人傅（教）之，众楚人咻（干扰）之，虽日挞而求其齐也，不可得矣！引而置之庄、岳（都是齐国热闹的街道名）之间数年，虽日挞而求其楚，亦不可得矣！"可见，孟子是中国第一个语言生态学家。孟子在这里讲的这种现象，还只局限于"方言环境"的影响（指齐方言和楚方言的分歧），但他毕竟发现了两种方言对儿童学习语言的影响。我们在这里要从更大范围上来肯定汉民族语言这个大环境对儿童学习母语的直接影响。

其次是生活环境。人们现在已经熟知：语文学习的外延与生活的外延相等。现在的语文新课程课标提出了一个重要概念，即"语文教育资源"，要求语文教师在搞好课内语文教学的同时，要学会"开拓语文教育资源"，在学生面前发掘出更多学习语文的空间和渠道。有句古话说："处处留心皆学问。"这"学问"二字，是从广义上说的，"学问"中当然包括"学语文"在内。我们的语文教师，如果都能要求他班上的学生人人懂得"随时随地都能学语文""随时随地都能发现语文运用中的佳例和病例"，那么，他的教正迈步在"科学化"的坦途之上。

再次是规范环境。生活环境中存在的大量语言现象，其中多半是粗糙的、自然状态的，也就是说多数未必是规范的。学生学习语言当然应该为之提供"规范环境"。如国家的语文政策，推广普通话，采用简化字，取消异体字，编辑出版各种规范用字用词的字典词典等；以法律文书为代表的严正规范的文体，以党报党刊为代表的严正规范的语言作品等。在规范环境的强势影响下，凡是用字用语不规范的现象将十分刺目地被人发现，也就不难被纠正。

还有就是学校环境。这是对在校学生直接产生影响的环境。就口语交际说，校长的讲演、教师的授课、师生的对话，都有潜移默化的影响；就文字运用说，校内的布告、学生会的通知、班级活动的海报，都会对学生产生影响；就阅读理解说，校内其他各科的教师都该像语文教师一样，重视指导学生阅读本学科的教科书，诚如苏联有位教育家所说：学校里各个学科的教师都应该是"阅读教师"；就文字书写说，校长、干部、教师写的字只要是公之于学生面前的，都得起点示范作用。

当然还有以各种社会文化设施为主的社会环境和包括家庭亲人的文化水准、文明程度甚至阅读倾向的家庭环境。上述种种环境的综合影响，如果是良好的、丝毫不被"污染"的，那么我们的语文教育离"科学化"目标也就不远了。

启示之三：环境是动态的、会变化的，因而语文教育研究也必须随之不断更新，不断拓展其领域。随着社会的演进，必然会产生反映新生活的新词汇、新语汇和新的表达方式；电脑取代传统的书写工具，网络语言在我们传统的词汇库里增添了许多新的成员；手机短信以及电子邮件中为了表达的需要，除了传统的文字符号以外，还增添了许多足以表情达意的其他符号。这是"环境"在语文行为和交际工具方面所发生的显著变化。这种种新的客观存在，必然要使语文教育在内容和形式方面产生具有"时代新质"的变革。语文教育能紧紧与新的现实相适应，这是"科学化"追求的内在要求。

这就是我试图用生态学的观点和方法来重新诠释我对语文教育特性认识的主要思路。

（本文为作者依据在 2005 年 12 月南京师范大学文学院主持召开的"新时期中国语文教育改革的理论与实践"国际研讨会上的大会发言稿整理，原载于《湖南教育·语文教师》2006 年第 8 期）

传统，需要科学的反思

在语文教学改革中，"传统"正面临着挑战。

这是值得庆幸的事。在现代化的进程中，传统大厦的根基，开始发生某种动摇，这可以说是必然的。试问：对传统的观念、传统的做法，不产生怀疑并进而形成某些新的构想，时代能发展、事物能新生、历史能前进吗？因此，我们完全赞成这样的主张：对传统，要进行深刻的反思。

然而也有人在忧虑，因为他们发现了传统的"顽固性"，要改革、要创新实在不那么容易。许多人就是摆脱不了"传统的束缚"，总是习惯于在"传统的老路"上走，改革和创新的风，总吹不开他们封闭了的窗户。这是怎么回事？看来，除了某些人身上具有我们理论工作者常说的所谓历史惰性和保守性以外，恐怕还有问题的另一面：我们对传统的反思还未必已经真正建立在科学的基础之上。

传统，本来是一个模糊概念。按照字面理解，传统是指历久沿传下来、具有某种特点的观念和做法，它体现在许多社会因素中，如风俗、道德、制度以及文艺、教育、学术研究等等。那么这"历久"，究竟有多久呢？究竟是经历了多长时间的观念和做法才称得上传统呢？时间跨度似乎可以长达几千年、几百年，也可以短到几十年甚至十几年。长达几千年、几百年的传统，可以算是"民族的古老传统"；可是，近百年或几十年形成的传统，就未必纯粹是"民族的"了，其中难免（甚至可以说是必然）掺入了"舶来品"。例如旧式学塾的个别授课制是由来已久的了，而它早在 80 多年前就被废弃；目前沿用的班级授课制，则确确实实是"舶来品"，不过沿用了几十年，也就成了"传统"了。再说，必须是延续不断地传下来的东西才算是传统吗？中间一度被人们漠视了、冷落了的，就不再算是传统了？恐怕也未必。孔子当年采用的是一种随时随事相机教学的方式，秦汉以后设置官私学馆，除少数书院之外，"相机教学"的方式便中辍了；直到 20 世纪初，从国外引进了设计教学法和情境教学法，也主张密切联系生活实际的"相机教学"。尽管中外远隔千年的这两种"相机教学"方式，差别很大，但在根据"特定情境"灵活地进行教学这一点上是颇为相近的。那么这"传统"又该算在谁的账上呢？凡此种种都说明：对于传统，我们应当采取分析的态度，需要进行科学的反思。

传统，作为历史的产物，它本身总是一分为二的。一部分因特定时代、特定社会的需要而产生，明显地刻着时代、社会印记；一部分则紧紧地同一个民族的生理、心理特征相联系，同事物发展的客观规律相联系，它的形成具有更深厚的基础。这两个部分相互渗透着、联结着。研究传统，不能不对此作科学的剖析。例如："文以载道，借文明道"，这是我国语文教育的古老传统。自汉代以来，学馆以经学家郑玄所注的经籍如《周易》《尚书》《毛诗》《礼记》《论语》为教本，读这些"经"，目的是为了明其中的"道"，即所谓儒家之道。所以，读文明道就成了沿袭的一种传统。这种传统里面，有封建时代维护儒家道统的鲜明烙印，但也包含着古代学者对文章以思想内容为精髓、为灵魂的深刻认识。所以我们可以否定这种传统里面偏重文章内容而忽视文章形式的部分，却无法否定读文章必须重视内容这个符合事物客观规律的部分。至于读各种文章选本，这个传统形成略晚，大致是以《昭明文选》问世为滥觞。通过读文章来学文章，这当然是同封建时代实行以文取仕的科举制度有关；但字不离句、句不离篇，通过典范文章的诵读去熟悉和把握语言运用的规律，这毕竟是学习语文的有效途径。这样看来，对于种种传统的观念和做法，取科学的分析态度，也是完全必要的。

此外，传统既是历史的产物，它本身也就不是凝固不变的东西。一国、一民族的古老传统，在历史发展进程中，总免不了要受到他国、他民族的某些观念和做法的影响，而渗入新的内容、新的因素，比如我国的民族音乐，编钟、古筝之类可以说是较为古老的民族乐器；胡琴、唢呐之类，却是从波斯、阿拉伯传入的外来乐器。但后者一经引入，加以改造，终于也成了我国民族乐器中不可缺少的组成部分。类似这种古老传统受外来影响而发生变化，以至形成新的传统的情况，越到近代就越明显。就语文教学而言，传统教学方式是讲解和记诵。这种方式，是同封建时代强制灌注儒家学说、强令接受所谓圣贤之道直接联系着的，其实，在先秦，"博学之，审问之，慎思之，明辨之，笃行之"是治学的途径和步骤，这个传统在后世绝大多数的官私学馆里面实际上是被废弃了。到本世纪之初，新式学堂兴起，赫尔巴特的"阶段教学法"引进我国，于是在班级课堂讲授中开始出现了分阶段、按一定程序组织教学的革新尝试，那就是黎锦熙提出的"自动主义的形式教段"。黎氏把语文课堂教学分成三段六步，即：第一段"理解"，包括两步，"预习"和"整理"；第二段"练习"，包括两步，"比较"和"应用"；第三段"发展"，也包括两步，"创作"和"活用"。继之而起的，有各种教学阶段和教学程序的设计，形成了一个追求课堂教学程序化的新的局面。到40年代，叶圣陶、朱自清编著《精读指导举隅》和《略读指导举隅》，他们根据古代学者治学的优良传统，结合现代教育学、心理学的新的研究成果，设计出了"预习、报告与讨论、练习"这样一个分阶段的精读教学过程。这无疑是对专重讲解和记诵的传统方式的否定，也是对先秦以来治学讲究"博学、审问、慎思、明辨、笃行"的传统精神的丰富和发展。因此，对于传统的观念和做法，我们还得用历史的眼光去观察，去进行分析，从而看清楚它发展演变的脉络，这样才能弃所当弃，取所当取，避免简单化的偏颇。

再者，既然传统本身也是在发展变化着的，那么在其发展变化过程中就必然要分解出"活流"和"积淀"。在这里，时代是个严格的筛选器：一切符合事物发展客观规律、符合国情、符合民族生理心理特征的观念和做法，时代将予以肯定，并按照新的时代需要加以充实和发展，这就是传统中的"活流"，传统中的"精华"；一切违背事物发展客观规律、违背国情、违背民族生理心理特征的观念和做法，时代将予以否定，并按照新的时代需要加以批判和抛弃，这就是传统中的"积淀"，传统中的"糟粕"。凡是具有生命力的、真正代表历史前进方向的新生事物，都不可能是凭空产生的，它们总是以民族传统中的"精华"为土壤，深深扎根其中，并吸收新时代的光和热、水分和养料，逐渐萌生、逐渐壮大的。所谓"全新格局""空前创举"之类，这是广告语言，事实上是不存在的。在我国，20年代曾经流行过以废弃课堂教学为特征的"设计教学法"和"道尔顿制"。前者导源于杜威教育思想，提倡教学与儿童的实际生活密切结合，突破课堂四堵墙的闭锁，让学生在各科教师为之创设的特定生活环境中自由地进行各科学习和必要的读写活动，课内课外联成一体，教材也根据需要随时组编。后者是美国教育家柏克赫斯特所创建。传入中国后，舒新城以吴淞中国公学中学部为基地，廖世承以东南大学附中为基地，开展了试验。道尔顿制要求把教室一律改成"作业室"，废除课堂讲授，教师把授课内容编制成各种作业题，让学生在陈列着各类参考书和实验仪器的作业室，按规定的进度在教师指导下完成做题，企图以此严格训练，培养学生独立学习、独立操作的力。在 20 年代，试行这种"崭新"的教学法，对我国传统的教学模式无疑是巨大的冲击，有新人耳目、发人深思的作用。但这些尝试都像昙花一现，未能在中国真正扎根。这里面固然有传统"积淀"在起着阻滞作用，另一方面也由于当年试行这类"崭新"教学法的人们忽视了对于传统"精华"的摄取。这个历史事实，提供给人们一个结论：凡是完全抛开我国传统教育中的"精华"，而企图简单地照搬和移用外国的东西，形成所谓"全新格局""空前创举"，理想难免要成为幻影。

这样看来，对于传统进行科学的反思，就是要求：在消极方面，应当重视对于传统中的"积淀"与"糟粕"的批判和否定；在积极方面，应当重视对于传统中的"活流"与"精华"的把握和发展。

当然我们不能不正视传统教育中那些"积淀"和"糟粕"的顽固性。习惯势力是一种历史惰性。立足于民族优秀传统的改革者，丝毫也不能忽视传统"积淀"对于创新之举的种种阻遏作用。这里的关键是要在理论探讨的同时，坚毅地进行改革的实验。而教育改革的实验，是需要时间的。任何一种改革的新构想、新方案，如果不在长时间的实验中被人们普遍承认为有效，它就绝不可能成为大多数人遵行的新模式，并进而形成新的传统。如果说，在我们今天的语文教师队伍中，改革者还是少数，多数人还摆脱不了"传统的束缚"，那么除了"历史惰性"这一原因以外，恐怕跟我们改革者的实验还不长，或者其有效性还没有得到充分证实有关。传统，需要科学的反思；革新，需要在这种科学反思基础上的不断探索和坚韧实践，这就是结论。

（原载于《语文学习》1986 年第 9 期，略有删减）

语文教学要贴近生活

我想用一句话来概括我的语文教学方法论的基本点，那就是：语文教学要贴近生活。

要谋求语文教学效率的提高，老是把思想封闭在四壁合围的教室里，把眼光死盯在篇幅有限的课本上，恐怕很难求得突破性的进展。语文是在生活的广阔天地里频繁运用的重要工具，要教学生掌握好语文工具，我们的思想要向广阔的生活开放，我们的眼光要向广阔的生活审视。我们要想一想：人们在生活中是怎样运用语文工具的？我们要看一看：生活对语文怎样要求又怎样制约？文学创作中，最近出现了一种所谓"寻根文学"。我想借用这个"根"字，说语文教学的改革也得寻找它的"根"，这"根"就是实际生活中语文运用的情况。语文教学工作者如果不去悉心研究人们在实际生活中运用语文工具的情况，并由此领悟到过去教学因脱离实际而产生的种种弊端，任何改革设想都难免要落空，即使有时仿佛已经开花，这花也终将因无根而很快枯萎。所以我说，语文教学的改革，关键在贴近生活。这是"根"。

"贴近生活"，是怎样的意思呢？说起来也是十分浅显明白的，主要是：

第一，根据实际生活中运用语文工具的规律来探求语文教学的规律。

现在大家都相信，语文教学应当是有规律可循的。那么这规律是什么呢？从哪里去寻求呢？作为一种教学活动，它当然要受教和学双方的活动规律、认识规律所支配。这里且不赘述。因为这里要着重探讨的是语文的教学规律，我们的着眼点就不妨落实在"语文"上。我以为，探讨语文教学的规律，首先就要研究在实际生活中人们运用语文工具的规律。换句话说，要懂得怎样"教语文"，似乎就该先懂得在生活中人们怎样"用语文"。

人们在实际生活中运用语文工具进行听说读写活动，总要受到三个方面的制约：

首先是受生理机制、操作方法、实践频率的制约。听说读写活动是人类特有的实践活动。听需要健全的耳，说需要机敏的口，读需要清明的眼，写需要灵活的手，听说读写又都离不开具有一定发展水平的大脑。耳、口、眼、手、脑，这五个方面的生理机制如有缺损，就会直接影响到听说读写的正常进行。因此，练耳、练口、练眼、练手、练脑，应该是培养听说读写能力在生理机制方面的基础。对于生理机制健全的儿童，为了培养他们听说读写的初步能力，从入学开始，在语文课上就该有意识地进行耳口眼手脑的机能训练。将来待他们要从事某些特殊专业时还得进行专门训练，如电话接线员得专门进行耳听训练，广播员得专门进行口说训练，校对员得专门进行眼视训练，等等。此外，听说读写作为人类的社会实践活动，它们各有自己的"操作"方法。听，要集中注意力、排除干扰、捕捉信息、概括要点、辨析语意等等；说，要发准语音、控制语调、理顺语脉、借助语态等等；读，要识记文字、调节眼动、循文明义、控制疾徐等等；写，要明辨结体、书写端正、符合格式、相机标点、删改清晰等等。所有这些，都是最基本的"操作"

方法；这些基本"操作"方法掌握不好，就会直接影响听说读写应有的社会交际功能的正常发挥。还有，任何一种实践能力都必须在具体的实践活动中才能成，才能发展。因此，听说读写的能力必须要受实践频率的制约；只有坚持频繁的、不间断的听说读写实践，人们的听说读写能力才能得到发展。在语文课上，企图通过教师的"讲授"使学生获得听说读写的能力，这无异于缘木求鱼，因为它违背了听说读写能力形成和发展的规律。

其次是受思想、知识、智力的制约。人类的听说读写活动，需要一定的生理机制作为基础；但它们绝不是一种纯粹的生理活动，而是一种复杂的心智活动。任何语文行为，它都包含着形和质两个方面。文字符号、语音语调、行文格式等等，是形；而借文字符号、语音语调、行文格式等等所表达的思想观点、知识内容、思维成果等等，是质。质不能"外化"为形，就不成其为语文行为；形不能"传递"出质，也不成其为有社会意义的语文行为。因此，思想、知识、智力是听说读写能力提高和发展的极其重要的三个潜在因素。从实践社会交际功能的目标来说，听说读写都要求做到"准、实、巧"，即达意的准确、内容的充实、表现的灵巧；而思想则能使其"准"，知识则能使其"实"，智力则能使其"巧"。从提高语文行为的实际效果来说，听说读写都要求达到"真、善、美"；而思想则能使其"善"，知识则能使其"真"，智力则能使其"美"。我们不可能设想，一个人思想品德低劣、知识视野狭窄、头脑呆板迟钝，而他的语文能力却孤立地超越他人，竟然达到"准、实、巧""真、善、美"的境地。因此，一个人听说读写能力的提高和发展，除了有赖于掌握必要的语文知识和语文技能以外，还必须相应地提高思想水平、道德素养，相应地扩展知识的领域和发展机敏的头脑。忽视了后者，把全部力量单纯地倾注在"语文"上，到头来，难免要事与愿违。

此外，还要受目的、对象、场合的制约。人类的听说读写活动，是一种特殊的社会交际活动。一般地说，这些活动都是根据一定的目的、针对一定的对象、在一定的场合之下进行的。目的不同，对象不同，场合不同，听说读写的要求和方式方法往往也就不同。有人说，以往我们的语文教学总是与社会的实际需要相脱节。这"脱节"的表现之一，我以为就是听说读写训练的无目的、无对象和无场合。这"三无"的训练，可以名之为"不定式"的训练。这种"不定式"的训练，由于没有尊重实际生活中听说读写的规律，所以其效果必然有很大的局限。英国应用语言学家 S. 皮特·科德指出，传统的语言教学法坚决主张"正确性"，注重语法规则的传授；却很少关心"适合性"，也不考虑语言行为对不同社会环境作出反应的方式。而现代语言教学则不同，"它较多地从社会的角度来对待语言，并且重视语言在不同社会环境中的交际功能问题"。（参见《应用语言学导论》）这里所说的"社会环境"就包括目的、对象、场合等诸种因素。这个观点，对我们设计听说读写的训练内容和训练方法，具有重要的启发意义。

以上所说的三个方面的制约关系，可以认为是实际生活中运用语文工具进行听说读写的共同规律。而听、说、读、写的本身，它们作为人类吸收和表达的几种不同的行为方式，自身又各有其特殊的规律。应当说，对于这些各不相同的语文行为，前人已经总结了他们的实践经验，我们的教学不能说全是盲目的；但是用现代语言学、现代心理学和现代思维科学来进行深入的研究，从而揭示其内在规律，现在似乎还仅仅是开始。而我们如果不能在这些领域的研究工作中获得突破性的进展，语文教学的科学化就很难实现。

例如关于读和写的规律。"阅读是吸收，写作是倾吐"，人们历来这样说，这话当然是不错的。但这只是从读和写的目的和作用上着眼所作的判断，其实从读和写的心智活动过程来细加分析，情况就绝不是这么简单的了。

先说阅读。如果阅读过程仅仅是信息的吸收过程，那么人的大脑也就等于电子计算机中接收信息输入的装置，外界输入什么信息它就容受什么信息；甚至可以说，大脑就像人们日常生活中用到的任何容器，作用就在于盛放各种物件而已。人们的阅读过程，却是经历着一系列紧张而复杂的心智活动的过程，其间，信息的输入和信息的处理是几乎同步地进行着的。换句话说，从阅读中的心智活动过程来说，吸收和倾吐是相互联系、交互为用的：在阅读中，为了更好地吸收，同时就必须有一定的量和一定的质的倾吐；而这一定量和质的倾吐，正是有效地吸收的必要前提。这正像人们的饮食。人们食用任何有益的食物，目的和作用都在于吸收；但为了有效地吸收，人们同时必须有所倾吐，吐出唾液、胃液、胆汁等等各种消化液，把摄进的食物细细地加以消化，经过这样一个加工、处理过程，食物中的营养料才可能被人们真正吸收。阅读和饮食，在这一点上道理是相通的。

要倾吐，当然需要有蓄积。有一定量和一定质的蓄积，才可能有一定量和一定质的倾吐。而在事实上，蓄积的量和质决定着倾吐的量和质；倾吐的量和质又直接影响着吸收的量和质，这是可以用大量阅读经验来加以证实的一条规律。为什么读同一篇文章或同一部书，认字率尽管相差无几，可是小学生、中学生、大学生和学有专长的学者读后所得却往往有"天壤之别"？原因就在这不同层次的人们在阅读过程中倾吐的量和质大不相同。为什么同一个人在不同时期读同一篇文章或同一部书，理解程度也会有变化？原因就在这个人随着阅历的增长，蓄积丰富了，读的时候倾吐的量和质有了变化，于是吸收也大异于前了。深谙读书之道的人，大都重视所谓语感的培养。叶圣陶说："要求语感的锐敏，不能单从语言文字上去揣摩，而要把生活经验联系到语言文字上去。"这个"把生活经验联系到语言文字上去"的过程，实际上就是不断倾吐自己的蓄积，也就是吸收和倾吐交互为用的结果。

阅读过程中吐和纳的辩证法，是我们需要深入研究的一条阅读规律。只有明白了这条规律，才能懂得阅读教学中增加信息量的必要，才能懂得广泛开拓阅读领域的必要，才能懂得培养学生知识迁移能力的必要，也才能真正让学生锻炼出阅读技巧来。

写作也同样如此，写作绝不纯粹是倾吐，它的倾吐是要以吸收和蓄积为基础的，没有必要的吸收和蓄积，也就不可能有充畅的倾吐。在1983年，我曾写过一篇短文，提出"要重视作文的全程训练"（参见《中学语文教学》1983年第10期）。我的意思是：一个人要写出一篇像样的东西来，首先必须在认识和经验上有必要的、足够的准备，这就是所谓写作前的蕴蓄。没有这种蕴蓄，或者虽有某些蕴蓄而还不足以构成文章充实的内容，就根本谈不到提笔写文章。而过去我们的作文教学，在"认识和经验"这件事上，着力很不够，总是抓了"流"而忘了"源"，作文课常常是"临渴而掘井"。学生因此叫苦不迭。我主张的"全程训练"，就包括了提笔写作之前的吸收和蓄积的训练。

总之，只要我们用现代语言学、现代心理学和现代思维科学的研究成果，密切联系实际生活，进行深入细致的考察，就不难逐步摸清听、说、读、写本身特有的规律。而这，正是我们切实把握语文教学规律的基础。

第二，根据实际生活中运用语文工具的众多场合来开拓语文教学的空间领域。

要摆脱语文教学"封闭式"的桎梏，还必须把眼光投向实际生活中运用语文工具的众多场合。语文是个"公器"（叶圣陶语），它具有广泛的社会性，它在社会生活的各个领域里被广泛地运用着。不要认为学生只是在语文课上才学语文、用语文。恰恰相反，学生学语文、用语文的大量机会，倒不是在语文课内，而是在语文课外。语文课上，只是让学生懂得怎样学语文，怎样用语文的某些法则、原理，主要作用在于

"知"（当然语文课上也有把"知"转化为"能"的练习）；真正要让这种"知"转化为"能"，就得靠学生在语文课外运用这些法则、原理于实践。而在事实上，学生在课外的这种实践机会是很多、很广泛的。我们的语文教学要形成一种开放式的格局，就要努力"贴近生活"，把施教的视角延伸到课外的广阔天地里去。

学生的实际生活大致可以概括为四个方面；一是各科学习生活。中学生学习的许多主要课程，都有各自的教科书，这些教科书就是他们需要研读的文字材料；各门课程都要完成一些作业题，无论是运算题还是问答题，都是他们运用语言文字或其他符号进行解答的书面表达训练或口头表达训练。因此，各科学习中都包含着学语文、用语文的因素。二是学校课余生活。中学生的课余生活包括团队的活动、文娱体育活动以及科技小组活动等等，开展这些活动有时需要写文字材料，有时需要翻阅大量资料，有时需要作口头的报告或讨论，其中也包含着大量的学语文、用语文的因素。三是校外组织生活。中学生还经常有组织地到校开展一些活动，如调查、参观、游览、扫祭等等。在这些活动中也往往包含着学语文、用语文的因素。四是家庭日常生活。中学生作为家庭的一个成员，也经常有运用语文工具的机会，例如与亲友通信，给他人辅导，为邻里代笔等等。如果这样"全方位"地把学生各方面的生活都有机地联系起来，有意识地以语文课堂教学为轴心向学生生活的各个领域扩展，就将使语文教学形成这样一个"辐射型"的整体网络结构：

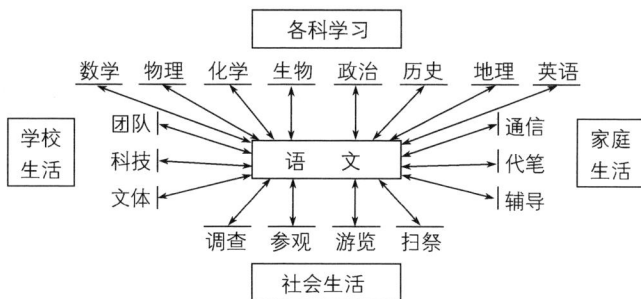

形成这样的整体网络结构，当然不是意味着语文教师的工作"无限膨胀"，不是意味着语文教师要对学生课内外一切语文实践活动都实行"承包"，它只是要求语文教师更加自觉地去培养学生良好的听说读写习惯，使他们不仅在语文课上而且在生活的一切领域都能严格地按照运用语文工具的规范化要求办事，利用各种机会来提高自己的语文实践能力。吕叔湘同志说："语文课跟别的课有点不同，学生随时随地都有学语文的机会，逛马路，马路旁边的广告牌，买东西，附带的说明书，到处都可以学习语文。"我们所谓"开拓语文教学的空间领域"，其用意就在于引导学生懂得"到处都可以学习语文"的道理。另一方面，语文实践能力的提高又是同生活的不断充实、知识的不断积累有关，语文教学同其他生活领域建立起横向联系，就使学生的听说读写，在内容上不断获得"源头活水"，而不致流于空疏。

第三，根据现代生活的发展前景来规划语文教学的未来。

教育的本身，从实质上讲，总是面向未来，服务于未来的。因此，语文教学无论是教材、教法，还是教学手段，都不能永远停留在一个水平上，它们都需要随着现实生活的发展而发展。

长期以来，我们都习惯于用"文道统一"来解释语文教学的目的任务，其中的"道"，被规定为"政治思想教育"，应该说，这样的解释，原则上是正确的。但从现代生活中语文工具实际所发挥的作用来看，它已经不仅是交流政治思想的工具和传播政治信息的工具。因此，"文道统一"中的"道"，也不仅仅是指政治思想教育，它的内涵应该更广泛，应该包括伦理道德教育、人生哲理教育、科学思维教育、审美情感教育、治学精神教育、人际关系教育等等，为此，我们完全有理由设想今后的语文教材，在选文标准上应该是多项的而不是单项的。

现代社会的一个越来越显著的特点是生活节奏的加快，过去我们的阅读教学，大半专注于锻炼"咬文嚼字""字斟句酌"的功夫，读书不求快而求精，这方面的功夫，当然是需要重视的；但今后必须引起我们注意的新课题将是"快速阅读"，现代生活中，要求人们必须培养起一种特殊的习惯和本领，那就是利用尽可能少的时间来阅读尽可能多的资料，吸收尽可能多的信息，以适应生活和工作的需要。因此，如何使阅读范围的扩大与读速度的加快很好地统一起来，将是未来语文教学需要着力研究的问题。

在作文教学方面，为了"贴近生活"，我们得认真思考这样一个问题：20 世纪 80 年代的青少年，他们是"四化"建设的后备军，他们今后在学习、工作和生活中究竟应该学会写一些什么样的文章才合乎时代发展的需要呢？这里，国外的一些教改动向值得我们注意。在日本，不管是小学还是中学，写作教学的一个突出特点就是从现代社会的实际出发，从生产和科研需要出发，注重培养学生写研究报告、调查报告这类综合性说明文的能力。在法国，语文教材中也选进了相当数量的科技说明文，为的是要让学生了解现代科学技术的现状和发展趋势，掌握这类文章的特点和写法，以适应将来从事理科、工科研究工作的需要。类似这样的情形，在欧美各国相当普遍，可以说是一种共同的趋向。现在，只要稍稍留意我国整个现代化建设的进程，就可以发现：诸如读书报告、实验报告、考察报告、市场信息评析、情报资料综述、科技说明文和科技议论文这一类文章的应用频率已日益增高，在中学作文教学中，对这一类文章如果再不给以应有的位置，那就势必由于脱离现代生活的需要而使教学失去生机。

再从写作的语言表达方式来考察，过去传统的作文教学，往往着力在铺陈、敷演、渲染、描绘、形容等方面的训练。自魏晋以来，赋体盛行，一把扇子、一阵清风，能转七绕八地写出一大篇文字来，尽管内容贫乏，也还得标榜他是文章"高手"，这种遗风，竟一直或隐或显地影响着我们目前的作文教学。而在现代社会，一切都要讲究速度和效率，人们没有多少余裕时间来读不得要领的长文章，而要求用最经济的时间和精力来获取最新的、最精要的信息。因此，在作文教学中，缩写训练、概括训练、摘要训练、综述训练以及所谓跳跃式表达训练等等，将成为人们所重视的新课题。现代社会要求人们在文章中能按照实际需要综合运用各种表达方式，以求得佳的表达效果，因此，文字中配以必要的表格和插图，也应当出现在中学生的习作之中，使这些习作呈现"图文并茂"的特色。

随着现代生活中社会交际的日益频繁和"人机对话"的日益普遍，整个社会对人们口头表达能力的要求将越来越高，培养学生"善于辞令"，学会"在需要的时候说恰当的话"，将是语文教学不可推诿的责任。

现代科学研究已经得出这样的结论：利用幻灯、电影、电视和其他视听手段来辅助教学，必将显著地提高教学效率。过去从事语文教学，习惯于传统方式，手段十分落后；而为了要有效地训练学生听说读写的能力和速率，这落后的教学手段就日益暴露出它的弱点，因为它只适合于"潜移默化"却无法适应"快速反应"。

语文教学必须"贴近生活"，这个命题的内涵十分丰富。这篇短文只是画出一个粗略的框架，随着语文教学改革的不断深入，必将提供更多的例证，使这个命题的科学内涵不断充实。我坚信这一点。

［原载于《教学与研究》（南通教育学院）1988 年第 1 期，略有改动］

语文教学研究的多向探索

自 80 年代以来，我国的语文教学研究呈现出空前活跃的局面。这种活跃局面的形成，是同我们整个国家的政治生活、经济生活、文化生活的蓬勃生机密切相关的。时代唤醒人们的改革意识，改革的意识必然伴随着对一切既成秩序和旧有观念的再思考、再认识。语文教学作为人才素质培养的一项奠基工程，时代赋予的使命是沉重的，因此改革的要求必然也就更加迫切，对它的既成秩序和旧有观念的震荡也必然更为强烈。现在已进入 90 年代，人们有理由要求对过去的深层思考和多向探索作一番梳理，以便更清醒、更坚实地迈向未来。

本文的论述将从这里展开。

探索之一：语文教学任务的多元结构及其核心

在中小学的众多学科中，没有哪一门学科像语文学科那样，教学任务呈现如此的复杂性。从高一级的层次说，语文学科有进行思想政治教育、语文知识教育、语文能力训练、文学教育等等的任务。在这个层面上的各项教学任务，其中哪一项应该是核心，人们的认识不完全一致。过去有一段时间，曾经有过"语文教学应以思想政治教育为核心"的提法。这种观点的偏颇是显而易见的，现在当然很少有人接受。到 80

年代，强调语文教学应以语文能力训练为核心，似乎已成为人们的共识，多数人的改革实践也都以这种认识为基点。可是也不尽然，在讨论到语文教材建设的时候，有人就提出："语文教材只有以语文知识为主干，才能形成科学化体系，它在教材中应当同数、理、化中的概念、原理、定律一样起统率作用。"（西安六中董敏堂先生语）有人甚至认为"编一套以知识为系统的语文课本，向学生进行比较系统的知识教学"，可能是"一条语文教学的新途径"（北京师院刘国盈先生语）。有人就根据这一观点，设计了一套语文教改方案：初一开始解决文字问题，初一上学期的后半，从文字推进到词法。初一下学期，又要从词法推进到语法。学习语法之后再学形式逻辑。初一下学期的最后再学修辞。初中二年级先学文体概论，上学期后半，集中学议论文和抒情散文，初二下学期开始学文化史，初三下学期简介外国文学名著，随后进行总复习（北京师院欧阳中石先生的看法）。提出这些观点的几位先生，都是语文教育界的前辈，其探索的思路是颇有价值的，也颇具魅力。至于文学教育，尽管许多专家一再强调语文学科主要是解决语言文字的理解和运用问题，国家教委副主任柳斌也曾强调"语文课要加强听说读写等基本技能的全面训练，纠正'重文轻语'的偏向，使学生真正掌握好祖国的语言文字"；可是持相反观点的，也大有人在。苏灵扬先生主张语文教学应注重文学教育，这是人所共知的；及至美育被提到重要位置之后，有人就批评语文教学中存在着严重的"重语轻文""重阅读、轻欣赏""重实用、轻审美"等等偏向，认为：语文教学应当传递以语言文字为载体的美的信息，应当培养学生对语言文字所负载的美的感知、美的鉴赏、美的评价并通过语言文字进行初步审美创造能力。要让学生听到人类情感从最低音调到最高音调的全音阶：我们整个生命的颤动，我们灵魂最深沉最多样化的运动（《荆州师专学报》1987年第1期龚仁贵文）。这就无疑是主张语文教学应以文学教育、审美教育为核心了。可见，在较高一级的层次上，人们对语文教学任务的多元结构及其核心，有着多向的思考和探索。

至于在下位的层次上，例如在语文知识教学中，习惯上所说的字、词、句、章、语、修、逻、文这八个方面，其核心究竟是什么，人们的认识也不尽一致。长期以来，"篇章"的教学事实上占有绝对优势，可是自80年代以来，这种事实的必然性已日益受到人们的怀疑。前面提到的那些主张以系统的知识教学为核心的人们，其立论的基点之一都在否定以"篇章"为核心的旧观念。此外，还有人从汉语的特点着眼，主张语文学科必须花最大的气力突破汉字关，汉字教学应是汉语文教学的核心；有人看到语言表达的由粗到细、由疏放到精密全凭词汇的不断积累，主张语文学科必须尽最大努力来丰富学生的"词汇库"；有人则从表情达意的基本单位是句子这一事实出发，认为句子教学应当是语文教学的核心问题；而一旦人们知道世界上有许多国家，其母语教学侧重在抓"段落"，于是又从各个不同角度来论证段落教学的核心地位，并在实践中探索着段落教学的有效途径。可见在语文知识的"八字结构"中，究竟什么是核心，人们也在进行各不相同的思考和探索。

又如，在语文能力训练中，习惯上所说的听说读写四项训练任务，其中究竟以什么为核心对全面完成训练任务更为有利，人们也有不同的见解。叶圣老一贯主张"听说读写都重要"，这在理论上、战略上是人们普遍认同的，但在实践上要做到"并重"并不易。因此，有人主张在小学阶段侧重听说训练，中学阶段侧重读写训练；也有人提出，在读写训练中应当"以写作训练为中心"，以"写"来带动其他；有人则持相反的观点，认为阅读训练是基础，忽视阅读训练，提高写作能力无异于缘木求鱼。自从思维训练被人们普遍重视以后，有人主张在语文能力的"四字结构"以外，还须加上思维能力，并且认为听说读写的"总开关"是思，即思维能力，语文能力训练应当以思维能力训练为核心。

以上这些不同的主张，都在实践中形成了各不相同的改革方案，并且都取得了一定的成效。这里也许可以证实吕型伟先生的论断是正确的，他在 1986 年发表的《对当前中学语文教学改革的几点看法》中曾经指出：语文教学应当有自己的基本规律，但突破点不一定完全相同，可以百花齐放。对于语文教学多元化任务及其核心的探索，正是在肯定语文学基本规律的前提下人们在寻求着自认为最佳的"突破点"。这种"百花齐放"的局面，正体现出 80 年代以来语文教学改革的勃勃生机。

探索之二：语文教学内容的优化选择和合理列序

率先进行这一探索的是那些关心和尝试编制语文实验教材的人。在 70 年代末，尽管当时国内已经有了新出版的通用教材，但人们普遍感到这套教材在体系上还有明显的缺陷，还不适应形势发展的需要，因此有必要探索教材建设的新路。在 1980 年召开的中学语文教学改革第二次座谈会上，各地提交的教材改革方案就有 20 多份。其中，无论是主张以写作为线索的，或主张以知识为线索的，还是主张以能力训练为线索的，都分别提取了自认为最重要的"知识点"和"能力训练点"，同时也分别设计了自认为最合理的知识教学或能力训练的序列，从而构建起教材自身的体系。例如辽宁的欧阳黛娜先生，她从听说读写全面训练的总体目标着眼，从丰富复杂的语文教学内容中优选出了 97 个能力训练项目、40 个基础知识专题，并把它们由浅入深地编织成一个线性系列。上海的陆继椿先生按记叙能力、论述能力和文言文阅读能力三大项，设计出 140 个训练点，试图建立起"分类集中分阶段进行语言训练"的教学体系。这些探索性方案，在当时的座谈会上都引起了与会者的瞩目。以这次座谈会为起点，人们都开始从不同角度进行语文教学内容的优化选择和合理列序的探索。到 1986 年全国开始实行"一纲多本"的教材建设新体制以后，这种探索更有了实质性的进展。目前，九年制义务教育初中语文实验教材，除人教社的本子以外，还有沿海版、内地版、大中城市版、农村版以及少数民族地区版等多种本子，它们在内容选择和序列编排上都各有特色，形势十分喜人。

在 80 年代中期，对于作文教学序列的探索，曾经出现过一股热潮。这是不难理解的。因为长期以来，我国的作文教学一直处于无序状态，这种情况亟须改变。因此，为提高作文教学效率，人们开始按照自己的见解来构想作文教学的训练序列。

从总体上看，这些构想大致可以分为两类。一类是在传统的文体训练的基础上，充实一般写作能力训练的内容或一般写作对象的因素，从而构成一种稍有新意的训练程序。如中央教科所编的《作文》实验课本，一方面以记叙、说明、议论的文体训练程序作为基本线索，一方面又穿插列入编提纲、写初稿、修改、打开思路、收集和积累作文材料、语言和文风、审题和构思等一般写作能力的训练项目。人教社编的六年制重点中学《写作》实验课本，则在培养学生掌握各种常用文体的基本写作能力的同时，又安排训练观察和分析生活中各种现象的能力、搜集和整理材料的能力、表达和修改的能力等所谓"实际应用能力"，使之相互配合，相辅相成。扬州师院中文系编的《中学作文教学设计》，把写作对象涉及的"写事、写人、写物、写景、写情、写理"等六个方面内容，分解为单纯的"一事、一人、一物、一景、一番情、一种理"和复杂的"一事多人、一人多事、多人多事、由物及人、托物寄情、触景生情、事物剖析、事理推究"等等项目，由简到繁，循序渐进排成序列；而把"怎样写"涉及的各种写作技能，包括"写作的基本能力""思维能力""驾驭多种文体的能力"等等，有主有次地列出项目，与"写什么"穿插编排起来，形成一个"多股交织"的训练系统。这一类的构想，总的思路是在遵循大纲要求、照顾传统习惯的前提下，对以往的做法适当加以丰富和发展，以增强作文教学的科学性和有效性。

还有一类是突破传统模式，在人们实际运用语文工具进行表达的自然过程中去探索新路。例如北京的刘朏朏、高原两位先生，他们确信观察、分析、表达是人们写任何文章都必须经历的自然过程，因此设计出了观察训练→分析训练→表达训练的"三步训练法"，在这"三步"训练中分别都有具体的训练项目、步骤和方法，从而形成一个完整的训练程序。上海的钱梦龙先生认为，学生的写作总要经历"从单纯模仿到逐步摆脱模仿而进入创造"这样一个自然过程，因此设计了一条"模仿-改写-借鉴-博采-创造"的训练"链索"。

以上两类设计思路，各有自己的特点和价值，也都需要在实践中进一步充实和完善。而后者，其总的思路是要突破传统的文体训练框框而从人们进行写作活动或思维活动的"自然过程"中另辟蹊径，由于革新的意识比较鲜明，引起人们格外的重视。

探索之三：语文教学过程的本质及其有效性

教学过程是由教学目的任务、教学内容、教学方法、教学组织形式、教学效果检测等五大要素构成的动态系统。语文教学过程则是教师依据教学大纲、教材体系和教学原则，有计划地组织引导学生学习语文知识、训练语文能力，进而发展其智能、提高其思想修养和审美情趣的过程。在这一动态过程中，传统的教育观实际上是主张由教师分析讲解教材，并把分析的结论传授给学生，走的是"教师—教材—学生"的路。自80年代以来，人们对这种教学过程开始提出了怀疑，认为在教学过程中，学生应该是认识活动的主体和最活跃的因素，教师只应该起组织引导、启发点拨的作用，让学生自己去接触教材、分析理解教材，走的应该是"教师-学生-教材"的路。上海钱梦龙先生提出的"教师为主导，学生为主体，训练为主线"的"三主"模式，就是对语文教学过程的本质的一种新的理解。其实，这个问题本来并不"新"。叶圣陶先生早就说过："教师当然须教，而尤宜致力于'导'。导者，多方设法，使学生能逐渐自求得之，卒底于不待教师教授之谓也。"只是囿于传统偏见和习惯势力，这些精辟之论始终未被多数人所理解、接受而已。

由于对语文教学过程的本质有了新的更深刻的理解，因而以增强实效为目标的多种教学方法的探索，也成了人们关心的热点。这些探索的鲜明特点是：着眼于教会学生"自己去学"。

对于新的教学方法的探索，首先引出的积极结果是语文课堂教学结构模式的更新。

从阅读教学方面考察，人们试图把课堂教学过程处理成"定向-自读-研讨-归纳-应用-反馈"这样一个线性系统。在这一系统中，教学的具体方法尽可以优化选择，不拘一格，但其基本思路完全是以"确立学生的主体地位"为内核的。而且，鉴于语文学科的特殊性质，在阅读教学中，尽可能减少刻意求深的"分析"和华而不实的"讨论"，尽可能增加学生自己诵读课文、品味语言以培养语感的时间，已成为人们普遍关注的课题。

如果说，以上这种教学模式，其视角还是"内向"的，限于课堂这个特定空间，那么另一种模式，其视角则是"外向"的，延伸到课堂以外的广阔天地里去。那就是河北张孝纯先生倡导于先，江苏孙宏杰、柳印生等先生探索于后，在"大语文教育观"支配下构建起来的一种开放式教学格局。它的基本思路是"全方位"地把学生各方面的生活都有机联系起来，有意识地以课堂教学为轴心向学生生活的各个领域扩展。这一种教学模式，已经把"学语文"和"学做人"密切结合起来，真正体现出对语文教学过程本质的深层理解。

对于新的教学方法的探索，引出的又一个积极结果，是单元整体教学重现光彩。

在语文学科中，把教学内容划分成若干"单元"，本不是新鲜事；不过，自本世纪20年代以来，这种"单元"设计思想主要体现在教科书编制中间，并没有真正成为教学活动中一种新型模式。所以严格说来，过去只有教科书中的"教学单元"，却没有教学实践中的"单元教学"。1981 年，张志公、张定远两位先生联名发表题为《谈谈单元教学》的文章，内容虽然主要是谈教科书编制中如何组织单元的问题，然而也已经提到成功地运用"单元教学"会取得比"单篇教学"更好的效果。此后，单元教学理论探索和实践研究便掀起了一股热潮。近年，由于布鲁姆"教学目标"说的引进，单元教学的研究又注入了新的内容。

探索之四：语文教材体系的更新

新中国成立以来，中小学语文教材一直采用全国统一编制的办法。所以，对于教材建设的理论研究，只是限于极少数参与教材编制的专业人员；至于绝大多数教师，对此很少关心。在以改革开放为时代主旋律的 80 年代，情况有了明显的改变，由国家教育行政部门主持召开的几次语文教材改革座谈会，对中学语文教材体系的更新提出过许多方案，从而大大开拓了人们的思路。

但是应当承认，在语文教材建设上，真正进行比较深入、比较广泛的理论研究和改革实践，还是开始于 1986 年。

首先是两"型"教材的并峙争雄。自"五四"以来，我国的中学语文教材一直是分编型和合编型同时并存的。新中国成立以后，除了50 年代一个较短时间内曾经试用过文学、汉语分编教材以外，基本上采用的是统一的合编型教材。而到 80 年代，各种分编型教材又相继问世。其中有人教社编"六年制重点中学"试用的《阅读》《写作》分编本，中央教科所编初中试用的《阅读》《作文》分编本，辽宁欧阳黛娜编《阅读》《写作》分编本，人教社编中等师范学校试用的《文选和写作》《语文基础知识》分编本等等。而人教社所编"六年制重点中学"试用的高中教材，迈出了更大更新的步伐，它在高中三年分别编制了《文言读本》和《现代文选读》(高一)、《文学读本》和《文学作品选读》(高二)、《文化读本》和《文化著作选读》(高三)；另有《写作》

三本分别供高中三年试用。这种分编型与合编型教材并峙争雄的局面，由于有强烈的改革意识和必要的理论研究作基础，因此倒产生了优势互补、彼此促进的积极效应。

在实践中，大家一致公认：分编型教材的优点在于眉目清楚，序列分明；缺陷在于较难求得综合的、整体的效应。合编型教材的优点在于整体性较强，一人执教便于统筹兼顾；而缺陷又在于知识讲授和能力训练的序列，不容易梳理、组织得恰好。二者的优势和弱点，正好相反。而这种"相反"，通过进一步的深化认识和积极探索，完全有可能得到"相成"的结果。分编型教材的主编者们，凭借着"分则眉目清楚"的优势，努力在知识系统和能力训练系统中提取基本元素，从而确定讲授和训练的项目；并根据知识和能力本身的内在逻辑，设计出讲授和训练的程序，形成各种"知识链"和"训练线"。这些研究成果给了合编型教材的主编者们以有力的援助，使他们在自己教材体系的建设上有可能做到"合"中有"分"，克服过去序列不清，长期处于"浑然"状态的痼弊。而合编教材的主编者们，则凭借"合则相互为用"的优势，努力在教学内容的优化组合上做新的探索，努力在知能结合、知能转化、听说读写相互配合、语修逻文彼此渗透上求得新的突破。这些研究成果，同样给分编型教材的主编们以有益的启示，使他们在自己的教材体系建设上有可能做到"分"中有"合"，克服因过分强调系统性而多少忽视语文教学综合效应的弱点。这种"相反相成"的事实，引出了当前教材编制上的一系列颇具新意的改革趋势：其一是在合编型教材中强化了知识教学和能力训练的序列性；其二是在合编型教材中重视了单元组合的优化。人教社最近编辑出版的九年制义务教育初中语文教材、江苏省洪宗礼主编的"单元合成，整体训练"初中实验教材，就是这种改革趋势的代表。这两种合编型教材，已不再是过去的那种"流行式"了，它们都具有了新的性质和更高的品位。这正应了北京夏秀容等先生在 1987 年发表的《语文教学的整体观》一文中所作出的预见："从发展趋势看，未来可能会于分科教材继续改进的同时，将出现高一级的综合型教材。当分科教材完成它的要素分析任务之后，为综合性的课本创造了必要的条件，有可能出现更为理想的综合型教材。"

在语文教材体系改革的探索中，还有一点也值得人们重视，那就是在教材中渗入了"学法"指导的因素。这种改革趋势的突出标志，是对教材中"导学系统"（或叫"助读系统"）的精心设计和精心编写。一般说来，语文教材中包含着四个系统，即知识系统、范文系统、作业系统和导学系统。前面三个"系统"，在编制时固然需要注意符合学生的认知规律和学习心理，但这种"注意"往往是间接体现出来的，唯独导学系统是直接面向学生，为帮助学生研读范文、领会知识、完成作业而设，因此它的编写更得注意学生的需要，更得注意学生的接受心理。最近四川省编辑出版的两套初中语文实验教材，在这方面都做了有益的尝试。尤其是颜振遥主编的那套供少数民族地区试用的实验教材，因为标明"自学辅导"为宗旨，所以在导学系统的编写上更是费心费力，形成了鲜明的特色。

以上四个方面，是 80 年代以来在中学语文教学的若干全局性问题上的多向探索。既是探索，所以论者辈出，各有卓见；既是探索，所以被褒者未必都是"是"，被贬者也绝不都是"非"，彼此切磋，认识就可望接近完善。在迎接 21 世纪到来的前夕，这些探索将在更高的层次上向前发展，这是可以断言的。

1991 年 8 月初稿

1992 年 5 月二稿

（原载于《扬州师院学报（社会科学版）》1992 年第 3 期，略有删减）

语文教学与素质教育①

我曾经不止一次地陈述过我对语文教育问题的三个基本观点：第一，语文教育是提高我们全民族素质的一项奠基性工程；第二，语文教育改革的根本指导思想是"贴近生活"；第三，语文是一门民族性很强的学科，应当走科学化和民族化相结合的道路，"结合"得好就向现代化迈进了　步，"结合"得不好，也就谈不上什么现代化。

现在单说学校里语文学科的教学，话题集中，也许可以说得更切实些。

说到学校教育中的学科教学，当然首先要考虑如何结合本学科的特点，认真地、全面地贯彻国家的教育方针，使学生在德、智、体等方面都得到发展。这里面就包含着"全面提高学生素质"这层意思在内。现在强调要重视素质教育，有些人以为是什么新的任务、新的要求，其实不是。人的素质是受遗传、环境和教育三大因素影响而成的。从教育

① 从 90 年代初开始，人们仿佛第一次意识到"素质教育"比单纯的知识传授和技能训练重要得多。一时间各级各类教育杂志，各种各样的教学经验交流会和教材教法讲座，都把"素质教育"问题置于核心地位。我这篇短论就是应杂志社编辑之约而写，同样的或相近的内容，也曾在某些报告会阐发过。——作者注

的角度说，人的素质可以认为是指通过社会实践和学校教育逐步形成的、适应现代社会需求的多种品质和能力的总和。这个"总和"，最基本的内涵是德、智、体。强调要重视素质教育，是针对我们当前的学校教育包括各门学科的教学，有偏离国家教育方针的倾向而言的。这种倾向，主要表现为：在德、智、体三育中片面重视智育，在智育中又片面重视学科知识的教育，在学科知识中又片面重视"应试必备"的那一小部分，于是学校教育被逼进了"狭胡同""死胡同"，在那里学生被逼进了课业负担过重的"死胡同"。可见，重视素质教育和全面贯彻教育方针，实质上是一回事。这是我对"语文教育与素质教育"相互关系理解的第一层意思。

说到语文教学，它与提高学生素质关系极大，的确具有奠基性的作用。

首先，它为学生接受学校教育（包括部分地接受社会教育）提供一种重要的工具和媒介。这工具和媒介，就是本民族的语言文字。学会听话说话，学会识字写字，进而学会读书作文，通过训练逐步形成运用祖国语言文字进行准确的理解和表达的能力，这是人们接受教育、提高素质的最重要的条件。聋哑盲童的特殊教育，"特殊"在哪里？就在他们不能正常地听话、说话或看书写字。一般人学习母语，有三个互有联系的阶段：习得—学得—再习得。任何人学习母语，入学以前都已经有些基础，这是自然习得的，是从周围环境（包括家庭）中通过模仿习得的。因此，学习母语，一般都不是从零开始。及至正式入学，便开始通过学科教学，逐步学得。"学得"的特点是有计划有步骤有指导地学习，逐步增进对语言文字运用规律的认识。所谓"语文素养"的基础，就是通过"学得"奠定的。出了校门，走上社会，参加工作，语文素养还会不断提高，除非特殊需要，这时的"提高"又是自然习得为主，只是更高层次上的"再习得"。由此可见，人们学习和掌握母语，奠基期是在学校中接受教育的阶段，所以语文学科的教学占有特别重要的地位。从语文教师来说，这里的关键是要处理好语文教学任务的多元化和切实练好语文基本功的关系。语文教学的任务是多元的，在这多元的任务中，形成正确理解和运用祖国语言文字的能力和习惯，是最根本的任务。忽视了后者，一切都无从谈起。在全面提高学生素质的总目标之下，让学生扎扎实实练好语文基本功是始终不能忽视的。

有人把语文基本功概括为十项，搞所谓"十项全能"训练和"十项全能"比赛。这十项就是：

①汉字书写训练（基本要求是规范、工整、匀称、流利；提高要求是美观和合体）。

②语言揣摩训练（主要内容是语感训练，包括语音感、语义感、语味感、语调感、语法感、语流感、语境感等等）。

③普通话朗读训练（包括正音训练、语调训练、节奏训练等等）。

④背诵训练（主要目的是更多地积累语言材料）。

⑤快速阅读训练（主要目的是更多、更快地吸收信息）。

⑥卡片制作训练（包括摘记训练）。

⑦手抄报训练（带有综合训练性质）。

⑧口语交际训练（教学大纲中规定的各项口头表达的训练内容）。

⑨书面表达训练（除了一般实用文外，还包括图表绘制训练）。

⑩文章修改训练（改自己的和别人的文章）。

凡训练，既要重视"训"，讲清方法、要领，更要重视"练"，指导学生自己去实践，去操作，在操作过程中自己逐步掌握方法、要领，最终形成能力。只要学生真正活动起来，语文教学中应有的德、智、体三育都会自然地渗透于活动之中，智力因素和非智力因素的培养和发展也必将有效地结合起来。

其次，基础教育阶段的各门学科，有个共同的教育任务，即让学生初步认识世界和了解人生。而在这众多的学科中，语文学科在这方面发挥着其他学科不可替代的作用。因为语文学科至今仍然以诵读各体各类、中外古今，或深或浅的语言作品为凭借，让学生逐步理解和掌握语言文字的运用规则、技能、技巧。这些语言作品有两个基本特点：一是内容广泛。形象生动的大千世界，有血有肉的社会人生，几乎无所不包，在学生面前提供的是一个"色彩斑斓的空间"。因此有人认为一部语文教材可以说是青少年认识世界、了解人生的"微型小百科"，这丝毫也不夸张。这对于充实和完善中小学生的知识结构，逐步树立正确的世界观和人生观，从而形成良好的素质，不但有益而且有效。二是字里行间跃动着强烈的感情。语文学科指导学生阅读的那些典范的语言作品，往往是作者对于人生、对于社会、对于自然的一些卓越见解和独特感受的集中体现。学生读这些作品，不但从"写什么"方面增长了知识，扩大了视野，而且从"怎样写"和"为什么这样写"等方面获得有益的启迪，与作者的感情产生共鸣，逐步提高自己的认识水平，潜移默化地丰富自己的情感内涵。

语文学科，在教书和育人之间有一种天然的、内在的联系。这是我对"语文教学与素质教育"相互关系理解的第二层意思。

叶圣陶先生曾经对语文教学提出过这样的要求："要做到个个学生善于使用这个工具（使多数学生善于使用这个工具还不够），语文教学才算对极大地提高整个中华民族的科学文化水平尽了分内的责任，才算对实现四个现代化尽了分内的责任。"这里在观念上需要解决两个问题：

一是要正确认清手段和目的的关系。在基础教育阶段，特别是义务教育阶段，教材和教法，对于各门学科来说，都不过是"育人"的手段。基础教育是相对于专业教育而言的，也就是说，从总体上看，基础教育属于非专业教育，这实质上是一种养成教育。养成什么？养成正确的、良好的生活习惯，学习习惯，劳动习惯，人际交往习惯等等，养成种种最基本的能力，包括健身、忍耐、自信、思考、判断、记忆、计算、联想、想象、发现、审美等种种能力。这些习惯和能力，构成一个人良好素质的基础，也是今后继续发展的内在条件。语文教学应当把上述种种习惯和能力的培养作为自己的目标，也就是把学生良好素质的培养作为自己的目标。

著名教育家夏丏尊先生在 30 年代就这样谆谆告诫中学生："中等学校教育的课程，只是一种施行教育的材料，从诸君方面说，是借了这些材料去收得发展身心能力的。诸君在中学校里，目的应是受教育，不应是受教材。"这就告诉我们：在中小学，要教育学生把"受教育"和"受教材"严格区别开来。而学生能不能"区别开来"，又取决于教师自己在认识上和实践上是不是真正"区别开来"。

二是要树立"以人为本"的现代教育观。"以人为本"，就要尊重班上的每一个学生（即圣陶先生所要求的"个个"），尤其是那些相对后进的所谓"差生"。不管是优等生还是差生，在人格上是平等的。而且从某种意义上讲，"差生"往往有一种自卑心理，容易自暴自弃，所以在人格上他们格外地需要尊重，要千方百计地帮助他们逐步增强自信心。语义教学的内容和要求，一般有较大的弹性，因此在转变"差生"方面具有较为有利的条件。要充分利用这种条件，在"差生"身上发现其闪光点，肯定他们的点滴进步，激发起他们的学习兴趣和信心，逐步跟上全班同学的前进步伐。语文教学艺术，在一定程度上就体现在教师成功地掌握并运用退和进的辩证法，根据本学科的特点和学生的心理发展规律，把全班学生都引上"成功"之路。光会教优等生，而在"差生"面前束手无策，这绝不是合格的语文教师。

这是我要说的又一层意思。

总之，从实践上去探索语文教学全面贯彻国家教育方针之路，是研究"语文教学与素质教育"相互关系的重要课题。

[原载于《语文教学与研究》(武汉华中师范大学) 1997 年第 9 期]

现实的困惑和历史的使命①

——语文学科课程改革的背景研究

在我国，经济体制的改革，造成经济利益格局的大调整，每前进一步都会引出许多新的矛盾，产生许多新的困惑。语文学科教学的改革，也大抵如此。改革开放 20 年来，就语文学科而言，从改革意识的复苏，到改革方案的试验，确实取得了长足的发展。但是由此造成的教育观念大变化，每前进一步也会引出许多新的矛盾，产生许多新的困惑。可以这样说，20 年来语文学科教学的理论研究和改革实践，是一个在探索中不断有新矛盾，在困惑中不断有新发现的过程。

当前存在的现实困惑确实很多，择其要者，大致是：

一、现代化和民族化的统一问题

在 70 年代末、80 年代初，人们开始意识到语文学科教学的改革必

---

① 湖北大学文学院《中学语文》主编潘纪平先生在 1999 年秋嘱我就语文学科的课程改革谈点看法。奉命写作，苦思冥想，分两次完成了"谈点看法"的任务。在该刊 2000 年第 1 期发表的是关于语文课程改革的背景研究。——作者注

须朝着"现代化"的目标推进。当时理论界就出现了三种思维走向，这种状况至今仍然困扰着语文教育界。一部分人认为，所谓"现代化"总是以"彻底批判传统的东西"为前提的，而"传统的东西"对于母语教育来说多半是不容抛弃的，其中某些精华甚至是民族语文教育的瑰宝。他们不但在行动上"婉拒"现代化，而且在理论上认定中国语文教育的振兴，出路不在"现代化"，而在"恢复"那些历来被事实证明为有效的传统教育思想和传统教学方法。近年来，有少数论者认为当前语文教学中存在的一些弊端，根本原因之一是在"拒绝文言"，因此主张要让学生多读点文言诗文，这对提高青少年的文化素养十分有益。有人甚至认为用传统的"对课"（即"对对子"）方式来训练学生的语文能力，可能有助于培养"大师级"人才。

另一种思维走向正好相反，他们认为在改革开放的历史新时期，要改变中国语文教学长期存在的那种"少慢差费"状况，必须走出误区，另觅新径，即彻底摆脱传统的束缚，走全新的现代化的道路。因为，"古代文明越发达，深层结构的传统越牢固，对现代化的阻力也就越大"，因此要实现现代化，就必须彻底割断与传统的联系。

还有一种思维走向，似乎走着一条"折中"的道路。他们认为，对于"传统"应该进行科学的反思，科学的分析。中国的语文教育改革应该走现代化和民族化相结合的道路。中共十二大，小平同志提出"要建设有中国特色的社会主义"；中共十五大在讨论到建设社会主义文化的时候，又特别强调"要建设立足中国现实、继承历史文化优秀传统、吸收外国文化有益成果的社会主义精神文明"。看来，时代的要求是在支持第三种思维走向。

二、科学化和人文化的统一问题

语文教学的科学化，是语文教育现代化这个大课题中的"应有之义"，语文教学科学化的前提条件之一是教学内容的序列化。

序列化在具体操作上要解决两大问题：一是优化选择，二是合理列序。80年代初期，对于教学内容序列化的追求，曾经一度成为语文教育界共同关注的热点之一。然而，问题也随之产生。语文学科毕竟不同于数、理、化、生等学科。后者属于自然科学范畴，其内容可以科学地加以切分，切分以后仍然可以显示出其间严密的逻辑联系；前者属于人文科学范畴，具有综合性、意会性等诸多特点，它本身所包含的内容又极其广泛，因此想用逻辑的方法对语文教学内容加以科学的切分，事实上很困难。何况，语文教学要完成的任务，绝不仅止于知识的传授，它一方面要求把知识转化为能力，一方面要求通过思想情感的熏陶和感染，让这种能力提升到一个更高的层次，因此语文学科教学中潜藏着极其丰富的人文因素。面对这一实情，人们又不能不产生困惑。无视语文教学中的人文因素，所谓"科学化"也只能是一句空话。如何使科学化和人文化统一起来，又是需要认真地加以研究的问题。

三、工具性和文学性的统一问题

说语文是工具，因此确认语文学科是工具性学科，这并不错。认为"语文"（包括母语和外语）是表情达意的工具，"数学"（包括计算机）是计算的工具，因而把语文学科和数学学科归入工具性学科，这是世界教育界的通例，无须争议。只是语文工具和数学工具性质不完全相同，语文工具和其他纯技术工具如斧头镰刀之类性质更不相同。它的内涵要丰富得多。因此，说语文学科是工具性学科，原是不错的，但对它的认识还需进一步深化。

早在50年代末，就有"反对把语文课上成政治课"和"不要把语文课上成文学课"的说法，就是要求防止两种不应有的偏向：既反对在语文课上强加许多空洞的政治说教，也要防止让过多的、烦琐的文学分析取代严格的语文训练，影响学生实际运用语文的能力的提高。这本来是已经达成共识的问题。可是到了 90 年代末期，却突然听到一阵"批判工具论""反对淡化甚至取消文学教育"的呼喊，引起了建国以来持续时间最长、社会震荡最大的一场关于中国语文教育问题的大讨论。冷静地对待这场讨论，并从讨论中吸取对祛弊兴利有益的养料，这是广大语文教师应取的正确态度。然而不可否认，少数论者言辞激烈，他们把"语言"和"文学"割裂开来，甚至对立起来，企图在语文教学阵地上拔掉"语言"的旗帜，插上"文学"的大纛，况且论者中有些是文学教授、理论新秀，善于形象描绘和文学夸张，使得人们在震惊之后不能不又陷入难解的困惑之中：语文，你究竟姓什么？

四、水平测试和选拔测试的统一问题

自 70 年代末恢复高校招生制度之后，最初的几年，严肃的国家级选拔测试曾对中学语文学科的教学改革起过积极的促进作用。随着形势的发展，"千军万马过独木桥"的状况越来越尖锐，逼得高考命题组的主持者们要殚精竭虑地设法提高部分命题的难度，以便拉开应试者之间的差距。于是第一线执教的老师慑于学校、家庭、社会的压力，不能不把注意力集中到一年一度的这张高考试卷上来。他们战战兢兢地把自己班上的学生送进考场，又如热锅上的蚂蚁似的在考场外面，等待着考试结果对自己多年心血的"宣判"。

高考命题组成员自有堂而皇之、难以驳倒的理由："平时的教学必须面向全体学生，顾及绝大多数；而高校招生考试则必须淘汰大多数：前者要让绝大多数学生都能达到大纲规定的基本要求，而后者，在目前情况下则必须要在大多数合格者中选拔出少数尖子来。这是一对无法相容的矛盾。"这是牵涉到水平测试和选拔测试的相互关系问题，牵涉到水平测试的标准度、合格度和选拔测试的难度、效度、信度之间如何配合、协调的问题。但不管怎么说，国家级选拔测试的"导向"作用是在任何情况下都无法取消的。目前，高考、中考的命题和方式正在进行改革试验，一种"实用化""生活化""简约化"的趋势，是能对平时的教学产生正面效应的，而过分强调"客观性"、过分注重"标准化"的趋势，以及为了提高其难度而故意在选项上设置种种"障眼法"的做法，对于语文教学来说，只能产生负面效应。人们在测试面前所产生的困惑和忧虑，绝非庸人自扰。

五、理论研究和教学实践的统一问题

自80年代中后期起，语文教育的领域出现了一种"冷热失衡"的状态，即少数人热和多数人冷、少数人呐喊和多数人彷徨同时并存。这种状况形成的原因相当复杂，就语文教育内部来考察，也许主要是因为理论研究需要"活跃"，而教学实践却需要"务实"，出现了反差。

80年代初期，致力于理论研究的人们，借改革开放的东风，从国外引进的资料中接触到较多的教育教学研究成果，大大扩展了视野，又由于思"变"心切，在对众多"舶来品"还来不及充分吸收消化的情况下，急于抛出自己这样那样的"初探性""构想性"产品。在实践第一线的教师，随着意识的复苏，对诸如此类的"产品"都感兴趣，也急于"择善而从"来设计自己这样那样的教改方案。但是，严峻的事实告诉人们：理论研究需要科学的态度，教学实践更来不得半点"花架子"。不成熟的理论果实，往往经不起实践的检验。即使是比较成熟的理论成果，要与实践联系，成为教师执教的行为，这中间还有许多实际问题需要去解决。对许多人来说，改革实践的理论准备固然不足，精神准备也并不充分。当发现自己设计的种种方案，做起来却并不如理论上所阐述的那么顺利、那么圆满时，便立即丧失信心，甚至想重新寻找出路。所以到80年代中后期，当理论研究者们还在信心十足地论证"理论研究必须超前"的时候，忽然发现自己的周围不知为什么已逐渐失去了热心的响应者。这恐怕不能责怪第一线执教的老师们，因为任何教育教学理论都应该具有实践性的品格。理论研究者们的思路太"活跃"、太"多变"，难免使人不是望而生畏，就是无所适从，于是冷热失衡，无论是理论研究者，还是教学实践者，都在不同的方位上同时陷入了困惑。

历史推进到了 90 年代，语文教育界肩负着本世纪最后十年的极其伟大而光荣的历史使命。世纪之交的大背景要求语文教育界的人们有跨世纪的战略眼光，其中特别重要的是要从理论和实践的结合上解决好以下两个课题：如何把我们的教育包括语文学科教育从"应试教育"转向"素质教育"？如何使中国的语文学科教学体系具有鲜明的"中国特色"？

1. 必须坚持"具有中国特色"

90 年代初，"语文教学发展战略"的研讨会、座谈会，在国内或境外纷纷召开，中心课题是探讨我国语文教育面向未来的发展趋势。其中最富有理论魅力的是如何为建立具有中国特色的语文教学新体系扎实工作打好基础。

我国的语文学科教育主体是汉语言文字的教学，受教育的对象主要是生活在汉语文环境中的中国青少年。要建立具有中国特色的语文教学新体系，首先必须弄清楚汉字汉语汉文的特点，以及中国青少年学习、掌握汉字汉语汉文的规律。这是一项带根本性质的基础工程。谁都知道，我国的传统语言学理论是受西方语言学理论影响很深的。近 20 年来情况开始有所改变，结合汉语汉文特点来研究语法学、修辞学、辞章学的成果，屡见发表。但细究起来，其中不少成果还是静态研究、分割研究的产物。一旦进入"汉字书写和积累""汉语理解和表达"之类的社会交际领域，以往的静态研究和分割研究就远远不够了，还必须在唯物辩证法的指导下，密切联系交际行为，对语言进行动态研究和综合研究。我们能不能要求研究汉字汉语汉文的专家、学者，同广大有志于此的语文教师一起，通力合作，编写出《汉字和汉字运用》《汉语和汉语表达》和《汉文和汉文辞章》这样的书来？也许跟这样一些书名相同或相近的新著已经出版，恕我孤陋寡闻，但已出的，未必就是这里所期望的。这里期望的是，这类书应具备这样两个特点：一是原有的语言知识系统（例如由"小"到"大"）已经按照学习和运用的实际需要重新调整、重新组合了（例如调整为由"大"到"小"）；二是原来分割起来各自独立的某些内容（例如语法是语法，修辞是修辞，分别自成系统），已经按照学习和运用的实际需要，彼此渗透，彼此沟通，以能够充分说明各种语言现象为依归。有了类似这样的一批新的研究成果，相信我们的语文教材特别是其中语言基础知识部分必将大大改观，我们的语文教学必将大大提高效率。

此外，我国的汉语文教育，已有几千年的发展历史，有丰富的历史遗产和悠久的历史传统。为了要建立有中国特色的语文教学体系，有必要组织足够的人力（大概要以高师院校中文系、教育系以及教育科学研究机构的教学人员和科研人员为主体）去收集、整理、总结这份宝贵的遗产，并用现代科学方法去分析、剔选蕴藏在历史传统中那些合乎汉字汉语汉文特点及其学习规律的东西（例如"对对子"的训练方法），使新建的语文教学体系能深深植根于我们汉民族丰厚的土壤中，并充分体现出民族的特色和时代的新质。

再者，我们中国地域广袤，各地经济、文化、教育的发展水平极不平衡。在社会主义中国，教育必须为促进地方经济的发展服务，为培养千千万万不同层次、不同专业的劳动者和建设者服务。语文学科作为学校教育众多学科中一门重要的基础学科，在不同地区和不同性质、不同层次的学校中，既要有共同的要求，又要有个性的特点。因此，我们要有专家去研究中国农村的语文教育、中国沿海发达地区城乡的语文教育、中国经济特区的语文教育、中国"老少边"地区的语文教育、中国台港澳地区的语文教育、中国基础教育阶段的语文教育以及中等职业技术学校的语文教育等等，形成一个充分反映我国语文教育统一性和多样性相结合的多元化结构体系。

2. 必须以"素质教育"为基本特点

语文教育是提高民族素质的一项奠基性工程。可是，自80年代中后期开始，由于高考压力越来越大，中学的各科教学因受高考指挥棒左右，许多学科因陷入题海战术和"标准化"模式而失去了应有的活力。总之，为选拔高一级人才而进行的中考、高考，把中学各科教学逐步引入了"应试教育"的误区。

负有最高行政责任的国家教育部当然看到了问题的严重性，从行政的角度向全国各地教育行政部门发出了一系列指令性文件，要求坚决纠正"应试教育"带来的种种弊端，把教育的着眼点和着力点转移到"素质教育"上来。教育领域的理论研究者和实际工作者出于历史的责任感和使命感，在理论上探讨，在实践中探索，提出了种种有关"素质教育"的理论依据的实践方案，情绪相当热烈，情景也相当感人。

人的基本素质，要从接受教育的初始阶段就悉心培养。学前教育和基础教育阶段，教育的指导思想是否正确，教育的方式方法是否得当，对少年儿童良好素质的形成影响极大。有个故事，能给人以深刻的启迪：据报载，1987年1月，75位诺贝尔奖奖金获得者在巴黎集会。有人问一位获奖者："您在哪所大学、哪个实验室学到您认为最重要的东西呢？"这白发苍苍的老学者说："是在幼儿园。"他学到的是什么呢？"把自己的东西分一半给小伙伴们""不是自己的东西不要拿""东西要放整齐""吃饭前要洗手""做错了事要承认，要表示歉意""午饭后要稍稍休息""要仔细观察周围的大自然"……"从根本上说，我学到的最重要的东西就是这些。"老学者这样回答。这样看来，从幼儿教育开始，直到义务教育的终端，说到底是一种"养成教育"。"养成"什么？养成正确的良好的生活习惯、学习习惯、劳动习惯、人际交往习惯、保护环境习惯、与大自然和谐相处的习惯等等；养成种种最基本的能力，如健体力、思考力、记忆力、计算力、联想力、想象力、理解力、发现力、创造力、审美力、忍耐力、自信力等等，以此作为今后进一步发展的基础。为此，"养成教育"不实行淘汰制，而且它要求把教育的侧重点放在可能被淘汰而实际上不应该被淘汰的那部分所谓"差生"身上。可惜，我们现在有些学校和教师做的恰恰相反。

3. 素质教育中应以"创新能力"的培养为核心

最近召开的全国教育工作会议，通过了《党中央、国务院关于深化教育改革全面推进素质教育的决定》，其中多次提到了"创新能力"的培养问题。在这次全教会上，江泽民总书记作了重要讲话，又特别强调了教育工作肩负的这项历史使命："教育是知识创新、传播和应用的主要基地，也是培育创新精神和创新人才的重要摇篮。无论在培养高素质的劳动者和专业人才方面，还是在提高创新能力和提供知识、技术创新成果方面，教育都具有独特的重要意义。"可见，我国在世纪之交已经把教育的育人功能定位在"培育创新人才"这个基点之上。这是具有战略眼光的重大决策。

闻名于世的物理学家爱因斯坦曾说："要是没有能独立思考和独立判断的有创造能力的个人，社会的向上发展就是不可想象的。"在这里，创造能力和创新能力是同一概念，从思维科学的角度说，就是要重视培养学生思维的创造性或者叫作创造性思维。中国传统的教育，重在继承性和规范性，严重忽视创造性和灵活性。当年鲁迅先生曾以照相馆内陈列的儿童照片为例，说只要看到照片上儿童的形象是低眉顺眼、循规蹈矩的，那一定是咱们中国的孩子。相反，只要看到是活泼好动、个性鲜明的形象，不用问，那一定是日本的孩子。不同的传统，不同的教育，培养出性格迥异的孩子。这种传统一直影响到现在。如今，改革开放的浪潮已经把中国和世界的距离拉近，21世纪将是一个以知识经济为特征的、充满着竞争的世纪。我们的下一代如果不是思维活跃、富有创造精神的复合型创新人才，就根本不可能在竞争中立于不败之地，甚至要立足都很困难。从这个意义上说，把教育工作转移到以培养创新人才为核心的素质教育上来，已经刻不容缓。

创新人才的基本特征可以用两句话来概括：在已知领域，他们能有新的突破；在未知领域，他们能通过合理推断有新的发现。这种思维品质的形成和发展，从教育的角度，至少应具备这样一些条件：

第一是必要知识储备。

按照列宁的观点，反映基本事实的知识，是发展一个人的思维能力的必不可少的前提。美国未来学家卡恩说："创造力依据的是基本事实和思考工具。"因此，在智力水平相同或大致相同的条件下，谁的知识积累越丰富，知识面广，谁的思维火花的创造性，形成和发展的可能性也就越大。为此，语文学科教学中重视学生知识视野的开拓，注意开辟学生知识之源，显然特别重要。

第二是掌握科学的思维方法。

也就是美国专家卡恩所说的"思考工具"。想问题有"会想"和"不会想"的差别。"会想"，就是善于发现问题、分析问题，并着力去自求解答；"不会想"，就是习惯于接受既定秩序和现成答案，在自己面前似乎从来就"毫无问题"，一切都漠然视之。著名科学家、哲学家波普尔说："正是问题激发我们去学习，去发展知识，去实践，去观察。"他认为创造性思维活动，往往"是从各种问题开始的"。为此，在语文学科教学中要教会学生想问题，教会他们能联系地、发展地、辩证地思考问题，无论是阅读教学、写作教学，还是听说教学，其本质的、关键的环节是思维训练，是认识能力的训练，是学会想问题的训练。

第三是有适宜的环境气氛。

僵化的、强制的、凝固的环境气氛，不但不可能促进学生创新能力的发展，相反，它只会窒息学生创造性火花的迸发。这里所谓的"环境"，对学生来说，主要是指教师和班级集体。

首先要有思维品质优良的教师。语文教师指导学生去研读的，是内容丰富多彩的课文；要求学生观察、分析和反映的，是五光十色、不断发展更新的现实生活。因此，语文教师他绝不能是一个照搬现成结论、把生吞活剥得来的"知识"原封不动地灌输给学生的教书匠，而应该是一个善于带领学生去探求知识奥秘的导游者和觅宝人。一个常常对现成结论表示某种不满足因而喜欢从新的角度来观察、分析问题，并得出新的结论的教师，往往会给学生以深刻的影响，有助于学生创新能力的形成。其次，要有一个思维活跃的班级集体。这样的班级集体，需要任课教师有意识地营造。营造的策略有二：一是鼓励大家发表独立见解，养成学生好思好问的习惯；二是指导学生带着问题研读课文，使班级中逐步形成见疑释疑的好风气。由此可见，培养学生的创新能力，决定性的条件是整个教育指导思想的更新。

现实的困惑和历史的使命，迫使人们把改革的聚焦点引向课程设置和课程结构的改革，这是面向 21 世纪教育发展的战略性课题。

（原载于《中学语文》2000 年第 1 期）

语文学科课程改革的价值与趋势

为了切实推进素质教育，必须在宏观上进行学科课程的改革。为此，中共中央、国务院在《关于深化教育改革全面推进素质教育的决定》中专门讲了课程改革的问题："调整和改革课程体系、结构、内容，建立新的基础教育课程体系，试行国家课程、地方课程、学校课程。改变课程过分强调学科体系、脱离时代和社会发展以及学生实际的状况。"这里反映了深刻的、更新了的课程论思想。

一、课程与课程改革的价值

新中国成立以来的很长一个时期内，我们研究、探讨教育问题，多半是从教学论着眼，而很少关注课程和课程改革，所以宏观的、战略性的理念，往往显得不足。只有在 60 年代初期，当中小学生普遍感到"不堪重负"，严重影响身心健康的时候，毛泽东同志召集刘少奇、邓小平、彭真、陆定一等中央政治局领导人，于 1964 年春节举行了一个有关教育工作的座谈会，并作了重要讲话，说："课程多、压得太重是很摧残人的。学制、课程、教学方法、考试方法都要改。""我看课程可以砍掉一半，学生要有娱乐、游泳、打球、课外自由阅读的时间。"

1965 年 7 月 3 日，毛泽东同志看了一份题为"北京师范学院一个班学生生活过度紧张，健康状况下降"的简报，当即给中共中央宣传部长陆定一写了批示："学生负担太重，影响健康，学了也无用。建议从一切活动总量中，砍掉三分之一。请邀学校师生代表，讨论几次，决定执行。"这就是中国当代教育史上著名的毛泽东"春节讲话"和"七三指示"。这个历史事实说明，当年只有毛泽东同志从课程论的角度高瞻远瞩地为我国教育工作的健康发展指明了方向。可惜时隔一年，"文革"狂飙袭来，一切改革的设想和方案都付诸东流。

在班级授课制引进中国以后近百年的时间里，如何更好地实行"因材施教"，是长期以来困扰广大教师的重大课题。但是，人们对于"因材施教"的"教"，以往多半也是从教学论的角度去理解的，认为是指对不同程度、不同智力水平的受教育者施以不同的教学方法。这当然不能算错，但现在看来，这里的"教"更主要的是课程，即从课程论的角度对不同的受教育者施以不同的课程策略。

有关专家曾经指出，对于"课程"的概念可以有种种不同的界说，但多数课程论学者认为课程主要是指教育内容。具体地说，它是按照国家的教育方针、学生的身心发展状况和学科发展水平，在规定的教学时段内使学生达到规定的培养目标、完成规定的教育教学任务所设计的教育内容。因此，在任何一种教育制度和教育体系中，课程总是居于中心的地位。要进行教育改革，从战略思想上说，首当其冲的是要改革课程。

考察课程发展的历史，有所谓"学科中心"说、"社会需求中心"说和"学生（儿童）中心"说。其实，制约学校课程的因素很多，说以学科、以社会或以学生为中心都不全面。在这诸多因素中，有教育方针和培养目标，社会的生产力和科技发展水平，社会的历史的文化传统影响，学生身心发展的规律等等。其中尤为重要的是国家的教育方针和培养目标。江泽民同志指出："我们必须全面贯彻党的教育方针，坚持教育为社会主义为人民服务，坚持教育与社会实践相结合，以提高国民素质为根本宗旨，以培养学生的创新精神和实践能力为重点，努力造就'有理想、有道德、有文化、有纪律'的，德育、智育、体育、美育等全面发展的社会主义事业建设者和接班人。"这是我国教育方针和培养目标最新的科学表述。课程改革必须以这一表述为根本指导思想，才能真正体现出它的意义和价值。

二、素质教育与语文学科的课程改革

人们都记得，早在 1978 年，著名语言学家吕叔湘曾经说过一句令全国语文教育工作者震惊和汗颜的话："十年的时间，2 700 多课时，用来学习本国语文，却是大多数不过关，岂非咄咄怪事！"于是有所谓"初中语文过关"的改革实验，用力的着重点还是在教材和教法的改革，取得了程度不同的成效。20 年后，湖北宜昌有位名叫余蕾的语文特级教师，从课程论的角度进行观察和思考，提出了发人深思的疑问："我们冷静地算了一笔账：按每天学习 7 小时满算，2 700 课时 = 265 天。古人闭门苦读，昼夜专攻一门语文，却要'十年寒窗'，即使不考虑今天的知识总量之大，知识更新速度之快，学生学习的课程之多，仅与古人的十年相比，今天的学生要在 265 天学好语文，掌握和应用好祖国的语言文字，岂不是天方夜谭！"那么，语文教学出路何在呢？余老师说："我们只能换一个角度来思考问题，我们是不是受定势思维的影响自觉不自觉地抛弃了学习语文的更大的空间，更多的时间，更丰富的内容，而把力量使在早就不堪重负的课堂 2 700 课时之上？……多年以来，我们对语文教学的认识仅仅是：在 54 平方米的教室（空间），用若干个45 分钟（时间），学习一百多篇课文和高度浓缩了的语文知识（内容）。于是千百万个孩子在同一个时间，用同一种方式，读同一篇课文，听同一样的分析，记同一个结论，做同一道练习，考同一个试题，得出同一个答案。丰富多彩的课外生活被'水泥的隔离层'隔离开来，学生始终也跳不出我们为之设计的语文教学的怪圈。我们不仅做了许多徒劳无功的傻事，而且做了许多妨碍学生个性发展的错事。语文教学怎么能不封闭，语文教学效率怎么能不低?" 从80年代河北邢台八中张孝纯老师倡导"大语文教育"实验，江苏无锡一中孙宏杰老师提出要"让学生在生活的广阔天地里学习语文"，到90年代湖北宜昌市余蕾老师在"语文与生活密切联系"的思想指导下开展"课内外衔接训练语文能力"的改革实验并取得成功，摸索了整整20年，我们可以告慰吕叔湘先生的英灵：我们终于从宏观上找到了语文教学效率不高的症结所在，并开辟出了提高语文教学效率的生动而广阔的道路。

为了强化素质教育，我们必须把眼光投向"语文与生活的广泛联系"，投向语文学科的课程改革。

以往我国基础教育的语文课程，主要弊端是单一化和划一化。全国基础教育中各学段的语文学科各有划一的课程计划：阅读课多少课时，读多少篇课文；作文课多少课时，写多少篇作文，都有明确的规定。而且，凡是课程计划中列出的，一律都是必修的，不管一个班级的学生，程度、爱好、个性有什么不同，一律按同一课程、同一教材、同一进度、同一教法进行教学。可是，生活是丰富多彩的，语文运用的场合是灵活多变的，学习者的程度、爱好、个性又有差异，这样一种单一的、划一的课程模式是绝不可能在不同的起点上，根据不同教育对象的特点，全面提高他们的素质的。

为此，实施语文课程改革，首先是要努力创造条件实现语文课程的多样性，以此来培养学生的综合素质。

语文课程的多样性，我们首先想到的就是所谓"三大板块"的构想。长期以来，语文学科的课程，不管是50年代试行分科改革的时候，分别设置文学课和汉语课，还是60年代又一律恢复合科，称为语文课，都是必修课。其实，语文课程设置的多样性是前人早已探索过的。现在我们在必修课、选修课之外，又尝试开设活动课。这活动课，从已有的实践经验看，已显示出它联系生活的巨大结合力。比如每周开设"阅读活动课"，把学生带到图书馆阅览室，开放书架，让他们在任课老师或图书馆老师指导下，根据自己的爱好、兴趣自由阅读，并认真做好读书卡片或读书笔记。据部分试点学校反映，学生对这种自由阅读活动感到浓厚的兴趣。吕叔湘生前曾设想语文课改革后应达到的一种理想境界，即中学生每人每年能有 80 万到 100 万字的阅读量。现在据试行"阅读活动课"的学校的统计，每学年学生中有不少人阅读量已超过 100 万字，高的甚至达到每年读书 150 万字。另外，还有"收视活动课"，即早自修看《东方时空》，晚自修看《焦点访谈》，学生通过收看电视，感到自己与国际国内的现实生活一下子拉近了距离，读书、作文、口语表达都有取之不尽的材料来源。凡是一项活动，只要有意识地去组织、去安排，都能让学生的语文能力、社会交际能力、组织活动能力、自治自理能力等等的综合素质得到培养和锻炼。

第二要重视语文课程的人文性，以此来培养和提高学生的人文素质。这里的关键之一是要在语文课本的编选上真正树立和强化"精品"意识。

人们常说，在语文教学中，"知"和"不知"的矛盾往往并不很突出。的确，我们现行语文课本中的现代文，多数失之于浅，学生只要有了一定的识字量和基本的阅读能力，翻读之后，便觉得"一眼能望到底"。即使教师费尽心思，"浅文深教"，学生听课仍然感到乏味，提不起精神。国正先生写过一篇精彩的短文，题为"红叶·黄页"，说是他无意间竟发现了自己读高中时期的一篇作文卷子，文题是"悲秋华赋"，用的是"四六文"形式，导师是曾任燕京大学图书馆馆长的周式南老先生，他给这篇作文的批语是："芬芳悱恻，神侣南朝。"看了这篇作文，职业习惯使然，国正先生又想到了当今的语文教学："看看今天中学生的作文，从驱遣文字的功夫来比，真不免兴今不如昔之叹"：为什么过去生下来的孩子有"九斤"，如今反而只有"七斤"了呢？"一个重要原因是，我们把中学生的接受能力估计得太低太低了。……多年的语文教学的内容，似乎知识越来越繁，而课文越来越浅。只给学生吃一些稀粥咸菜，稍加一点红烧肉，就叫消化不了。阅读水平如此低下，怎么能指望学生写作水平得到真正提高呢？"

我们这几个中学语文教材审查委员，每逢审查会议的余暇总要发出类似的感慨，并提出："要让中学生同中外古今大师级人物对话，以提高其眼力和文化品位。"最近，有机会看到一种新编的中专语文课本，编者居然独具慧眼，把钱钟书先生在其著名的《宋诗选注》中有关王安石"春风又绿江南岸"诗句的一段精彩注文选为课文，让中专学生通过这位大师的注文懂得该怎样读诗，进而懂得应该怎样做学问。中国和世界的文学界、哲学界、美学界、艺术界乃至自然科学界的顶尖人物，他们的语文杰作应当成为与我们广大中学生心灵沟通的读物。这不但是培养学生语文能力的需要，也是提高他们人文素质的需要。

第三是要重视语文课程的时代性，以此来培养学生的现代素质。例如，新的时代要求听说读写都讲究速度，因而"快速阅读""快速写作"是现代文化人必备的素质，如果师资条件容许（师资缺乏，可以专门培训），可以开设这类选修课。又如，科技小论文写作，在培养学生科技意识和创新能力的现代素质方面可以发挥重要作用，语文教师和其他数理化生学科教师共同配合，可以开设"科技小论文写作"的选修课。

第四是要重视语文课程的实用性，以此来培养学生的技能素质。语文能力中有相当一部分具有技能性质。技能，有基础性的，也有特殊性，甚至职业性的。基础性的，如"口语表达要领""汉字书写基础"，可以在低年级开；特殊性的，如"朗读与吟诵""演讲技巧""书法艺术"，可以在高年级开。应用文的写作，不单是职业技术学校在语文课中应列为写作训练的一项重点内容，就是普通中学特别是农村普通中学也应对此进行强化训练。比如经济生活中应用频率较高的各式合同的写作，法律观念进一步普及情况下起诉书、辩护词的写作，市场经济条件下对市场和价格综合述评的写作，都是语文课程中必须予以重视的实用性课题。

第五要重视语文课程的灵活性，以此来培养学生的创新素质。语文课程的灵活性，主要是指内容灵活、对象灵活、规模灵活、层次灵活，使所开课程（必修课除外），让所有参与者各得其所，进退自由。教育专家认为，素质教育是指这样一种教育：它利用遗传、环境和教育的积极影响，在对学生的已有发展水平和可能发展潜力做出准确判断的基础上，充分发挥学生的主观能动性，使所有学生都在其已有发展水平上有所发展，都在其可能发展的范围内充分发展，从而促进社会意识向学生个性心理品质的内化。语文课程改革的目的是为了推进并强化素质教育，因此也必须以此为指导，通过语文课程设置的灵活性，比如内容深浅调整、结构规模重组、成员层次更迭等等，使所有学生"都在其已有发展水平上有所发展，都在其可能发展的范围内充分发展"，从而让程度、爱好、个性不同的学生都能闪耀出创造性思维的火花。

三、中国当代语文学科课程改革的趋势

从目前已有的某些理论观点和中国当代语文课程改革的趋势和实践经验来看，我国语文课程改革的趋势，大致是：

第一，目标的多元化。

江泽民同志在第三次全教会讲话中严肃地指出："必须坚决克服用'一个模子'来培养人才的倾向。"可见，过去那种用"一个模子"来培养人的课程模式必须抛弃，而代之以教育目标的多元化。一是要爱护学生的好奇心，尊重学生对某种知识和技能的特殊爱好；二是要激发学

生的求知欲，帮助学生自主学习、独立思考；三是要保护学生的探索精神、创新思维，为学生的禀赋和潜能的充分开发营造一种宽松的环境；四是要鼓励和支持冒尖，鼓励和支持当领头雁，让学得好的影响和带动学得不太好的，水平高的影响和带动水平相对较低的，这样就可以促进共同进步和提高。

第二，内容的综合化。

课程论中从来都有分科课程和综合课程之分。但过去我们只重视分科课程，而忽视综合课程。当今世界，课程改革总的趋势是综合化倾向明显加强。这种综合化倾向，大致有这样几种类型：一是分科联合型，如低年级的自然科（包含理、化、生、地等科）、社会科（包括公民、政治、历史等科）。另外，还有各科教师有意识地相互配合、协作，如语文教师与理化生教师配合开设"科技论文读写指导课"，语文教师与历史教师配合开设"文史常识课"，语文教师与历史、地理教师配合开设"地名沿革考察调研课"等等。二是学科渗透型。即用共同的观点将不同学科的知识组成新的综合课程，如语文课程中开设"现代文艺欣赏课"或"影视文学欣赏课"等，把语言学、文学、美学、音乐、美术、摄影艺术等，综合起来、渗透起来形成一门新的综合型选修课。三是综合技术型。有资料介绍，在美国，多少年来都坚持"在做中学"那一套实用主义教育主张，近年来有所发展，改成"在服务中学"，并从学校教育中模拟、假设的"做"，发展到实际为社区"服务"，让学生在为社区服务的工作实践中学习各种语文表达技能，学习各种服务技能，从而增长知识和才干。当前我们中国的大中城市也在发展"社区服务"，美国当今的课程改革倾向对我们探索综合技术型的语文课程会有启发。

第三，结构的板块化。

这是早在 1978 年就由上海师范学院教科所进行"中小学教育体系整体改革实验"时，提出的"采用组块结构设置课程"的理论。当时他们提出的"组块"要求是："保证基础课，加强综合课，重视选修课，注意实践操作课，强化艺术体育课"，以此来全面安排中小学的教学计划和课程结构。这里的"保证""加强""重视""注意""强化"，显示了各种课程的地位和作用，对培养学生的综合素质提供了基于课程结构改革的可靠保证。他们的理论建树和初步的实践探索，由于吸取了国外课程改革的先进经验，又切中我国中小学课程结构的弊端，所以很快引起国内普教界的重视，直到现在这种"组块"理论仍是我们思考语文学科课程改革的重要依据。

第四，要求的弹性化。

我国中小学的课程研究，尤其是高中阶段的课程结构最突出的问题是单一而缺少弹性。这正是造成我国教育界的"办学无特色，教学无特点，学生无特长"的所谓"三无"状态的重要原因。所以课程改革在教学要求上一定要讲究"弹性"。比如必修课、选修课和实践活动课的比重问题：九年义务教育阶段，当以必修课为主，适当安排选修课和实践活动课，以保证打好基础；高中阶段，选修课的比重可以有所增加，实践活动课要进一步扩大范围，提高其层次，必修课则可以相对地压缩课时，提高效率。在选修课的处理上也要有弹性，如单一的、专题的、综合的课程相结合；课时多的课程和课时较少的课程相穿插；学科延伸性的和知识扩展性的相配合；学术性和技能性的相交叉等等。弹性要求必将有利于培养出多层次、多规格、各有特长的综合素质较高的学生。

（原载于《中学语文》2000 年第 9 期）

中国语文教育的讨论与改革思路①

读了《中国语文教育忧思录》这本书之后，我心情沉重，思绪翻滚，其中有困惑，有感慨，也有对中国语文教育新世纪方略的朦胧设想。

在一定意义上说，1997年下半年关于"中国语文教育亟待解决的严重问题"的大讨论，是必要的，也是有启发的。毫无疑问，语文教育需要，而且必须不断加以改革。但是，不容忽视的是，仅从党的十一届三中全会提出以经济建设为中心的方针以来看，语文教育，作为提高民族素质的一项奠基工程，已经并且还在继续呈现着勃勃生机。20年来的语文教育，无论是教育观念的不断更新、转变，还是教材编制的逐渐科学化，抑或是教学方法的改革、演进，其成绩都是主要的，主流是健康的。在这方面，语文教育的专家、学者们，尤其是千百万活跃在教学

① 世纪之交的那场有关语文教育的社会大讨论，引起了各界的广泛关注。中央教科所教材评价研究室江明有心编一本具有一定倾向性的论文集，作为对那本《中国语文教育忧思录》的一种反应。他约我提供稿件，我便集中当时自己思索的某些见解及其过程，写下了这篇论文。后来，江明主编的《问题与对策——也谈中国语文教育》由教育科学出版社于2000年12月出版。书中，还收录了刘国正、张鸿苓、于漪（访谈录）等原审查委员会成员的文稿。——作者注

第一线的语文教师们都付出了艰辛的劳动，功不可没。所以，那种所谓"误尽苍生是语文"的意见，是夸大其词，不符合事实的。

对此，已有不少同志专文论述。这里，我仅就个人关于讨论引起的思索谈两方面的意见。

一、一场发人深省的讨论

毫无疑问，语文教育成绩巨大，但它仍要不断改革。因为，社会是不断进步的，作为基础教育的重要课程——语文，当然不能停止在原有的改革基础上。从这个意义上说，1997年下半年，由《北京文学》杂志引发的关于语文教育的讨论，无论如何是必要的，积极的。

笔者曾经说过：自"五四"以来，关于"语文教学质量下降""中学生语文程度低落""抢救国文"之类的感叹、呼吁和议论，时有出现。"五四"以后的20年代初期、抗战前的30年代中期、抗战胜利前后的四五年间，有过这样的议论；新中国成立后，发展国民经济第一个五年计划初期、"大跃进"年代的后期，也曾有过这样的议论；在党的十一届三中全会后，我国的经济和社会主义事业向着实现"四化"宏伟目标前进的历史新时期，类似的议论又出现过；经过20年改革开放的实践，面临世纪之交，这样的议论又沸沸扬扬，其影响几乎遍及社会各界。早在1980年，笔者在《改革中学语文教材之我见》一文中，对这种现象作过这样的解释，即："它至少说明我国的语文教学历来都要受到时代风云的影响，而这种影响的结果又往往在实际上削弱了对学生语文能力的切实有效的训练。只是因为在奔腾湍急的历史漩涡中，这种影响不易被人觉察，要到时代进入相对平稳时期，矛盾才充分暴露罢了。"当时的这种解释，旨在论证把语文教学真正建立在科学的基础之上的必要。现在看来，当前这场讨论中尽管有人言辞激烈，立论多有偏颇，但大多数人还是希望中国的语文教育尽快走出误区，尽快在现代化目标指引下取得更快、更健康的发展。

而讨论的差异，在于对语文学科教育的性质和特点有不同的理解，对解决语文教育存在问题的途径和方法有不同的看法。

1986 年前后，当人们为谋求语文教育革新之路而纷纷向国外一些教育理论求助的时候，《扬州师院学报》发表了一篇题为"语文教学的出路何在"的署名文章，作者的观点是：中国语文教学的出路在于"恢复传统的语文教学法"。作者认为，就语文教学的质量而言，历史的事实是：五四运动以后不如五四运动以前，抗日战争以后不如抗日战争以前，新中国成立以后不如新中国成立以前，"文革"以后不如"文革"以前。老一辈的文学大师，如鲁迅、郭沫若、茅盾、巴金、老舍、曹禺等，老一辈的科学家，如华罗庚、茅以升、苏步青、李四光、严济慈等，都具有很深的国学根底和文学造诣，他们的语文基础都是在中小学阶段打下的。新中国成立后似乎就很少能培养出这样的大师级人才。由此可见，传统的语文教学法自有其不可抹杀的优越性。这篇论文，问题提得很尖锐，但在当时并没有引起更多人的注意。

历史发展到了 90 年代。1992 年上海《语文学习》第 3 期发表了郭宗明的文章，题为"试论 40 年来语文教学的总体失误"。作者在列举了很多"失误"之后，得出一个结论："在事实面前，我们似乎不能不承认，在语文教学方面，现代人搞不过古代人。"1994 年，山西《语文教学通讯》第 4 期发表了顾传之的《还是要依照传统搞语文教学》，鲜明地提出了这样的观点："语文是民族性最强的一门学科，与其在偏离本民族语文教学规律的泥潭里胡乱扑腾，倒不如实事求是，老老实实，虚心向古人学习，向传统学习。返璞归真，回归传统，语文庶几有出路，教改庶几有希望。"最近，《语文学习》1999 年第 2 期又发表了两篇"争鸣"文章，一篇对"拒绝文言""过于强调汉语语法教学""过于强调理解，轻视识记背诵"的三大弊端进行严厉抨击；一篇对传统的

"对对子"训练倍加赞赏。"恢复传统"的呼声似乎又加大了音量。现代化和科学化，仿佛遇到了民族化的有力"挑战"。在这种"挑战"面前，21世纪的曙光给力排传统的人们以百倍的勇气和信心，他们仍然坚持一种具有激进派胆略的观点："传统语文教育无力担当起培养21世纪的创造型人才的重任，是由它固有的三大罪状决定的：封闭式，低效率；脱离实际，本本主义；扼杀个性，窒息创造。"（魏武：《语文教学要敢于与传统分手》，载山西《语文教学通讯》1994年第4期）看来，当前这场讨论无非是对传统语文教育的利弊得失的世纪回眸，是对现代语文教育如何更好地适应新世纪人才需求的现实权衡。

而讨论的实质仍然是对语文教育的性质和特点如何正确认识的问题。笔者学习了这些讨论文章之后，形成了这样的一些看法。

第一，语文教育的确有很强的民族性。从教育内容看，汉语汉文具有鲜明的民族特色，用汉语汉文表达的典范作品，其反映的社会生活、情感理念，乃至其表达的方式方法，都有独特的民族风格。从教育对象看，除了极少数学校以少数民族或外籍青少年为对象外，绝大多数学校教育对象是汉民族自己的青少年。汉族青少年具有自身的生理心理特点，因此，研究语文教育的改革与发展，绝不能无视它的民族性。

第二，中国的传统语文教育有几千年的发展历史，其中固然有许多与时代背离的积弊，但同时也蓄积着精深的理论财富和可资借鉴的实践经验。而凡属成功的经验，细究起来，大都符合，或大体符合汉语汉文的特点及其运用规律。因此，要试图构建具有中国特色的语文教育体系，有必要从中国语文教育的历史经验中吸取有益的养料。

第三，语文教育是培养新一代公民素质的奠基工程，它又必须带有鲜明的时代性。无论从语言文字本身来说，还是从语文所承载的知识信息和情感信息来说，都必须适应时代发展的需求。从这个意义上说，研究中国语文教育的革新之路，又必须以充分了解21世纪对人才素质的新要求为前提。

因此，在探讨中国语文教育改革和发展的对策的时候，有必要做好三项基础性工作：

一是把汉语汉文的特点和运用规律真正研究清楚。

现代语言学、应用语言学、社会语言学等等，研究对象都是一般语言的共同特点及其运用规律。汉语词汇学、汉语语法学、汉语语义学、汉语语用学等等，研究对象则是汉民族语言的特点及其运用规律。二者的研究成果，对我们思考语文教育问题都是十分有用的，特别是后者，尤其有用。遗憾的是，长期以来，由于受西方语言学的研究方法和研究结论的影响，我国语言学界往往忽视对汉语汉文本身的特点的研究。近几年，这种状况已开始有所改变，以吕叔湘、张志公先生为先导、以新一代的语言学家为骨干，一支以研究汉语汉文特点及其运用规律为己任的新的理论研究队伍已经形成，这给我们带来了希望。

二是把中国传统语文教育的利弊得失真正研究清楚。

在语文教学方面，究竟是现代人搞不过古代人，还是古代人搞不过现代人；在哪些方面搞得过，在哪些方面搞不过，这些问题，都不是可以轻易下结论的，必须深入地调查研究，方能找到正确答案。张志公先生被语文学界公认为是具有创新精神的改革家，然而他却十分重视传统语文教育的研究，早在 1962 年，他就发表了一部理论著作《传统语文教育初探》。改革开放以后，他对传统语文教育作了更全面的分析，得出如下结论：

"经验方面主要有三点：一是建立了成套的、行之有效的汉字教学体系。二是建立了成套的文章之学的教学体系。三是建立了以大量的读、写实践为主的语文教学法体系。

"问题方面主要也是三点。首先是语文教学的性质和目的——语文教学是科举考试的附庸，目的在于使受教育者获得参加科举考试的写作能力。这样的性质和目的决定了教学内容——识字加读古文加作古文（一般古文和八股文）。这样的性质和目的，这样的内容，决定了学语文的主要手段——记诵和模仿。"

志公先生这番话是在《关于改革语文课、语文教材、语文教学的一些初步设想》这篇著名论文中说的，目的是为了探求语文教学改革之路。他认为，传统语文教育的这些"问题"产生的弊端，主要是：两"脱离"——脱离语言实际，脱离应用实际；两"忽视"——忽视文学教育，忽视知识教育。改革就要从革除这些弊端入手（顺便说一下，在当前这场讨论中，有人指责所谓"语言学派"否认语文教育有进行文学教育的必要，这是完全不符合事实的）。所以，继承和发展传统语文教育中那些符合汉语汉文教学规律的经验，同时为适应时代发展的要求，革除那些已被历史证明是"弊端"的东西，这才能找到建设有中国特色语文教育新体系的正确途径。

三是把现代社会对人才素质的新需求真正研究清楚。

语文素质是人才素质的重要组成部分，甚至可以说是基础性的组成部分。现在面临世纪之交，时代对人才素质的要求，不仅跟18、19世纪不完全一样，就是跟本世纪之初相比，也不完全一样。那些相同或基本相同的部分，可以看作是人才素质中相对稳定的因素；那些因时代发展需要而更新了的部分，就是人才素质中的时代适应性因素。以"阅读"为例，与阅读相关的视读能力，过去以视读书面文字为主，这是稳定性因素，现今却要兼备视读屏幕文字的能力；过去视读书面文字，固然需要一定的速度，现今视读屏幕文字，更需要具备快速扫视的能力。诸如此类的问题，都需要进行广泛、深入的调查，把21世纪对人才素质的新需求真正搞清楚。

语文教育的本身，以及与语文教育紧密相关的众多外部因素，使语文教育的改革和发展显得十分复杂。许多矛盾存在已久，近代以来社会各界有识之士都在寻求解决问题、提高效率之路。寻求总会有所发现，步履也总是在向前。笔者曾在一篇文章里说过：20 世纪，中国语文教育的百年步履，迈得十分辛苦，前进也十分缓慢。仅就本文所提到的这三项基础性工作而言，就需要以实事求是的科学态度，脚踏实地去调查，去研究，去实践，逐步地积"小胜"为"大胜"，才能真正"研究清楚"，才能真正开创出中国语文教育发展的新局面。

二、一条改革的初步思路

教育教学改革的总目标是要实现现代化。但是，如前所述，实现现代化不能割断历史，尤其是一个国家、一个民族的语文教育，它与本国、本民族的历史文化和民族传统有不可分割的联系，因此更具有历史的继承性。如果承认这是事实，那么语文教育改革只能走现代化和民族化相结合的道路，建立既具有中国特色又符合现代社会需求的语文教育新体系。

这个新的体系，大致要在以下一些方面体现出它的特色来。

1. 充分发挥语文学科的育人功能。

教材编写树立精品意识。所谓精品，标准主要有两条：一是语言运用，堪称典范；二是教材内容对于培养和提高学生正确的世界观、人生观、价值观、审美观等有积极的启发和引导作用。

教育教学强调教师的人格影响，强调教师要以教材和自身的言传身教为媒介，在潜移默化中塑造学生美好的心灵和健全的人格。

语文训练与思维训练、意志训练、情感训练结合。通过严格的技能训练培养学生严密而敏锐的思维能力，体现个性特征的创造精神和勇于克服困难的坚毅意志。

2. 用科学、有效的方法突破汉字教学的三"关"：认读关、书写关、积累关。

根据汉字使用的频率，科学地编制出汉字认读等级表。小学教材的课文，按等级表列出的汉字组织编写。初中教材的课文，按等级表列出的汉字，加以提取、整理、归类，少数缺漏的，在有关配套材料中补出。

编制或选用有关汉字规范化的书写字帖，供不同学段的学生临摹。硬笔字帖、软笔字帖分别编制，并体现出一定的阶段性和层次性。职高和中专根据某些职业的特殊需要，加强书法训练。

小学低年级把突破汉字关作为教学重点之一认真加以研究。最近，辽宁省正在总结推广"韵语识字"经验，据行家们说，这是继承和发展传统语文教学经验的一个范例。

中小学各年级都根据教学需要把指导学生使用基础性的语文工具书当成一项重要工作。有条件的学校，把汉字教学和计算机汉字编码与操作训练结合起来，向教育内容和手段的现代化迈出第一步。

3. 重视诵读训练。

教会学生诵读教材中选录的古今语文精品，其中有些则要求熟读成诵。尤其是在小学、初中阶段，要利用他们"记忆的黄金时期"，积累尽可能多的语言材料。

对于诵读，包括现代文的朗读和文言诗文的吟诵，进行科学研究和科学训练，以此来怡情养性和纯化、美化语言。

4. 用活的、动态的语言知识指导学生语言的实际应用。

指导学生学习语文，要重视语言知识的传授。但这种语言知识不再是过去所做的那样，机械地从语言学教科书或语言学专著中搬来，用"压缩饼干"的办法，写成"知识短文"编进语文教材，而是从汉语汉文的实际应用中总结出来的活的、动态的知识，以利于指导学生语言的实际应用。这样的知识短文要编得好不容易，但总要有人试着去做。北京的章熊和江苏的柳士镇、朱泳燚诸先生，在叶圣陶、吕叔湘、张志公诸位前辈的鼓励、指导下，已先后做了这方面的尝试，取得了可喜的成绩。有志于此的同志应该在此基础上继续探索，使长期以来语言基础知识教学脱离生活实际和脱离应用实际的状况，在世纪之交能有所改变。

语言的实际应用的练习，最好跟阅读课的"思考与练习"分开来编，因为二者各有训练任务，不宜纠缠。语言的实际应用，在现代语教学上称为"言语"训练。对于"语言"和"言语"的区别，近年来已有人提出，但研究还很不够，今后需要加强。

5. 教给学生"三动"（动口、动手、动脑）的方法，留给学生"三动"的时间。

决不要低估学生自学语文的能力。以培养和提高学生自学语文的能力为目标改革语文课堂教学的内容和结构。山东高密一中的"语文实验室"，已开展三年，积累了不少经验，总的目标是为了训练学生自学语文的能力。

听说读写，都有各自的方法和操作要领。要把这些方法和要领研究清楚，并教给学生，让学生运用这些方法，根据这些要领去进行听说读写实践。

在课堂教学中，有意识地给学生留出动口、动手、动脑的时间。读课文、议问题、辨是非、记笔记、做作业、写心得，让学生人人都"动"起来，都"忙"起来。

语文学习效果的"产出"，与学生时间、精力的"投入"成正比例。"投入"多，"产出"也多；"投入"少，"产出"也少。过去，教师的时间、精力"投入"多而学生自己的"投入"却很少，要想求得"产出"多怎么可能？（把学生从早到晚陷在"题海"之中，这不是正常的所谓"投入"。）

6. 精读与博览结合，课内与课外沟通。

精读学规律，博览增见识，课内打基础，课外增实力。重点作文篇数少些，但每有所作必定反复推敲、反复修改，务求作一篇有一篇的得益；随笔札记篇数多些，以利于养成用笔表达自己所见所闻、所思所感的习惯。

改革课程结构，使必修课、选修课、活动课相互结合。湖北宜昌市教研室组织开展的"课内外衔接训练语文能力"的课题，取得了初步成效，证明语文课程结构改革能显示出巨大的优越性。

学校的图书馆、阅览室、影视室、语音室、微机室，以及校内各科教学和校外教育基地，都成为语文学习的重要环境。

7. 在培养各种良好的语文行为习惯上下功夫。

语文学习，从一开始就要注意培养学生良好的习惯。所谓打基础，固然有许多工作要做，其中最重要的、可以持久发挥作用的是好习惯的培养。

对于语文行为习惯，要结合实践进行研究。哪些是好的习惯，必须从头抓起，必须始终坚持；哪些是不好的习惯，必须从起步就纠正，因为坏习惯一旦养成，将使学生终身受害。

习惯培养，既是理论问题，更是实践问题。语文行为习惯的养成必须在听说读写的实践中事事、时时、处处严格要求，一丝不苟，方能见效。

语文训练，重要的内容是技能训练。技能必须纯熟而达到习惯成自然的程度。这在理论上都已形成共识，但坚持这样训练，并在习惯培养上真正取得实效的并不很多。新体系将要改变这种状况。

8. 把基础教育、职业教育联系起来通盘规划，形成多层次、多类型的语文学科教育新格局；把学校语文教育、社会语文教育、家庭语文教育沟通起来，形成"大语文教育"的合理网络。

有中国特色的语文教育，应该是多层次、多类型、多维度的。在纵向上是多层次的，不同层次有不同的教学目标和要求；在横向上是多类型的，有基础教育中的语文学科教育，也有职业教育中的语文学科教育；而在总体上又是多维度的、立体的，学校、社会、家庭相互配合、协同动作的。语文基本素质和语文特殊素质，有主有次地在各种类型的教育中体现出来，共同服从于培养和提高受教育者语文素质的总目标。

9. 注重提高学生的文化素养。

语文素质要真正得到提高，除了致力于"语文"本身以外，还得使受教育者在其他文化素养方面有一定的积累。语言文字是思想和文化的载体，思想和文化素养是使语言文字的表达日臻丰美的前提条件。二者是形式和内容、载体和被载物的关系，新体系将在二者相互关系的处理上努力体现出唯物的、辩证的科学光彩。

10. 以有效的激励机制使语文教师本身素质的提高有可靠的保证。

语文教师都热心于教育科学研究，语文教育教学工作有较高的"科技含量"。高等师范院校和教育科研机构的教学、科研人员应该深入教育教学第一线，向执教老师和教育管理人员学习，并用他们自己的研究成果指导语文教育实践，共同为建立有中国特色的语文教育新体系而努力。这种科学研究的理论和实践，必须强调多学科的合作攻关。

进入 21 世纪，新的时代对语文教育教学工作将提出许多新的要求和新的课题。语文教师不但学历层次要逐步提高，而且要自觉地进行业务进修，不断"充电"，以利于适应培养新时代新型人才的需要。

以上十项设想是对笔者理想中的语文教育新体系极其粗略的勾勒，或者说只是为改革语文课程、教材、教法提供一种思路。这思路，是否能体现既有"中国特色"，又能"适应新的社会需求"的特色，不敢自信，提出来请同行专家指教。

（选自江明主编的《问题与对策——也谈中国语文教育》，教育科学出版社 2000 年 12 月版）

关于语文学科课程改革的一些设想①

20世纪末，那场关于中国语文教育问题的大讨论，曾引起语文教育界的强烈反响，也受到社会各界的广泛关注。人们在震惊和困惑之后，经过冷静思考，引发出对新世纪语文教育发展前景的种种预测。所谓"不破不立"，是事物更新发展的一条规律。在这里，我也试图谈一谈自己对语文学科课程改革的若干设想，无非是一孔之见，且向同行专家请教。

设想的提出，以三个"坚持"的理念为前提。

一是坚持突出汉语文的特点和规律。我国的语文学科，教学内容主体是汉语汉文，受教的对象主要是生活在汉语文环境中的中国青少年。因此要推进语文学科的课程改革，首先必须掌握好汉语汉文的特点及其学习规律。这是一项带有根本性质的基础工程。这项工程过去已有许多学者在做。比如我们已经有了汉字学、汉语语法学、汉语修辞学、汉语

---

① 2001年春，我去浙江绍兴文理学院讲学，浙江教育学院《教学月刊》副主编刘福根先生热情地请我为该刊撰稿。当时正值新世纪之初，各种改革设想在语文教育界先后提出，可谓争奇斗艳，十分热烈。我也正在深长思索，头绪还不很清楚，趁这个机遇，把渐趋清晰的思路整理一番，便有了这篇"精神产品"。发表后，据说反映还不错。——作者注

辞章学等等方面的一批研究成果，但这些成果多半还是表态研究、分割研究的产物，一旦进入"汉字书写"和"汉语表达"的社会交际领域，以往的表态研究和分割研究就远远不够了，还必须在唯物辩证法的指导下，结合语言运用的实际进行动态的、综合的研究。即把原有的知识系统，按照学习和运用的需要重新组合；把原来因分割而各自独立的某些内容，按照学习和运用的需要彼此渗透，彼此联结，以能够充分说明各种语言现象为依归。就像当年张志公先生曾经尝试着为初中语文课本写的几篇知识短文《陈述和陈述的对象》《肯定和否定、全部和部分》《形容和限制》《相关、相承、相反》《因果、假设、条件》《句子的变换》等等那样，使语法、修辞、逻辑和词句篇章等知识可以结合的内容尽可能结合起来，借以说明种种带有规律性的语言现象。有了类似这样一批新的研究成果，相信我们语文学科的课程教材内容将大为改观，教学效率也将明显提高。

二是坚持"以人为本"，充分重视新世纪对人才素质的新需求。从事基础教育的人应当树立"以人为本""以培养人的综合素质为己任"的现代教育观。特别是跨入新世纪之后，面对知识经济时代的到来，国家对人才素质的要求又有新的变化。核心的问题是要培养"创新精神和实践能力"。江泽民同志在第三次全国教育工作会议上所作的重要讲话中特别指出："教育是知识创新、传播和应用的主要基地，也是培育创新精神和创新人才的重要摇篮。无论在培养高素质的劳动者和专业人才方面，还是在提高创新能力和提供知识、技术创新成果方面，教育都具有独特的重要意义。"可见，国家已经把新世纪教育的功能定位在"培育创新人才"的基点之上，这是具有战略眼光的教育决策。

三是坚持在继承中求创新。所谓"创新"就是在原有的知识、技术的基础上，根据新的需要和条件，有新的发现、新的创造和新的结论。所以，创新和继承是不可分割的。更何况我们要面对的是汉语文的教育，也就是所谓"汉语教育"。我国有几千年的语文教育传统，其中的精华部分应是"汉语教育"研究的瑰宝，在追求"创新"目标时候，务必要以充分研究和汲取传统语文教育中的精华为前提。中共十五大在讨论到建设"社会主义文化"这一历史性课题时，深刻指出，要"建设立足中国现实、继承历史文化优秀传统、吸收外国文化有益成果的社会主义精神文明"。看来在继承中求创新是历史发展的必然要求。

在上述三个"坚持"的理念支持之下，我设想语文学科课程教材建设应有如下一些特色。

一、要能充分发挥语文学科应有的育人功能

语文学科是培养和提高我们国民素质的一项奠基性工程。在基础教育阶段，各门学科共同肩负着全面提高学生素质的任务，而语文学科在这方面又具有别的学科无法替代的独特作用。

为此，在语文教材建设方面，一定要树立起"精品"意识。所谓"精品"，其标准在我看来至少有这样两条：一是选文的语言精湛，堪称典范；二是选文的内容精湛，即对于学生形成并提升世界观、人生观、价值观有积极的启迪作用。在编选的指导思想上，要适当增加一点难度，即要让学生跳一跳才能摘到果子，不要让学生感到"一眼能见到底"，失之于浅。另外，还要适当增加一点分量。课外固然要鼓励学生多读书，多读好书；课内阅读也要有一定的量的扩充。

充分发挥语文学科应有的育人功能，除了要重视教材编写的质和量以外，至少还要解决好这样三个问题。一是语文教师的人格影响问题。"德为师之魂"，这是我国传统教育的精髓所在，千万忽视不得。二是重视教法改革问题，要重视语文训练与语文教育相结合，语文训练与思维训练、意志培养、情感熏陶密切结合，改革教法以增加阅读量和写作量。三是要紧贴时代的问题。随着时代的发展，要努力使学生在多元文

化中提高鉴别力，在市场经济发展的过程中确立自己的合理而正当的价值取向。

二、要用科学、有效的方法突破"汉字教学"的三关，即认读关、书写关和积累关

要根据汉字的使用频率，科学地编制出"汉字认读等级表"。早在20世纪20年代，著名的心理学家陈鹤琴曾在调查统计的基础上编制出版了《语体文应用字汇》，以后又有《续语体文应用字汇》（敖弘德作）、《小学分级字汇研究》（王文新作）等成果问世。新中国成立后，特别是改革开放以后，此项研究又有了新的进展。但是真正按这种汉字认读等级表来编制小学和初中语文教材的，成果并不多。在我想来，小学语文课本的课文完全可以按等级表中规定的汉字逐级组织编写；初中语文课本的课文，选的虽然是现成的范文，但也必须按等级表，对课文中的汉字采取选择提取后归类的方法进行整理，使该掌握的常用字、次常用字展示得十分明确，少数该掌握而现成选文中缺漏的，设法在作业练习或课外阅读材料中有意识地补出。

此外，还要编制或选用适合于不同学科学生需要的规范化书写字帖，供学生仿写、临摹。汉字书写问题，是体现我们汉语文教学民族特色的重要方面，一定要认真对待，并在实践中不断创造和总结富有成效的经验，中小学各年级都要把指导学生学会使用基础性语文工具书作为一项重要任务切实抓好。有条件的学校，要把汉字教学和计算机汉字编码及操作训练结合起来，向语文学科教学内容和手段的现代化迈出第一步。

三、要把诵读训练放在突出的位置上

早在上个世纪30年代，叶圣陶先生就指出，在基础教育的各门学

科中，理化生等学科是"试"的学科，即需要重视试验或实验；而国文科则是"读"的学科，必须重视诵读。可是到了六七十年代，语文学科的课堂教学已被教师冗长的、烦琐的分析讲解所占领，很少听到中小学生琅琅的读书声了，这是很不正常的现象。现在需要纠正这种"重讲轻读"的偏向，认真指导学生学会诵读课本中入选的语文精品，其中有些则要求熟读，甚至背诵。要让学生懂得，为了美化、净化自己的语言，必须有意识地出声诵读那些语言纯洁而优美的作品；为了积累语言材料，也必须有意识地熟读、背诵课文中那些精彩的片段。

对于现代诗文的朗读和古代诗文的吟诵，都需要进行科学的实验研究。这些研究资料可用现代化的音响设备进行分析，研究成果可拿来训练学生，然后组织这些学生竞赛进行评比。总之要把诵读问题当作一项实验课题做认真科学研究。

四、用活的语言知识指导学生的语言实践

指导学生学语文，不能忽视语言知识的传授。但这种语言知识不再是过去所做的那样，从语言学讲义中搬来一些概念、定义，再加上若干"标准例句"写成知识短文，看起来仿佛很科学，很讲究系统性，实际上它对指导学生的语言并无太大帮助。应该是从汉语汉文的实际应用中总结出一些活的、动态的知识来，让学生在语言的实际应用中学习这些知识，并形成良好的语言习惯。

要对"语言"和"言语"的联系和区别进行科学研究。近年来，有人正确地指出，语文课上学习的对象不是"语言"，而是"语言的运用"；有人还认为，语文课的任务不在"研究语言"，而在"学习语言的应用"。他们实际上都是主张要让学生在实际应用中学好语文，而不要把学习对象搞错，学习方法搞偏。

有关专家作出的研究结论是，"语言"和"言语"的区别主要表现

在：（一）语言系统是社会成员共有的交际工具，它比较稳固，具有相对静止的状态；言语是个体应用语言规则进行交际的进程和结果，是语言系统中各种成分的自由结合，是处于不断的运动状态之中的。（二）语言是社会约定俗成的规则系统，社会性是语言的本质；言语是个人行为，在符合语言规则的同时，具有突出的个体性（个人特色）。（三）语言系统中各种结构及其规则是有限的，而个人言语的生成结构却是无限的。所以，"语文教学其实质在于利用他人成熟的典范的言语成品去指导学生的言语实践，使学生的言语能力从幼稚走向规范和成熟"。（引自韩雪屏教授主持的"语文教学心理实验研究"课题的主报告）这些观点至今还没有被广大语文教师所理解并接受，这是语文学科课程教材改革必须解决的重要课题。

五、对学生学习语文的潜力要有充分的估计,以此为出发点,提供学生足够的自学空间和自学时间，教会学生自学语文的方法

学生学习语文绝不是从零开始的，这一点已被人们所理解，但如何根据学生原有的语文基础，用科学的方法强化训练，使学生的听说读写能力有切切实实的提高，还有待于在科学研究的基础上做认真的实验。听说读写四项语文能力，有各自的特点、规律和操作要领，教师要在实验研究的前提下，结合听说读写实践，教给学生听说读写的方法。方法和要领是有限的，实际应用的空间却是无限的，因此必须严格要求，严格训练，一丝不苟，持之以恒，方能收到实效。说学好语文，只需"感悟"，不需"训练"，恐怕是违背客观规律的。

一定要教会学生自己通过听和读的实践（包括网上的视听）收集和吸纳新知识和新信息，通过写和说的实践（包括网上操作）表达自己思考的成果。阅读教材中有一定难度的课文，可以要求学生自己收集资料（包括翻查各种工具书）加以释疑解难，写成分析笔记，形成独

立见解；写作练习中有一部分命题，可以要求学生自己从图书馆内、从报纸杂志上、从社会调查中获得资料，并加以合理的筛选，形成主次分明的题材，写成初稿后自己再反复研读、推敲、修改，写成正式文稿。这类读写练习与实际生活贴近，对提高学生实际运用语文的能力必定大有裨益。

六、要努力做到精读与博览相结合，课内与课外相沟通

精读学规律，博览增见识，这是传统语文教育的重要经验之一。可惜我们过去对这一传统经验是根本忽视的。教师的精"讲"仿佛是重视了，学生的精"读"却是远远没有得到训练，因此"把规律真正学到手"云云仍然是一句空话。至于课外的广泛阅读，却因考试指挥棒的作用而根本做不到。如今应该改变观念，精读的"读"是学生的事，博览的"览"更是学生的事，要努力开拓学生学习语文的空间，把"读"和"览"的主动权还给学生。

谁都记得，吕叔湘先生在 1978 年说过一句使人震惊、令人汗颜的话："十年的时间，2 700 多课时，用来学习本国语文，却是大多数不过关，岂非咄咄怪事！" 20 多年后的今天，我们重温这一警示性的话理应再度深思：如果我们的语文教学，时间仅仅局限在这 "2 700 多课时" 上，空间仅仅束缚在四壁合围的教室里，师生的精力仅仅拘囿于这薄薄的几本语文教科书内，要切实提高学生的语文水平恐怕是很难很难的。所以必须实行开放式的教学，使课内课外充分沟通起来。

七、在培养各种良好的语文行为习惯上下功夫

语文学科教学从一开始就要注意培养学生良好的习惯。所谓打基础，固然有许多工作要做，其中最重要、最能持久发挥作用的是习惯培养。好习惯养成，一辈子受益；坏习惯养成，一辈子受累，要改也难。

习惯培养离不开实践。语文行为习惯的养成也必须在听说读写的实践中严格要求。语文训练，重要内容之一是语文技能的训练。技能必须纯熟而达到习惯成自然的程度。这在理论上似乎已达成共识，但坚持这样的严格训练，并在习惯培养上真正收到实效的还不是很多。语文学科课程改革，在这一方面要加大力度。

八、注重提高学生的文化素养

语文的综合素质要真正得到提高，除了致力于"语文"本身以外，还得使学生在其他文化素养方面有一定的积累。语文本身固然是民族文化的重要体现，但从本质上考察，语文毕竟是思想和文化的载体，丰富思想和文化素养是使语文表达日趋丰美、深厚的前提条件。语文学科课程改革要在二者相互关系的处理上体现出辩证法的光彩。

九、把基础教育、职业教育联系起来通盘规划，形成多层次、多类型的语文学科新的课程结构

有中国特色的语文学科课程结构，应该是多层次、多类型的。在纵向上是多层次的，不同层次有不同的教学目标和要求；在横向上是多类型的，有基础教育的语文学科教学，也有职业教育的语文学科教学。语文基本素质和语文特殊素质，有主有次地在各种类型教育中充分体现出来，共同服从于培养和提高受教育者语文素质的总目标。

十、以有效的激励机制使语文教师本身素质的提高有可靠的保证

语文教师在语文学科课程改革过程中都必须坚持接受继续教育，即不断"充电"以适应改革发展的需要。语文教师都要重视教育科学的实验研究，使语文学科教学有较高的"科技含量"。所有这些都需要有科学合理的政策和激励机制提供保证。

以上各项设想，只是粗线条地提供一种思路，是否能体现既有"中国特色"又符合"新的社会需求"，不敢自信，提出来供同行专家讨论。

(原载于《教学月刊（中学文科版)》2001年第7期)

以"三重"夯实基础①

在我国传统教育中，儿童教育是重点所在，也是精华所在。那时，儿童教育习惯称为"蒙学"。其间有许多成功经验值得汲取，其中我以为主要是"三重"。

一、重积累

婴幼儿从"牙牙学语"开始，就睁大眼睛去观察周围的世界，充满好奇心，并进而产生强烈的求知欲。有学者提出，一般儿童4—12岁是记忆的"黄金年龄"，必须要在这个时段，让孩子多积累一些知识，以使他终身受益。

一是要积累汉字。汉代是蒙学发展的第一个高峰时期。史游写的《急就篇》是蒙书中保留比较完整的，共34章，收录2 000余汉字。通过蒙学教育，儿童很快能积累相当数量的汉字，为以后的大量阅读打下

---

① 这是提供给《小学语文》的又一篇小语教学研究的论文，希望能从我国传统蒙学中找到有利于改进当前小语教学、提高小语教学效率的成功途径。这样，《亲近母语走近经典》《强化母语教育》《以"三重"夯实基础》，构成我退休后重点转向小学语文教育的研究成果。——作者注

坚实的基础。据记载，班固 9 岁就能"属文诵诗赋"；司马迁 10 岁开始学习古文书传，这就是早期识字教育成功的例子。到南北朝时期，便出现了周兴嗣的《千字文》，写出了包括天文地理、名物风情、道德伦常、人文历史等在内的百科知识。后世又有《百家姓》和《三字经》等蒙书问世。千百年来，"三、百、千"便成为以识字为基础的蒙书代表。大体说来，在古人心目中，儿童读了这三本书，除去重复字，大概掌握 1 500—2 000 个汉字，再通过四书五经的诵读，累积识字可达 3 000 个左右。

20 世纪初，清政府颁布新学堂章程，其中初等小学堂设置的分科课程，近似于现在的小学语文，名称叫"中国文字"，可见当时章程的拟订者认为，孩子入初小，主要任务就是"使识日用常见之字"，即汉字。此后的近半个世纪中，一些留学海外的学者，如陈鹤琴、敖弘德、王文新等，通过科学的统计研究，对汉字的使用频率进行分析、汇总，自 20 世纪 20 年代起就陆续编辑出版了《语体文应用字汇》(陈鹤琴)、《续语体文应用字汇》(敖弘德)、《小学分级字汇研究》(王文新) 等等。而早在 1930 年小学语文教育专家赵欲仁就认为，确定汉字的识字量以及小学各年级识字层级的安排，并以此为据来编制语文教科书，是促进当时小学语文教育发展的"新趋势"。但他们的这些见解和研究成果，在旧中国的历次小学语文教学大纲中都未被采纳，这些教学大纲也未明确规定小学生的识字量。到了新中国成立之后，历次教学大纲都根据科学统计的数据列出了小学生应掌握的识字量。有几份重要的大纲还规定年级递升过程中识字量增加的数字。《全日制义务教育语文课程标准 (实验稿)》则要求小学生在毕业时应认识常用汉字 3 000 个，会写 2 500 个左右。从古至今，小学程度的识字量大概以 3 000 字左右为宜，真正掌握的 (即达到四"会") 大概在 2 000—2 500 个。小学生有了这样的文字积累，今后继续发展读写能力就有了基础。

建国以后的小学语文教育，通过科学的实验研究，无论是在教材建设方面还是在教法改革方面，都取得了令世人瞩目的成就，其中汉字教学实验研究成果最为显著。1958 年斯霞进行五年制小学语文教学改革实验，她在教材改革方面迈出的第一步就是调整识字量：一年级识字 1 008 个，二年级识字 1 000 个，三年级识字 1 378 个，三年总共识字 3 386 个，大大超过了大纲规定的识字量。识字量的增加，不是一个单纯的数字概念，而是从根本上促进了教法改革。斯霞的"分散识字"改革实验，起了一个极好的带头作用。于是"集中识字"法、"韵语识字"法、"部首识字"法、"注音识字，提前读写"实验等一系列小学语文识字教学改革，不但使小学语文界为之震撼，而且也引起了国家教育行政部门和国家语委的高度重视，联合发文在全国推行这些实验成果。可见，提高汉字教学的质量和效率，乃是小学语文教学改革的重中之重。

二是要积累语言材料。这里所说的语言材料，当以词汇为重点。与汉字量不同，汉语词汇量至今还没有对外公布确切数字。由于词汇统计的复杂性，所以按词汇量的层级来编小学语文教科书并不适宜。何况，词汇的增速远比汉字的增速快，也难以按照词汇递增的层次来编制体系稳定的教科书。但是从教学角度来说，把教科书中课文涉及的词汇，按"常用"和"不常用"、"常见"和"不常见"、"文艺文中常用"和"实用文中常用"等等来大致分类，以利于学生的记忆和运用，恐怕应该是教师的责任。

词汇中的成语，是汉语的重要构成部分。以四字结构为主体的成语，其本身除形式上（包括结构和音韵）有特殊要求外，其蕴含的深意和来源的典故，对学生也具有很大的人文教育价值，要特别重视。不但要让学生了解，而且要让学生熟记。一方面，成语不可滥用；另一方面，在必要的时候，恰当地运用成语，是一个人语文素养的体现。

与成语同样重要的，还有生动而富有表现力的语句、语段和语篇，这是构成书面语言的必备部件，要有选择地要求学生熟读成诵，以便在口头表达时灵活运用，在书面习作时自然地流泻于笔端，这对提高小学生的语言修养极其重要。

三是要积累思想材料。所谓思想材料，就是指那些足以丰富人们知识库存，滋养人们道德品质，涵养人们精神境界的源自历史和现实的材料。古代蒙书就十分注重向儿童提供这些方面的精神营养。例如，《三字经》一开头就向孩子传授儒家关于人性的观念；《千字文》包含的知识内容更为丰富，有人曾评价此书为古代小型的百科全书。至于《幼学琼林》这类蒙书，分卷组织起封建时代的各种自然知识和社会知识，内容也非常广泛。这样一种传统，被晚清一些小语教科书的著名编著者概括为"以语文为形式，以知识为内容"的编辑原则，加以继承和发展。

晚清时期新式学堂所用的教科书，开始只有小学语文的，著名编著者有朱树人、蒋维乔、俞复、高凤谦等。五四运动以后，则有吴研因、魏冰心、朱文叔、沈百英、叶圣陶、陈鹤琴等人。他们所编的小学语文教科书，从内容方面论，都反映了当时的社会风貌、习俗、自然科学和社会科学的成果，还包括人际交往的各种礼仪等等。以 1932 年 6 月开明书店出版、叶圣陶编写、丰子恺绘图的著名《开明国语课本》为例，全套八册，每册都由叶圣陶写作或改编。凡编著者认为应该让孩子知道的古今中外各种人文知识和思想观念都尽可能包容在内。新中国成立后，古代蒙书和现代教科书所流传下来的"以语文为形式，以知识为内容"的传统被继承下来，并随着新的社会政治条件和新的教育理念不断充实发展。教师应该通过自己卓有成效的教学，让孩子们从教科书（由教科书再扩展开去）反映的思想内容中汲取思想营养，提高他们认识客观世界、辨别是非美丑的能力。

恩格斯在《自然辩证法》里说："理论思维仅仅是一种天赋的能

力。这种能力必须加以发展和锻炼。"他的这两句话,有两层意思。一层说理论思维是人的"天赋",一层又说"必须加以发展和锻炼"。这"天赋"一说,似乎不太好理解。其实细察幼儿的活动,便知此话不假。幼儿对玩具的"选择",便是"比较"的结果,这"比较"就是天赋的理论思维的表现。当幼儿开始懂事并能简单地说话,他便能"推理":清晨见屋顶上积水,便知道昨晚下过雨;妈妈喊他起床,便知道要去幼儿园等等。这种朴素的、带有本能性的选择和推理,便是天赋的理论思维。这种思维的发展,要靠生活经验的逐步积累。从这个意义上说,入小学后,通过各科学习积累知识,特别是语文学科中文字的积累、语言材料的积累、思想材料的积累,对他们的理论思维的发展有更直接的作用,丝毫也不能掉以轻心。

二、重诗教

"诗教"是我国传统教育又一重要特色。在《论语》中,孔子对弟子们说:"小子何莫学夫诗?诗可以兴,可以观,可以群,可以怨。迩之事父,远之事君,多识于鸟兽草木之名。"讲的就是学诗的意义。孔子这里所说的诗,实际是指《诗经》。推而广之,则可指一切与音乐相配相应的文学类作品,如诗词歌赋。正如明代理学家王阳明在《传习录》中介绍他的经验说:"大抵童子之情,乐嬉游而惮拘捡","故凡诱之歌诗者,非但发其志意而已,亦所以泄其跳号呼啸于咏歌,宣其幽抑结滞于音节也"。可见,诗教对儿童教育的重要。《三字经》三字一句,节奏分明;《百家姓》名字之间虽无意义上的联系,但四字一句,便于吟诵;《千字文》四字一句,不但意义联系紧密而且声韵协调,富有音乐性。至于《千家诗》《神童诗》以及《唐诗三百首》等经典的蒙学诗教课本,从历代名家诗作中选取优秀而浅近的作品供儿童吟诵,更是"诗教"的正宗读物。

诗教传统到了近现代又有了新的发展。一是许多名家用自己创作的浅近白话诗来教育学生，如，陶行知、徐特立就是其中的杰出代表；二是由诗歌扩展到儿童文学，范围更广泛。特别是新文化运动以后，国外的儿童文学作品通过周作人、胡适等人的翻译，首先流传到国内文学界，同时引起了小学语文界教科书编者的高度重视。《安徒生童话》和《伊索寓言》中的优秀作品被选进了小学语文教科书。20世纪20年代曾引起一场关于"鸟言兽语"的论争，因为当时小学语文教科书的课文中采用拟人化的童话和寓言，成为一时的新风。此风一直延续到今天。

孩子天生充满幻想。所谓"童心"，实际上就是一种充满幻想、永远年轻的心态。仰视天上的星星，就觉得它们一闪一闪地仿佛在眨眼睛；发现小花猫眯着眼、咧着嘴，就感到这有趣的小猫在微笑，这都是孩子的想象。妈妈用手轻轻地抚摩着自己，就觉得如春日的阳光照着自己一般温暖；柳絮四处飘飞，就想到冬天漫天飘舞的雪花。这都是孩子的联想。联想、想象、幻想，这些都属于形象思维，儿童正是以强烈而鲜明的形象思维显示出他们特有的思维之美。无论是小学语文教科书的编者，还是执教者，都应当深谙"儿童文学化"的特点，都要讲究一点艺术化和诗化。教育教学工作本身大概都离不开学术、技术和艺术，讲究这三者的统一才能取得理想的效果。也有人认为大学教育一般讲究学术，中学教育比较讲究技术，而小学教育则更讲究艺术。这话在一定意义上说不无道理。在建国以后的小学语文教育沃土上，涌现出了众多卓有成就的小学语文教师。斯霞的母爱教育、霍懋征的塑人教育、袁瑢的发展教育，无不充溢着儿童文学的精髓和传统诗教的血脉，成为小学语文教育改革和发展中的朵朵奇葩。

三、重书艺

古代蒙学中，识字和写字是分两条线进行的。先通过"三、百、千"等蒙书的习读，识记一批汉字，然后开始学写字，即所谓"开笔"。开始时先学笔画最简单的汉字，即所谓"上大人孔乙己"之类。程序是先描红，影写，然后临帖；先正楷，后行书，再行草；先大楷，再中楷，然后小楷，都有一定之规。如要继续提高，就学草书、隶书、篆书等等。总之，写得一笔好字，是传统蒙学的重要教学目标之一。这一传统在近现代也有所继承和发展。从近现代著名学人的手迹考察，无论理工医农，还是文史哲经，专家们都能写得一手好字。有人甚至说，国人能写一笔好字，连应聘就业都是一大优势。写字是一个人素养高低的外在表现之一，其基本要求是工整、规范、秀美、流畅。

写字，要从小训练。现在就有不少小学，把"写字水平"的高低作为衡量小学生语文素养的一杆标尺，这是很有见地的。书法艺术，是中国文化的瑰宝，是国粹。但在教学实践上，要把"习字""书法""书艺"三者区分开来，把它们看作是学写汉字的三个层次或三个不同阶段。习字，是小学生学写汉字的基础训练，基本要求是工整和规范；书法，是小学中年级以后的要求，目标是秀美、流畅。高年级中的一部分基础较好的学生可以向"书艺"方向发展，即正草隶篆各有所长。从总体上看，习字和书法，是追求书艺的基础，因此我们的目标要定在书艺上，取法乎上，是行为的准则。

过去传统的写字训练，都强调用行笔（即所谓"软笔"），现在用毛笔书写的机会已经不多，代之以钢笔或圆珠笔（即所谓"硬笔"）。但据说，硬笔书法要合格，大都要有一定的软笔书法的功底。这话也许有道理。因为写字讲究的是眼力和腕力，无论硬笔、软笔都一样，但软笔书法在这方面要求更高些，基础打好了，硬笔书法就可以做到挥洒自如。

现在是信息化时代，用电脑书写和阅读已相当普遍。所以汉字书写必须要在小学阶段抓紧抓好，抓出成绩来。熟练地运用计算机，可以成为合格的"地球人";熟练地写好一笔汉字,却是做一个合格的"中国人"所必需的。让学生在小学阶段打好汉字书写的扎实基础,在初中阶段继续巩固这一成果,到高中阶段计算机的运用和汉字的书写都达到较高的水平,这是我们教育工作者应尽的职责。

(原载于《小学语文》2007 年第 6 期)

语文教材编制

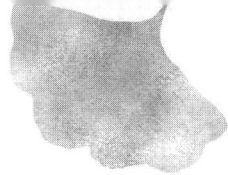

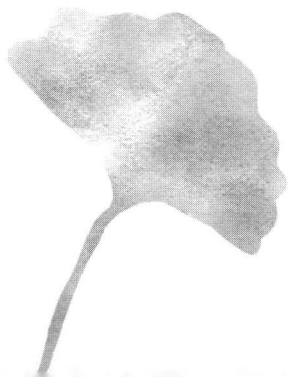

改革中学语文教材之我见

改革中学语文教材的工作，正在党的"双百"方针指引下，健康地向前推进。本文拟就编制中学语文教材的前提、系统和方法，提出一些肤浅的看法。

一

谁要是有兴趣对"五四"以来我国中学语文教学的历史作一番考察，谁就会发现这样一个似乎带有规律性的现象，即：每当一个剧烈的动荡期过去、历史进入相对平稳状态的时候，社会上总会出现"中学生国文程度低落"的议论；而这种议论的共同结论之一，又往往是语文教材不理想，必须大力改革。这样一种反复出现的历史现象，究竟说明了什么呢？我想，它至少说明这样一个事实：我国的语文教学历来都要受到时代风云的影响，而这种影响的结果又往往在实际上削弱了对学生语文能力的切实有效的训练；只是因为在奔腾湍急的历史旋涡中，这种影响不易被人觉察，要到时代进入相对平稳期，矛盾才充分暴露罢了。

这里就提出了一个发人深思的问题：为什么我们的语文教学常要受到时代风云的影响，而其他学科却不存在或者不明显地存在这种情况呢？答案只能是：因为我们的语文学科向来不被人们当作是一门科学；中学的语文教学还没有真正建立在科学的基础之上。而这种状况的长期存在，就是因为历来的语文教育界总没有把语文学科的性质和任务讨论清楚，没有把语文教学中"语文训练"和"精神训练"相互关系的问题完全搞明白。这就是"中学生国文程度低落"这类议论在几十年间反复出现的主要原因，也是我国的中学语文教材虽然版本众多而始终未能尽如人意、始终"缺乏客观具体的科学性"的主要原因。

对于语文学科中"语文训练"和"精神训练"的相互关系，叶圣陶先生曾有过精辟的说明："训练思想，就学校课程方面说，是各科共同的任务；可是把思想、语言、文学三项一贯训练，却是国文科的专责"（《论中学国文课程的改订》），因此"把精神训练的一切责任都担在自己肩膀上，实在是不必的。国文教学自有他独当其任的任，那就是阅读与写作的训练"（《对于国文教学的两个基本观念》）。这一观点，既正确地揭示了语文学科的特殊本质，又规定了它在学校各科教学中所应负的共同任务，为建立语文学科的教学体系、编制符合语文学习客观规律的语文教材指明了正确的方向。可惜这种科学的解释，在解放前并未引起社会的普遍重视；解放后，尽管得到马克思主义语言学说的指导而在理论上有所丰富和发展，在实践上也曾取得某些积极成果，但一旦极左思潮袭来，又往往被弃置不顾，甚至横遭责难。"四人帮"横行时期，这种观点更被戴上"智育第一""技术至上"的帽子，致使语文学科一度成了他们手中篡党窃国、贻害年青一代的工具。现在是应该把语文学科的性质和任务真正地、彻底地搞清楚的时候了。只有把历来"专重精神训练"的状况改变过来，把语文课真正当作是一门以传授语文知识、训练语文技能、发展语文能力为主要任务的具有高度思想性和综合性的基础工具课来对待，把"精神训练"有机地渗透在"语文训练"之中，这才有可能以此为目标编制出一部文质兼美的理想的语文教材来。

我认为，这是进一步改革中学语文教材的一个必要前提。

<h1 style="text-align:center">二</h1>

把中学语文教学的着重点从"精神训练"方面转到"语文训练"方面，这只是为成功地改革中学语文教材提供了一种可能性。要使这种可能性转变为现实性，还得对语文知识的系统和语文训练的项目做细致的、科学的分析研究，进而找出一种合乎客观规律的编排序列和教学进度。在这一方面，夏丏尊、叶圣陶、朱自清、吕叔湘等语文界的前辈已经进行过多次的试验；建国以后，这类试验在新的条件下有了新的进展。其中具有一定的代表性，且对我们今后的教材编制工作有启发意义的是这样一些革新尝试：

以一段阐述文章读写知识的"文话"为中心，配上两篇足以印证这些知识的文章（文言文与语体文都有）作为示范，把"文话""文选""文法和修辞""习问"四个项目连成一片，组合成为一"课"（即"单元"）；集108"课"构成初中阶段语文教学的全部内容——《开明国文百八课》（30年代）的编制。

文言文、语体文分别编制，使它们各自形成一个知识系统和读写训练步骤。文言文读本还专门写了一篇《导言》，阐述文言的性质以及古汉语的基础知识（包括近200个常用虚字的含义和用法），供学生自学。——初中用《开明新编国文读本》（甲种语体、乙种文言）以及高中用《开明新编高级国文读本》（语体）和《开明文言读本》（40年代）的编制。语言教育、文学教育相互联系又各成系统（"语言"包括文字、语音、词汇、语法、修辞等五个部分；"文学"按文学史系统编排选文），两套课本，并行不悖。——《汉语》《文学》课本（50年代）的编制。

1. 这些试验的共同特点是，突破了过去那种单纯的"文选型"的传统编制法，努力去探求各种按知识系统和读写训练步骤来组织教材内容的新的编制方法，对我们今后的教材改革工作具有极为宝贵的参考价值。过去解放区流行的《中等国文》课本，以及建国以后，除了汉语、文学分科教学阶段以外其他阶段所使用的课本，包括目前的"通用课本"，基本上都是参照《开明国文百八课》的体例编制起来的；至于把文言课文集中组成一个或两个单元，置于每册课本末尾的做法，显然是按文言、语体分别编制的观点所做的变通处理。可见，对于上述这些试验的成果，只要实事求是地进行分析、鉴别，并在新的条件下认真加以取舍、丰富和发展，它们就能在新的历史时期对我们的教材改革工作发挥积极的作用。

按照中学语文教学应该重在"语文训练"的原则，借鉴前人所积累的丰富经验，我以为，中学语文教学宜乎编制这么三种教材：一种是阅读教材，一种是写作教材，另一种是为提高和发展学生读写能力所需要的语言教材。三者各有自己的系统，又能相互配合，相辅相成。

阅读教材旨在提高和发展学生阅读各体文章（包括浅易文言文）的能力和鉴赏文学作品的能力，取"文选"型。初中阶段，以选学文质兼美的语体文为主。选文编排，不管是语体文，还是文言文，都以内容的由显豁到含蓄、文字的由浅近到艰深、写法的由简易到繁复为序。一般常见的文体，都应择优选录。高中阶段，以选学古今中外优秀的文学作品为主，文言文比重适当增加。选文的编排，文言作品按古代、近代的文学史系统，语体的中国现代作品按现代、当代文学史系统，外国翻译作品按外国文学史系统，分别列序。无论初中阶段还是高中阶段，各单元之前配置言简意明的"单元概述"，或阐明阅读各体文章的要领（初中），或简介各个时期作家、作品的概况（高中），等等；各单元之后，拟出若干条具体切实的"思考和练习"题，供学生"参考、分析、比较、演绎、归纳、涵泳、体味"（叶圣陶语），使一个单元中的各篇选文，在学生头脑中形成一个可以相互映衬、相互对照而又各各显示出特色的整体。阅读教材中的选文，都是精读材料，篇数不宜太多，一般以每册三十至四十篇为宜；另外可以有计划地向学生介绍一些成本的书，作为略读材料，并安排一定的时间，给予指导。

写作教材旨在指点学生写作一般的说明文、记叙和议论文的门径，并为他们的写作实践提供一些范例。也就是说，教材里面，除了在阐述写作知识的过程中注意多举实例外，还应单独安排个部分，编选"范文示例"，供学生学习、揣摩。这些"范文"，应比较切近学生的生活和他们实际的写作水平，选文标准与阅读教材要有所区别。此外，教材的各章各节之后，还得拟定一些巩固知识、指导实践的思考题和单项练习题，使学生得以按部就班地、切切实实地去实践，在实践中提高写作能力。这种写作教材，解放前孙起孟、顾诗灵、蒋仲仁合编的《写作进修读本》，体例上近似；而在建国以后就一直没有正式编制过。原因是不少同志认为写作能力的提高主要靠实践，写作知识可以在阅读课内讲讲，在作文讲评时说说，不必另编教材。现在看来，这种观点未必尽妥。我们认为，写作能力的提高固然要靠实践，但学习并掌握一定的写作理论知识也不可忽视。阅读课上结合中外古今优秀作品讲写作知识，容易脱离学生的实际，使学生感到高不可攀；作文讲评时讲写作知识，难免有头痛医头、脚痛医脚之弊，所讲知识常会流于散乱。有一本写作教材，就可以弥补上述缺陷，既能保持知识的系统性，又能保证教学的计划性。只是这种教材，内容要精当，文字要简洁，力戒玄虚烦琐。

语言教材旨在使学生掌握汉民族语言文字的性质、特征、功能和在实际运用中应遵循的法则等等的基础理论知识，以及运用语言文字的基本技能。这套教材的主要内容还是文字、语音、词汇、语法、修辞等几个部分，但在写法上应吸取目前"通用课本"中"知识短文"的某些优点，力求精要、好懂、管用；尤其要突出用词造句的基本规律和语言锤炼、文章修改这类基础知识，并加强练习；让知识要点、实例剖析

（正误对举）、实习作业三者恰当地配合起来。

　　语文界前辈叶圣陶先生历来把语文教材看作是一种"凭借"，而把语文能力的培养和训练当作目的。他在最近更明确地指出，过去那种"文选型"教材"选些文篇让学生读，无非是进行那些训练的凭借而已。不读这几十篇几百篇，换读另外的几十篇几百篇，也未尝不可"，这些文篇究竟怎样编排，"也未必说得出多少道理来"。因此，他主张，为建立语文学科的教学体系，当前"特别需要调查和研究的是语文训练的项目和步骤"（《敬祝中学语文教学研究会成立》）。也就是说，把语文训练的项目和步骤研究清楚了，设计周密了，安排合理了；以此为出发点，再去编制作为语文训练的"凭借"的各种教材，这才能够把语文教材的编制工作建立在比较科学的基础之上。这个意见是很中肯的。我所设想的这三种教材，其编制特点主要也应体现在阅读训练、写作训练和语言文字基础训练的系统性和有效性上面。

三

　　建国以来，中学里使用的语文教材，都强调要全国"统一"。这样做的好处是，结束旧中国语文教学的盲目和混乱状态，要求一致，进度一致，教学质量可以得到基本保证。然而也有小弊，主要是"统一性"限制了"灵活性"；广大教师在教材建设上进行革新尝试的积极性，往往会受到束缚。这样，反过来也影响了"统一"教材，使它不可能在汲取群众智慧的基础上日臻完善。在研究进一步改革中学语文教材的今天，是不是也可以解放思想，在统一教学大纲的前提下，容许教材建设上来个"百花齐放"呢？我看，这不但是必要的，而且是可能的。

　　谁都知道，从五四运动前后直到抗日战争爆发，我国的文化教育界各种思潮竞相流布，曾经显得相当活跃。单就全国出版的中等学校语文教材而言，据黎锦熙、王恩华合编的《中等学校国文选本书目提要》

所收，从 1908 年到 1937 年这 30 年间共有 61 种之多，其中商务、中华、世界、开明四大书局就出版了 30 种。在当时，正中书局负责印发的那些所谓"国定"课本，由于内容陈腐反动，往往为一般中学语文教师所不取；而像开明书店印行的《国文百八课》《开明国文讲义》等，尽管未经当局"审定"，却受到广大进步教师的欢迎。至于商务、中华的几种，因为宗旨平稳、兼收并蓄，在一般学校中也比较流行。这种局面，不能简单地用一个"乱"字加以否定。这几十种课本中确有为书贾赚钱所需的粗制滥造的赝货，也有在反动当局指使下由一些御用文人炮制的毒物，但是，也不乏具有真知灼见的佳品。只是由于当时社会的黑暗、腐败和混乱，教材建设根本不可能由这种"不统一"状态达到"统一"——统一于进步，统一于科学而已。在今天，我认为完全可以在党的领导下鼓励那些有条件的学校、团体甚至个人编制语文教材。确有特色的，出版社可以提供条件给予出版，让使用单位择优选用。从战略眼光看，这种教材建设上的"争奇斗妍"局面，不但显示了我们的中学语文教学的繁荣和发展，而且也为进一步改革全国通用教材提供了充分的、必要的物质条件。

说到教材编制的"灵活性"，还不能不想到当年开明书店吸取日本出版界的经验而创制的"活页文选"。十年内乱之前，中华书局也曾仿效此例，出过"中华活页文选"，读者甚众；只是选文限于古代作品，是个缺陷。我以为，这种"活页文选"既能供中学生课外阅读之用，也可以让中学教师选作补充教材，应该继续编辑出版，只是选文范围应该适当扩大，凡属古今中外的名篇佳作，均可选录。由于它是单篇活页，分散便于传阅，集中易于成册，单元可以自由组合，序次可以灵活安排，作为辅助性教材确有很大的优越性。

（原载于《扬州师院学报（社会科学版）》1980 年第 4 期，略有删改）

论语文教材编制的基础

　　探讨中学语文教材的编制与使用，固然必须从历史的踪迹中找准自己的起点，但一旦进入本身的研究领域，却还必须在若干主要方面具备必要的基础。

　　首先是理论基础。无论是编制教材，还是使用教材，都必须有足够的理论知识作基础。这些理论知识大致可以分为三类：一类是有关哲学思想和科学方法的，一类是有关语言和语文学的，一类是有关教育科学和思维科学的。这三者缺一不可，而其中又以第一类为灵魂和统率。

　　谈到哲学思想，当然是指马克思主义的哲学思想，主要是辩证唯物主义和历史唯物主义。世间一切事物，都存在于一定的"关系"之中；研究事物的存在形式及其发展规律，都离不开对该事物与他事物、该事物内部诸因素的各种"关系"的研究。马克思主义的哲学思想是人类研究世间万物诸种"关系"的最正确因而也最具有生命力和权威性的理论。就语文教材的编制而言，编制者在其外部必须要对教材与时代、教材与社会、教材与政治、教材与国情、教材与国家的语文政策、教材与国家的教育方针以及教材与人的心智活动规律等等的诸种关系有正确的理论与把握；在其内部，又必须要对教学目的与教学内容、教学的主要任务和相关任务、范文与范文、范文与知识、知识与能力、单元与单元以及单元之中的各种组合成分等等的诸种关系有正确的理解和把握。所有这一切，都须要运用马克思主义的联系的观点、发展的观点、历史的观点、辩证的观点去分析，去解决。此外，世间任何事物又都是有结构的，语文教材当然也有结构，而结构本身作为一个系统，其内部构成因素彼此紧相联结。分解这种结构、处理这种结构，我们也必须借助马克思主义哲学思想；同时，导源于索绪尔语言学说的结构主义理论（方法论），以及极富有魅力的系统论、信息论、控制论等一列科学方法论，也可为我们提供思考的武器。这样看来，在马克思主义哲学思想和现代科学方法论方面，理论的功底越深厚，在编制实践的过程中运用得越恰当、越自如，教材编制的质量也必然越高。编制教材如此，使用教材也同样如此。

编制和使用语文教材，当然还须要有语言和语文学方面的理论基础，这里涉及文字学、语音学、词汇学、语法学、修辞学、文章学、文艺学、美学等等，其领域相当广泛。文字学（训诂学）、音韵学和文章学，在我国，有着极其深厚的历史基础，古代的蒙童识字课本以及旧式文选型读本，就是以文字学、音韵学和文章学的研究成果作为基础而编制起来的。到近现代，由于外来的影响，语音学、词汇学、语法学、修辞学以及文艺学、美学等等，又在语言和语文学的研究领域里结出了新的硕果，这就为新式的语文教材从原来旧式文选本的基地上创新开拓、滋生繁衍提供了客观可能性。本世纪 30 年代，在纯文选型教材中有计划地编入有关语文基础知识，使原来的教学单元，包容的材料更丰富、更系统，就是因为语言和语文学界已经为教材编制者提供了必要的研究成果。历史发展到了 20 世纪的 90 年代，社会语言学、应用语言学、心理语言学、计量语言学、现代修辞学、现代文章学、交际语言学、语用学、语义学、口才学等等，又分别以新的视角、新的方法对语言和语文学作了更新、更细密的剖析，使人们对语言的特点及其运用规律认识得更深刻。这些新的研究成果已经或正在成为我们编制和使用新一代语文教材的高品位的营养物。因此，要求语文教材的编制者和使用者，都应该具有足够的语言和语文学方面的理论素养，都应该准确而敏锐地吸收有关语言和语文学方面最新的研究成果，这是时代发展的必然。

教材与一般读物的根本区别就在于，它是根据一定的教学宗旨和教学计划，按照特定读者（年龄不同、程度不同的学生）身心发展的规律和认知规律，循序渐进地、有系统地传授专业知识的特殊读物。它在编制过程中，既要充分考虑到专业知识本身的科学性、系统性以及社会的需求，同时还必须充分顾及在教学过程中教师的教和学生的学，要求做到"利于教又便于学"。这样，教育学、心理学、教学论以及研究人类思维发展规律的思维科学，就成了必不可少的理论基础。如果说，"学而不思则罔，思而不学则殆""不积跬步，无以至千里""读书百遍，其义自见"等等传统的教育教学观念，对古老的教材编制曾经产生过深远的影响；那么，赫尔巴特、桑代克、杜威、麦柯尔等等所倡导的"教师中心主义""儿童中心主义""学校即社会，教学即生活"以及重视教育实验和心理测量等等学说，曾经在本世纪的二三十年代深刻地影响过我国教材编制的指导思想。在今天，巴班斯基的"教学最优化"理论、赞可夫的"理论为先导"和"让学生明白学习过程"等原则、布鲁姆的"教学目标分类"学说以及各种思维科学的最新研究成果，又在我们的教材编制实践中产生着或隐或显的作用。教材编制者按照一定的教育科学原理和思维科学成果来编制教材，就势必要求教材使用者也能凭借自身的理论修养，准确地洞察编制者的意图，从而使教材中蕴含着的理论原则在教学实践中得以充分反映。教材编制者的高明与平庸，教材使用者的高明与平庸，其重要分野正在于此。

其次，是国情基础。为本国、本民族编制语文教材，当然应该对自已的国情有充分的了解。国情，是个含义相当广泛的概念。与语文教材的编制与使用直接有关的，至少包含着这样一些方面：政治的、经济的、文化的、教育的、民族心理的和语文本身的，等等。

语文学科的教学，在任何时候都与一定时期的政治制度和政治思想紧密地联系着。宋代创编的《百家姓》，原是一些姓字的汇集，"赵钱孙李，周吴郑王"，本身并无任何含义；然而编制者把"赵"字列为篇首第一字，就是因为向赵宋王朝表示自己的"忠心"，把"赵"视作天下第一"姓"。晚清一本小学国文读本，开始第一课就是"我是大清民，我爱大清国"，不就是为了向幼小的儿童灌输忠于大清王朝的思想吗？在以马克思主义理论为指导思想的社会主义中国，现在正经历着加速改革开放、加速社会主义现代化建设的历史性飞跃，教材的编制者必须充分了解这一基本国情，在教学目标的确定、范文的选择、助读材料的编写和作业练习的设计等方面，努力体现我们国家政治制度的特点和政治思想、政治路线的原则要求。

一个国家的经济发展水平，往往直接制约着教育事业的发展水平；而教育事业的发展状况，也会反过来对经济的发展产生影响。我们国家，从经济上看，还是一个发展中的国家；可是，社会主义制度和改革开放路线，却又在很大程度上保证我国的经济维持着一种稳定的、持续发展的态势。经济的发展要依靠科学技术，科学技术的发展要依靠人才，而人才的培养又必须依靠教育，因此，教育要为经济的腾飞服务，要为培养新一代的优秀的各级各类人才服务，已经成为不可推卸的历史责任。另一方面，我国的地域十分辽阔，西山东海，北国南疆，纵横千里，各个地区的经济发展呈现着明显的不平衡性，这就要求教育事业重视内容上的多层次性和方式方法上的多样性。根据前一个特点，语文教材的编制要注意体现为经济建设培养"适销对路"人才的时代新要求，要注意体现社会交际日益广泛、经济生活日益活跃、生活节奏日益加快的时代新特点；根据后一个特点，语文教材的编制又要充分反映各个地区经济发展的不同需求，以教材的多样化逐步取代教材的单一化。

我国是个闻名于世的古国，有几千年的文明发展史，积累了极其丰富的文化遗产，这是创造现代文明、开拓现代文化的一笔十分珍贵的财富。而当今社会主义的物质文明建设，又要求有高度的社会主义精神文明与之相适应。按照列宁主义的观点，无产阶级文化应当是人类演进过程中一切优秀文化成果的继承和发展的产物。作为传递我国优秀的历史文化和现代文化的重要凭借物，语文教材应当努力体现出我国博大精深的文化积累和光彩夺目的文化新貌。仅以我国的语文政策而论，推广普通话，用标准语音和通用语汇来逐步统一汉民族的交际语言；重视汉字教学，重视汉字书写的规范化；努力为祖国语文的纯洁和健康而斗争：所有这一切，都是语文教材编制者所必须恪守的准则，而这正是尊重民族文化和在继承的基础上发展民族文化的重要标志和重要条件。此外，语文教材由于其内容的丰富性，所选范文必然具有可观的"文化含量"，诸如文学的、艺术的、建筑的、饮食的、工艺的、服饰的、交际的、礼仪的、科技的等等，在所有这些方面，古代已有的传统积累，现代涌现的创新成果，都必然要在语文教材中有所反映。"大教育观"必然要以"大文化观"作为基石；语文学科在这一点上将体现得更为突出、更为鲜明。

语文学科的教学，是国家整个教育大工程中的一个重要组成部分，它必然要服从于国家的教育方针和政策，受到国家制定的各级各类学校课程设置、教学计划、教学大纲的制约。教育要面向现代化，面向世界，面向未来，这是我国发展教育的指导思想；教育要为社会主义现代化建设培养德智体美劳全面发展的"四有"人才，这是我国发展教育的基本方针；普及九年制义务教育，大力发展中等职业技术教育，大面积提高全民族的思想道德素质、科学文化素质和生理心理素质，是当前我国进行教育改革的重要目标。凡此种种，语文教材的编制者都必须深刻理解，使自己的编制工作能成为贯彻执行上述指导思想和方针政策的自觉行动。语文教材的使用者，同样也要通过教材的使用，把国家的教育指导思想和方针政策具体化为生动有效的教学行为。

一个民族有一个民族的传统，而民族传统往往是民族文化和民族心理长期积淀的产物。我们汉民族，在长期的历史发展过程中所形成的传统，特别是民族心理方面的传统，是编制汉语文教材所必须了解，必须尊重的。例如对于汉字的认读，汉民族在长期的读写过程中已形成了一种知、情、意的共生心理，看到"红"字，不仅知道它是指一种颜色，而且会产生一种热烈的、喜庆的感情和意念；看到"折柳"二字，不仅知道是攀折柳条的意思，而且会产生一种亲人别离的依恋难舍的感情和意念。又如汉民族的心理特点是倾向于融和、倾向于综合、倾向于领悟，而较少研究分解、讲究离析、讲究实证，这在艺术创造、戏剧表演、哲学思辨中都有明显的反映。所有这一切，语文教材的编制者也应当有所了解，并根据这种民族心理来设计自己的编制方式和编制方法，使我们本民族的青少年更易于理解和接受，从而取得理想的教学效果。

再次，是实践基础。正如前面所已经论及的，我们的民族语文教育已有悠久的发展历史，几千年来在汉字认读课本和文选阅读课本的编制方面，有长期的丰富的实践经验。这是我们当前编制语文教材的一个具有深厚历史内容的基础。至于本世纪以来，语文作为一个独立的学科，其教材编制的实践经验，由于已经有了较为先进、较为科学的观念和方法，所以具有更多的借鉴价值。当然，更应当重视的还是新中国成立以后这将近半个世纪的实践经验，因为这个时期的实践经验，既有历史的继承，又有时代的新流，能给我们以更多、更直接的滋养。

自新中国成立以来，在中学语文教材的编制实践方面，大致经历了三次重大的变革。一次是50年代，为实施汉语、文学分科教学，相应创编了汉语、文学分科的教材。这一次的教材变革，其历史贡献至少反映在两个方面：一是形成了一个有关汉语知识的相对严整的教学体系，这个体系曾经影响中学语文教学长达 20 多年，为中学语文学科进行汉语教学积累了经验；二是形成了一个有关文学知识的相对精要的教学体系，即初中以文学体裁为序、高中以文学史为序，同时在继承传统和适应时代需要两个方面选出了大量的文学佳作，为中学语文学科加强文学教育积累了经验和资料。第二次是在 60 年代，分科教材被一种新的综合教材所取代。这一次的教材变革，其指导思想是重视语文基本功、重视语文教学的综合效应。它不强调系统地讲授汉语知识，而强调要以汉语识为辅助切实提高汉语的实际运用能力；它不强调系统地学习文学知识，而强调要按照选文内容、形式的深浅程度，循序渐进地编排次序，并且重视了实用文章的读写训练。由于扬弃了分科教学而实行综合教学，因而在单元的组合上继承当年《开明国文百八课》的做法，强化了单元的综合性。第三次是在 80 年代，教材的单一化（即在全国范围内只推行一种教材）被教材的多样化（即在全国范围内试行多种教材）所取代。这一次的教材变革，由于有思想的解放、体制的改革、经济的腾飞和文化的繁荣作为大背景，因而呈现出空前活跃的态势，各种不同的教材设计思想和教材编制体例，使教材世界大放异彩；各种适应不同层次和不同地区需要的教材，更使教材世界第一次飘散出浓郁的乡土气息。尽管要正确估计这次教材变革的历史贡献，为时尚早，但空前广泛和空前活跃的教材编制实践，必将为日后的教材更新提供丰富的经验，这是可以断言的。

教材的编制制约着教学实践，制约着教学内容、教学过程和教学方法；反过来，教学实践的每一个成功的改革举措，教学内容、教学过程和教学方法的每一项实验研究，都将为教材的编制者提供新的、有益的革新思路。从这个意义上说，无论是教材的编制者，还是教材的使用者，都应当十分重视教学第一线的教师们所创造的实践经验，并通过吸收、消化，使之成为自己进行创造性劳动的养料。且不说，建国以后十多年间所积累的语文教学经验如何弥足珍贵，就是改革开放以后的 80 年代，众多语文优秀教师、特级教师所进行的改革实践，已经使我国的语文教坛形成了色彩纷呈的各种教学流派，他们根据自己对语文学科性质、任务的理解，和对语文教学客观规律的把握，创造性地耕耘，各自取得了令人瞩目的硕果。语文教材的改革，正是建立在这样丰裕、这样深广的教学改革实践的基础之上的。

[选自《语文教材的编制与使用》（与顾振彪合著），江苏教育出版社 1996 年版。此为"绪论"中的一节，题目另加]

新编课本怎样才有竞争力

编辑中学语文课本，当以国家颁布的教学计划和教学大纲为依据，这是毫无疑问的。但是，一套新编课本，要有竞争力，要有自身存在的价值，还必须解决好编辑思想和编辑体例问题。

所谓编辑思想，就是体现在整个编辑工作中的教育观。根据当前人们的认识，一套有价值的中学语文课本，应当具备以下三个特点：一是有利于指导学生自学。传统的教育观，把课本视为"教本"编辑的着眼点是便于教师的"教"，不是便于学生的"学"。现代的教育观则不同，它把课本既视为"教本"，也视为"学本"，而且更主要的是"学本"，编辑的着眼点不单是便于教师的"教"，而且要便于学生的"学"。因此，把讲授学习方法，包括讲授读写听说方法引进课本，把提示自学门径、提供自学材料引进课本，已经成为当今教材编制的发展趋势。二是有利于训练能力。语文学科就其性质和任务来看，它的教学重点不在知识的传授而在能力的训练；传授必要的基础知识主要目的是在有效地提高运用语文工具的能力。因此，中学语文课本的编辑，既要重"知"，更要重"能"，着力于学生语文能力的训练和良好的语文行为习惯的培养。三是有利于学生的发展。中学生正处于世界观逐步形成、生理心理逐步发展的人生重要时期，他们求知欲强烈、嬗变性显著、创造意识增强。因此，一套有价值的语文课本，在给他们提供知识信息的时候，不但要注重"有益"和"有用"，而且要注重"有趣"和"有味"；不但要重视思想修养，还要重视文化素养；不但要让学生了解过去，还要让学生了解现在和未来。

所谓编辑体例，主要是指课本的结构方式。中学语文课本的内部一般包含着四个相互联系的系统，即范文系统、知识系统、助读系统和作业系统。这四个系统的合理编组，形成一套课本的基本结构。目前我国的中学语文课本，从结构方式上看，有分编型和合编型两大类型。所谓分编型，就是把范文系统、知识系统和作业系统所包含的内容，分别编制成几种课本；所谓合编型，就是把语文教学内容混合编制成一种课本。这两种类型的课本，各有优点，也各有局限性。不过，由于中学语文教学的内容比较复杂，因此课本编制必须要注意多元的组合。无论是分编型，还是合编型，都要注意把范文系统、知识系统、助读系统、作业系统用适当的方式组合起来，使各个系统本身在纵向、横向上都有联系，使各个系统之间又能相互配合。根据已有的经验，中学语文课本多元组合的原则有三：一是以单元为整体，即以单元作为教学的基本单位，把读的、讲的、练的项目有机地组合成一个整体。这种以单元为整体的多元组合，有利于读、讲、练的结合，也符合读写听说相互促进、相互联系的规律。二是以目标为核心。多元组合绝不是多项内容的任意拼凑，它要以特定的教学目标作为核心和依据。多元组合的成败得失，很大程度上取决于内容的综合性和目标的单一性能不能和谐地统一，因为只有以目标为核心，单元中各项内容的组合才有可能成为有机的整体。三是以知能转化为依归。叶圣陶有句名言："教是为了达到不需要教。"课本的编者为了给教师提供方便，在教学内容的组合和衔接上也得按照知能转化的要求精心加以设计，让教师有可能由"教"逐步向

"不需要教"的目标迈进。

在教材编制上，目前国家提倡多样化，鼓励"百花齐放"。在这样的背景下，我们殷切期待着有更多的富有新意、独具特色的课本出现，以适应全国各地的需要。从一定意义上说，各种有价值、有特色的语文课本不断涌现，将是语文教学改革深入发展的一个重要标志。

（原载于《语文学习》1989 年第 4 期）

论汉语文教材的优选、组合和延展

探索课程和教材建设的科学化道路，辩证唯物主义者的要求是：既要承认学科知识的客观价值及其特点（但不同于"知识中心论"），又要考虑学生在不同发展阶段的身心特点（但不同于"儿童中心论"），还要考虑社会的客观需求（但不同于"社会中心论"）。课程和教材的建设，在实践上的最大难题就在于，实现知识价值、学生特点和社会需求这三者的辩证的、和谐的统一。

在汉语文教材建设中，怎样谋求这三者的辩证的、和谐的统一呢？我们在试编汉语文实验教材的过程中，进行了一些初步尝试。

知识的优化选择

汉语文教材，不管是知识型的，还是训练型的，都须尊重汉语文知识本身的客观价值及其特点。但汉语文知识本身纵横交错，头绪复杂。从语言形式看，有字、词、句、篇；从语言运用规律看，有语、修、逻、文；从语言行为看，有听、说、读、写。而语言能力的培养和发展，又离不开人的思想水平、知识视野和生活阅历。要把这庞大而复杂的汉语文知识体系全部收纳进教材，几乎是不可能的，也是不必要的。

这就需要对知识进行优化选择。

对汉语文知识的优化选择，其主要依据是汉语文知识本身的特点，同时兼顾到学生和社会的需求。

汉字是形、音、义结合的整体方块字，其中大量的形声字，具有以形显义、以形表声的特点。汉字尽管笔画繁复、字汇庞大；但其中的基本字，却数量有限，笔画大多也比较简单，而且具有极强的派生新字的能力。因此，学习汉字，掌握基本字的形、音、义及其派生功能，逐步扩大识字量，这是学习汉语文的最重要的基础。处于小学阶段的儿童，善于和乐于模仿，且记忆力强，把汉字特别是其中的基本字作为教学的重点内容，在掌握基本汉字和逐步扩大识字量上扎扎实实地打好基础，将使儿童终身受益。当然，随着年级递长，结合阅读和写作，适当安排一些词语和句子的初步知识还是必要的；但其主要目标还在于扩大识字量，在读写实践中逐步熟悉汉字的用法。至于在学习汉字的过程中，掌握汉语拼音方案，学会说普通话，自然是题中应有之义，毋庸赘言。

汉语语词，意蕴丰富，色彩多样，其中某些语词特别是成语，往往蕴含着一定的文化背景因素。汉语语词有极强的结合力，其语序变化对语意表达影响极大。因此在小学阶段初步积累了一些词语，对这些词语有表层的、感性的认识之后，初中阶段应该进一步扩大词汇量，并逐步掌握有关词义、词语的色彩、词语的组合以及成语的构成等基本知识，提高灵活运用汉语语词的能力。

汉语的句子有基本的格式，各种句子成分又有一定的位置；而句式的变化又常常会影响到意思的表达和感情的抒发。汉语中句子与句子的联络，固然可以借助关联性词语来显示，但也常有靠上下句的意合自然衔接的。相互紧密联系的句子构成句群，若干句群构成段落中若干意义层次。在初中阶段，随着学生抽象思维的发展，了解汉语的句式和句式变化，了解句与句的关系及其联络方式，了解段落中由句子或句群所显示的层次，就应当成为教学的重点。

汉语的篇章，涉及文体知识和语体知识，不同的文体有不同的表达方式，不同的语体有不同的语汇和不同的表达习惯。初中阶段，学习字、词、句的知识，都离不开篇章，字不离词，词不离句，句不离篇，正是初中阶段学习汉语文的特点。因此，了解一般实用文、文艺文和程式文的文体特点，初步熟悉文言语体和白话语体的差别，以及文艺语体、科技语体、议论语体和事务语体的差别，就成为初中阶段汉语文教学的又一重点。

知识的优化选择，与简化头绪、重在运用直接有关。作为语言运用规律，语法、修辞、逻辑的知识（逻辑从思维规律的角度介入语言）和一般文学常识，自本世纪 30 年代起，就在中学汉语文教材中占有独立的位置，并以"知识短文"形式构成系列。这种做法，一直延续到现在。于是人们谈到汉语文知识时，就在字、词、句、篇以外，又加了语、修、逻、文。其实，这八个方面的知识是相互联系的，除了汉字知识以外，词语、句子和篇章的知识，几乎处处都要涉及语法、修辞、逻辑知识；而文学语言的知识则与词语、句子有关，文学体裁的知识又与篇章知识相联。所以，在初中阶段完全可以改变以往传统的做法，而从"汉语表达"的角度把字、词、句、篇和语、修、逻、文紧密结合起来，重新提取并编列知识"元素"，以满足"知识优化选择"的需要。但这是需要切实下功夫去解决的问题，目前我们只是理论上认识到，还不能实践上完全解决好。

此外，汉语文的教学重在知识的运用，知识要在运用中理解，在运用中巩固，在运用中掌握。谈到运用，就离不开听说读写等语文行为。汉语文的知识，其中的绝大部分必须经过一定的改造，转化成为听说读写行为，然后才能构成汉语文教学的活动。这是汉语文教学区别于其他学科教学的重要特征。听说读写等语文行为，除了要受一般语言运用法则的制约以外，其本身也还有一定的操作要领和行为方式。所以，知识的优化选择，又不能不从构成语文行为的听说读写方面去衡定，而不能像一般语法书、修辞书、逻辑书和文学手册那样，只从静态上去建构知识的框架。

我们在作了上述理论思考之后，根据现行的教学大纲，通过初步的分解和优化处理，给初中阶段的汉语文教学提取了 114 个知识点，并对这些知识点分别规定听说读写的行为要求，使之转化为教学训练点，进而组成一个由低到高、由浅入深、由简单到复杂的渐进序列，使学生既能凭借原来的知识结构接纳新知，又能利用新知来改造和充实原来的知识结构。

内容的优化组合

对知识的优化选择，只是教材建设的一项基础工作，还不是全部工作。前面已经提到，经过优化处理而提取出来的知识点，必须进行改造，方能成为学科的教学体系。这种改造大致可分三步进行。首先是把知识点按其本身的内在逻辑联系，编制出一个合理的序列；其次，对这些知识点规定听说读写等单一的或综合的学习行为，使知识点转化为教学训练点；第三，参照原来知识点相互之间的内在联系，结合学生的认知特点和学习心理，将训练点进行优化组合，使之形成完整的教学训练体系。这样，整个教学训练体系既具有覆盖所有知识的属性，又具有满足智力因素与非智力因素协调发展的要求的属性。

这第三步的优化组合，悬着一个较高的标准，那就是：分之则眉目清楚，合之则相互为用。

中学的汉语文教材，一般都包括四个组成部分，即：知识系统、范文系统、作业系统和助读系统。知识系统由一系列知识点按其内在逻辑依次编列，这些知识点体现在听说读写的行为之中，使知识转化为能力有了客观条件；范文系统则是印证和理解知识的例子，是培养和发展能力的凭借；作业系统又是借助各种思考题和练习题，使知识向能力转化的手段和途径；而助读系统则是帮助学生有效地进行自学活动的提示性的文字说明或图表。这四大系统，各有自己独立存在的价值；同时又以知识系统为经，相互联系成一个整体。

对于汉语文教材中的四大系统，由古迄今有不同的处理方法。

我国古代沿用最久的文选型教材，只有范文系统而无其他系统，稍后又在范文中间或范文篇末加入少量评注，以供助读之用。这种文选本或文选评注本，到五四运动以后，在中学里已不再占据主要地位，一种初步具备四大系统的汉语文教材新体例开始出现。但认真考察起来，"五四"以后的这些所谓新式教材，还是以读文章为手段、以写文章为归宿的，读文章是为了学会写文章。许多教材，表面看来是以"阅读"为中心，而实质上却是以"写作"为中心；即使是著名的开明《国文百八课》也不例外。这些教材中，有的也编入一部分语法、修辞、逻辑知识，构成一个知识系统；但与读文、写文相游离，不能起到"合之则相互为用"的作用。

这种状况，到新中国成立以后的几十年间，似乎还没有多大改变。当今汉语文教材建设的重要目标之一，就是要通过内容的优化组合，使知识、范文、作业、助读这四大系统能"合之则相互为用"，充分发挥其整体效应。

教材内容的优化组合，须依循如下三条原则：

1. 根据汉语文的特点和中国学生学习母语的规律，充分注意知识之间的渗透性和交叉性，分清主次，简化头绪，这与前述的知识的优化选择直接有关。实践证明，凡点与线分得越细越繁，要组合得圆满就越困难。这种情况，是由汉语本身的特点决定的。学习汉语文，从静态上研究，是字、词、句、章的知识；从动态上研究，是听、说、读、写的行为；从运用法则上研究，是语、修、逻、文（其中的一部分），它们彼此都是渗透着，交叉着的。如果尊重汉语文本身的特点，就不会一味"求全"以致"捡了芝麻丢了西瓜"。

2. 既要注意前后的衔接，又要重视必要的反复。知识本身的逻辑系统是线性的、单向的，然而这种知识系统一旦经过改造，构成学科教学体系，就不能不考虑到学生的身心特点和认知水平，就不能不考虑到知识转化为能力、能力转化为习惯的客观规律性。因此，某些重点知识和重点学习行为的重复出现，是完全必要的。当然，这种重复绝不是机械的简单重复，要尽可能使之在新的认知背景下得到进一步的巩固、深化和发展。

3. 要在教育教学目标的制约下使内容形成一个整体。一个单元是内容优化组合的基本单位，它应该是个相对独立的整体；若干单元构成一册教材，这一册教材也应该是个整体；若干册教材构成一套教材，这套教材更应该是个整体。所谓整体，在纵向上应由首、腹、尾三部分组成。首，即教育教学目标的确定；腹，即目标实现的过程和方式；尾，即目标实现程度的检测。在这里，确定目标是关键。在确定目标时，既要考虑"显目标"（语文知识和能力的目标，即教学目标），又要考虑"潜目标"（认识水平、情感体验、文化素养等，即教育目标）。从严格意义上说，一套完整的教材，应有一个从整体到局部的目标系列，以及与之相应的目标测试系列。

我们试编的初中语文实验教材，名为"单元合成，整体训练"，意在探索汉语文教学内容优化组合的途径。这套教材一共编排 38 个单元，由阅读、写作、语文基础知识三条线串联成整体；每个单元，既是读、写、知三者相互配合的小综合体，又是整套教材的一个阶段训练单位，它以课文为例子，按照由感性到理性的认识规律，把传授语文知识，培养语文能力和习惯，帮助学生掌握学习语文的方法等紧密结合起来，以期形成具有整体综合效应的"集成块"。

功能的延展发挥

汉语文教材应当具备三项功能：教学功能、教育功能和发展功能。教学功能体现在汉语文知识的传授和汉语文理解能力、表达能力的培养上；教育功能体现在范文诵读过程中思想营养的吸取和情感生活的充实，以及其他非智力因素的锤炼上；而发展功能则体现在以教材为端点，从有限向无限的延伸、开拓。

汉语文教材，受制于教学计划所规定的教学时间，其容量总是有限的。而实际生活中需要掌握的汉语文知识，需要养成的口头和书面的理解能力和表达能力，从长远来看，又是无止境的。解决这"有限"与"无限"的矛盾，首先要对编进教材中的"有限"的内容进行精心剔选，从中提炼出"中心元素"，并充分注意去显示这些"中心元素"的派生力和结合力，努力做到以简驭繁，以"少少"胜"多多"。这就是教材的延展性与知识的优化选择的内在联系。其次，按照系统论的观点，整体大于局部之和。当各个"中心元素"被优化组合起来，并在特定的目标制约下，相互渗透，相互为用的时候，其实际发挥的功能将远远超过整体内部各"中心元素"所发挥的功能之和。这是教材的延展性与内容的优化组合之间的内在联系。因此，知识的优化选择和内容的优化组合，是使教材的功能得以延展发挥的两个必不可少的条件。

除此而外，教材功能的延展发展还得注意作业系统和助读系统的优化设计。

汉语文教材的作业设计，一要重视题型求新。作为社会交际工具，汉语文运用的场合是多种多样的，检测学生实际运用汉语文来表情达意的能力的方式方法也应当多种多样；而且，也只有用新颖多样的题型让学生去练习，才能激发起学生的兴趣和求知欲。二要重视语感培养。汉语文具有形象性、意会性和体验性的特点，因此，过分追求"客观性"，一味迷信"标准化"，对锻炼汉语文的运用能力是不相宜的。三要重视语言揣摩。汉语文理解和表达能力高低的重要标志之一，是对同义现象和同义形式的精微缜密的判断力。因此采用比较法指导学生对别人或自己所选择的词、语、句进行揣摩，对于提高和发展学生的语言辨析能力大有裨益。四要重视多向延伸。汉语文是在实际生活中广泛运用的工具，汉语文的教学必须贴近生活。教材中的作业设计，在内容上要有意识地延伸到学校生活、社会生活的各个领域中去，延伸到学生学习的其他学科中去。五要重视知识迁移。已知是探求新知的基础；课内是向课外辐射的轴心；汉语文知识与其他学科知识又往往具有可资比较的联结点，因此以"联想"为媒介，引导学生在无限广阔的空间去运用自己已经掌握的知识，在教材功能的延展发挥上具有十分重要的意义。

助读系统是编者为学生自学提供的文字材料或图表。如果说，教材对于学生来说是"不出声的教师"（音像教材除外），那么这位"教师"与学生联系的主要渠道之一就是助读系统。因此，助读系统的优化设计，也是教材延展性得以充分发挥的重要条件。助读系统，要讲究文字的清通、精炼，有示范性，自不待言。除此而外，还要：一、注意学生的认知背景，即学生原有的知识储备和能力基础；二、注意学生的认知心理，努力增强文字的可读性和吸引力；三、注意符合学生的认知过程，即遵循由浅入深，由感性到理性，由搀扶到放手的路径，逐步提高学生智力水平和举一反三、触类旁通的能力。

理论思考是重要的，把这种思考的结果付诸实践更重要。理论思考要获得正确的结论固然不易；有了结论要让它在实践中经受得住检验更加不易。我们在试编初中汉语文"单元合成，整体训练"教材的前后，对汉语文教材的建设，从理论上做了一些思考，思考的重点范围在初中，对小学和高中没有直接涉及，因此无论深度和广度都有明显的局限。借此机会，略陈管见，意在就教于同行专家。

（原载于《教育评论》1991年第3期，与朱川彬、洪宗礼合写）

我国现代语文课程教材建设百年的
理论跋涉

在现代语文教育改革和发展的百年历程中，"理论跋涉"是贯穿其始终的主脉，而它的呈现方式又是与一定时期的政治体制、政治环境和思想潮流息息相关：或是针锋相对的论战；或是不同学术观点的论辩；或是多种构想、多种方案的竞争等等。在这些不同内容的论战、论辩和竞争中，相关各方都得据"理"力争，而这就是理论形态在历史进程中跋涉前行的轨迹。因此，我们不妨说，中国的一部现代语文教育史几乎就是一部贯穿着各种论辩、争鸣和探讨的理论跋涉史。

一、语体之争：文言是"半死"的文字

语体问题，是语文教材建设的根本问题，它是传统旧读本与现代新课本重大区别的标志之一。用什么语体来教学生？是用脱离日常口语的文言语体，还是用明白如话的白话语体？对此持不同立场、不同观点，便形成所谓"文白之争"。这一论争在不同历史阶段，有不同的具体内容和呈现方式。

晚清时期中国掀起白话文运动。到民国以后，特别是五四新文化运

动高举"言文一致"和"国语统一"大旗，提倡"民主""科学"精神，白话语体在语文课程教材建设中终于取得了合法地位，占领了文言文一统天下的"半壁江山"。所以，自1922年实行新学制以后的大半个世纪之内，无论是国语、国文并存时期，还是合称语文时期，教科书的编制都是白话语体和文言语体共同入选的。这里存在着文、白比例的配置问题和文、白教材的分合问题。1922年新学制实施初期，白话语体刚刚被选进国文教科书，文、白比例还正在探索之中，到1929年《暂行课程标准》的颁布和1932年的《修正课程标准》的实施，便开始正式规定文、白两种语体的"合理"比例。大致是：初一3：7；初二4：6；初三5：5；高一6：4；高二7：3；高三8：2。

相对于"半死"的文言文，白话语体则是"活语"，是与日常口语较为接近的语体。但它本身还有一个大众化和规范化的完善过程。30年代，由陈望道、胡愈之、夏丏尊、傅东华、叶圣陶、陈子展、陶行知等人发起的"大众语运动"，实际上是当年"文白之争"的延续。其成果是使白话语体更接近大众的口头语。

40年代初在延安开展的"整风"运动中，毛泽东号召："要学习语言""要向人民群众学习语言""要从外国语言中吸收我们所需要的成分""还要学习古人语言中有生命的东西"，要在建设民族化、科学化、大众化的语言方面做出新贡献。所以，在40年代中期，陕甘宁和晋察冀等老革命根据地的中学语文课本中提出把学习"汉语汉文的规律及其主要途径"作为课程目标，为新中国成立以后大力推进语言的规范化奠定了思想和理论基础。直到20世纪末，中国汉语汉文发展史上第一部国家法律《中华人民共和国国家通用语言文字法》颁布，从此语言运用规范化要求纳入了法制轨道，语文教科书编制中的语言文字工作才有了法律的依据，这时，已经过了近百年的曲折历程。

二、课程之议：目标和内容的分合和繁简

在百年历程中，真正意义上的语文课程研究，始于 1922 年学制改革的时候。1923 年在新学制下制定的国文课程标准，是在新旧教育思想激烈交锋、教育革新派对语文教育领域各种矛盾和问题展开充分讨论的背景之下产生的。

关于语文课程的讨论，主要涉及两个问题：一是课程目标，即"为什么教"；二是课程内容，即"教什么"。这里先说课程目标。在百年历程中，对于语文课程目标的议论及其认识成果，我们认为真正具有历史价值的主要是四个方面。第一，是关于语文课程目标分学段递升的规定。第二，是关于课程目标的"分解型"规定。第三，是关于课程目标的理论提升。第四，是关于语文课程目标的实施策略。对于语文课程目标的呈现方式也好，理论提升也好，最终都要归结为具体的教学行为。新中国成立以后，特别是进入改革开放的历史新时期以后，在"教学行为"的规范化描述方面，又大大地前进了一步。在上个世纪 80 年代以后，中小学语文教学大纲的"课程目标"一律改称为"教学目的"。其表述方式旨在更准确地揭示出所谓"主副目的"或"双重任务"之间在教学实践中的相互关系。最典型的方式是插入"在听说读写训练的过程中"或"在教学过程中"之类的话语，以揭示前后目的任务之间的相互关系，避免出现"失衡"现象。

再说课程内容。在百年历程中，关于语文课程的内容，我们认为值得载入史册的恐怕主要有两件事。其一，是课程内部"学程"安排的由简到繁和由繁再到简的历史过程。其二，是汉语、文学分科改革的尝试。从严格意义上说，新中国成立后语文课程内容的最大变动是 50 年代中期的汉语、文学分科改革。对于"国语"和"国文"二科的区别，30 年代著名学者程其保的理解是："国语一科，在求能应用以表示自己

的思想及从语言与文字中以明了别人的思想。国文一科，则注重在使学生了解文学的形式及内容，因此发展感赏阅读的习惯。"他认为这两种科目的价值与目标，必须分别清晰，否则，造成的后果或者"过于重视文学，因之使语言一科的分量减少"，"或使语言的学习只附带在文学的学习中"；或者"不明白文学教学的意义，因之采取语言教学的方法用之于文学的学习"。① 可惜这种充满睿智又符合世界发展潮流的卓见，竟一直未被人们重视。唯有张志公在 80 年代中期第一次明确提出了他个人的见解："从初中起，增设文学课。"② 这尽管是著名学者的个人见解，对政府文件的制定并未产生直接影响，但他的远见却足以给人深刻的启迪。

在 20 世纪末，一项具有里程碑意义的国家级重点课题"中外母语教材比较研究"，其终结性成果是由江苏教育出版社出版的五卷本研究集，充分显示了研究者们的历史性贡献。其中重要成果之一是发现世界上多数国家母语课程都是分语言和文学两大类的。语言类课程的基本任务，是学习语言和语言运用的规律性知识，包括口头的书面的理解和表达，重在应用；文学类课程的基本任务则是学习本国的文学名著，以及在世界文学史上享有盛誉的其他国家文学巨匠的名著，重在鉴赏。如果这样处理，那么在中国由来已久的一些论争，大致可以平息了。

三、课文之异：撰文和选文各得其宜

在语文教科书中，课文的功能主要体现在三个方面：一是示范，二是凭借，三是传递。可是，课文在小学和中学语文教科书中的编制方式却是大异其趣，而又各得其宜的。小学语文教科书的课文编制，主要特

---

① 程其保：《初级中学课程标准之讨论》，《教育杂志》第 9 号 32 卷。
② 张志公：《语文教学过程规划的初步设想》，《课程·教材·教法》1984 年第 6 期。

点是编者撰文而非选文。在儿童学语文的起步阶段必须由编者根据汉字汉文的特点和儿童学习母语的生理心理规律撰写课文，方能循序渐进，收到实效。

为小学生撰写课文，必须注意以下几点：一是要写出由简到繁的顺序；二是要写出由浅入深的梯度；三是要写出由浅显的文言语体逐步转为纯正白话语体的变化；四是要写出儿童的情趣。"五四"时期，周作人等人提倡儿童文学，直接影响到小学国语教科书的编制。1927 年沈百英等人就提出要"儿童文学化"。

小学国语教科书的课文都得由编者撰写，这又有两种情况：1. 这主要是指小学的低、中年级教科书中的课文，高年级就已经有少量的选文了，正如中学国文教科书，大量的是选文，也有少量是由编者或其他作家特为撰写的一样。总体如此，个别可以例外。2. 所谓自撰，后人曾做过分析，并非全是编者的创作。儿童文学家兼国语教科书编辑陈伯吹在 1947 年写的一篇文章中说："小学教材，除一小部分的'创作'以外，一大部分都是'改编''重述''节选''采用'着儿童读物。"可见，这种"创作"与"再创作"（即陈伯吹所说的"改编、重述、节选、采用"之类），大概是小学国语教科书编者"自撰"的通例。

中学语文教科书的课文，它不再是由编者撰写而是由编者选取，即从大量优秀的语言作品中按课程标准或教学大纲的目标要求，编者拿出眼光，取我所需。

我国是"文章大国"，用文章中的精品供人们诵读是有悠久的历史传统的，这就是所谓"文选"型读本。在 20 年代，穆济波的文白分编本、叶圣陶等人的文白混编本、孙俍工的白话文学本产生的影响较大。原因有下列两点：首先是开拓了文言、白话两种不同语体文的新领域。例如，大胆地选录了今人的文言作品，历来都不被旧选本所重视的文言小品类作品，也因其切合实用而被选用；古代戏曲也被酌量选入初中国语课本。至于白话语体，有些读本开始选录《水浒传》中一节《景阳冈》。同时，还大量选录了白话语体的译品，如周作人译、丹麦安徒生的《卖火柴的小女孩》，胡适译、法国都德的《最后一课》，等等。其次是改进了选文的编法。选文言语体时，兼选白话语体的译作，即文、白对译本。为适应现代中学生学习的需要，对文言语体的课文做了某些必要的删改。这些编法的改进，均为后世教科书编制所沿用。

新中国成立后，中学语文教科书的编制工作，由人民教育出版社中学语文编辑室组织实施。而人教社社长，是由著名语文教育家、时任教育部副部长的叶圣陶兼任。叶氏通过座谈、讲话、批示、书信等多种方式，悉心指导中语室编辑人员革新编辑思想，改进编辑工作，形成一套语文教科书编制工作的成功经验，并使之成为人教社教科书编辑的优良传统。

首先，是要求在坚持政治标准第一的前提下切实把好选文关，使入选课文努力做到"文质兼美，适合教学"。

第二，是从"适合教学"出发，在精选短篇杰作的同时，从长篇巨制中通过"节选"找出既能反映原作的精华，又能独立成篇的精品。在语文教材资源上又开出了一条新路。

第三，是从普及科学教育，培养学生科学文化素质出发，高度重视科普说明文的选用和改编。

第四，是使传统篇目、基本篇目、新增篇目、背诵篇目和推荐篇目（书目）等等构成一个中学语文教科书课文篇目系列，给整个中小学语文教科书编制的过去、现在和未来在课文领域实现了系统"链接"。

第五，是为了提高教科书的编制质量，语文教科书编者把"走群众路线"的政治经验移用到教材建设中来。用一位有成就的编者的话说，是"高价收买"对教材的批评意见。

四、组元之变：从"分类分组"到"单元组合"

不管是小学撰文，还是中学选文，撰选之后所要解决的是如何编排，如何组合，使之更适合教学，更符合中小学生学习汉语汉文的身心发展规律。

1906 年上海集成图书公司出版的黄（守孚）编本《初等国文教科书》，因受日本国语教科书编法的影响，明确采用了"单元制"：每册分九个单元，每个单元编列四篇课文。其中前三篇围绕一个中心，内容前后连续，最后的第四篇是"复习"，列出本单元需要复习、需要学习掌握的生字词。这种编法具有开创性质，也可以说是开新式小学国文教科书试行"单元制"的先河。

五四新文化运动以后，特别是 1922 年颁行新学制以后，小学国文教科书的编法又有了新的变化，主要是体例上从"故事连续"的单元制逐步改变为"内容相关"的单元制，增加了自由度。

在新中国成立后到进入改革开放新的历史时期，小学语文教科书的编制体例更有了长足的发展，主要是因为在教学理念上更注重小学生自主学习能力的培养。这时的语文教科书，把阅读课文分成三类，即"讲读课文""阅读课文"和"独立阅读课文"。每个单元都由这三类课文构成。这种编法体现了叶圣陶先生"逐渐去扶翼，终酬放手愿"的导儿学步精神。另外，还编有"写作教材"，主要采取"从内容出发，从内容到形式"的做法，避免学生凭空瞎编或光注重形式而忽视内容的偏向，创造性地在单元结构中编入"习作例文"，让学生学有依傍。高年级则编入"读写例话"，介绍并提示某些带有规律性的读写知识。

进入 90 年代以后，又有所创新，主要是在原来设置"独立阅读课文"的基础上，干脆单独编制"自读课本"，与课堂上正式使用的教科书配合起来，扩大了学生独立阅读的范围。为了在作文的起步阶段就设法打开学生思路，则取消原来的"习作例文"，由"读写例话"替代，加快了培养学生写作能力的步伐。

到 90 年代末，经过百年风雨历程，小学语文教材编制算是达到了一个较为接近理想的水平，其间的发展脉络清晰可见，这为以后新的百年历程提供了极其宝贵的财富。

在新式中学堂兴办之初，原是沿用晚清流行的古诗文选本，那是不得已而为之。而 1904 年出现嘉定许贵编的《中学文粹》，1908 年出现林纾编、商务印书馆出版供四年制中学用的《中学国文读本》，1910 年吴曾祺编、商务印书馆出版供五年制中学使用的《国文教科书》，都是只选历代名家散文，不录诗词歌赋，散文中重点选录书、论、传、记、事、铭、表等各体，注意到切合实用。自《昭明文选》以来，各式选本，都重在选散文。许、林、吴诸家的编本继承了这一传统，在中学堂里让中学生专读切合实用的散文。这又开了后世中学国文教科书重在选编古代和现代散文的先河。

1915 年谢无量编、中华版《新制国文教本评注》问世。它的贡献主要在"编制体例"方面，一是开创了以体裁编列单元的新体制，而且它把原来意义上的"单元"扩大称为"编"，构成"大单元"制；二是标榜"评注"，每篇选文都设有题解、作者简介、夹注夹评、顶批、黑白圈、总评及注释，内容详备，便于研读。如果说，中学语文教科书编制中除了课文系统之外，还有帮助学生阅读的助读系统，应当说这部谢编本是最早重视这一系统并付诸实践的一种。

1922 年实行新学制后，文、白两种不同语体在中学语文教科书中并存的局面已经形成。其间稍有历史价值的是 1920 年浙江一师的语文教育革新派夏丏尊、陈望道、刘大白等，从研究白话选文的教学方法转而形成改革白话选文编法的主张，那就是著名的"以问题为线索"的创新尝试。另外，1922 年孙俍工和沈仲九合编的初中用《国语文读本》，从选文的内容和文体看，可以认为它是"五四"以后中国第一部专选中外白话文学名作的"文学"课本。严格意义上的"单元组合"尝试，则是起始于30年代。那时，经过较长时间内人们在编制体例方面的多角度探索，积累了相当丰富的经验，同时，一些有关文章作法、语法修辞等语文专门知识的论著也陆续问世。在这样的背景下，人们便开始设想把一些相对成熟的语文基础知识，特别是读写的知识有计划地编进一般文选型的教科书，使之形成一个或整或散的语文知识系统，于是"单元组合"在内容和编法上都愈趋复杂起来。

在新式文选型教科书中，有意识地编进系统的语文基础知识短文，开创者当推著名文学家赵景深和傅东华。赵景深编的一套初中用《混合国语教科书》，由上海北新书局于1930年出版。所谓"混合"，就是突破原来文选型的体制而编入相关的文法、作文法和修辞法的知识，使文选和语文基础知识"混合"起来。傅东华编的复兴初、高中《图文》，由商务印书馆于1933年出版，在旧中国使用时间长达十多年，一版再版，影响至巨。这套教科书的最大贡献，就是在选文单元中有计划地穿插编入了系统的"习作教材"，开创了读写教材混合编制的新体例。

在现代语文教材史上具有划时代意义的是1935年夏丏尊和叶圣陶合编、由开明书店出版的初中用《国文百八课》。这套教科书的编法及其特点，论者众多，此处不再赘述。至于抗战后期，由胡乔木主持、陕甘宁边区政府教育厅出版的《中等国文》，在综合单元的组合上，首次提出了学习和掌握"汉语汉文的基本规律和主要用途"的全新理念，并将以此写成的知识短文列入各单元的正式课文之中，使语文规律教育、政治思想教育、文化知识教育三者的辩证关系得到较为鲜明、严整的体现，这又是一个新的创造性构想。

在新中国刚成立的岁月，中学语文教科书的编制因为要尽快适应新形势的需要，工作显得相当仓促，一切都是临时性的。

在单元组合方面，继续沿袭旧中国解放区和国统区的成功经验而编制的中学语文教科书，是1963年重订《全日制中学语文教学大纲》，重新强调加强"双基"之后由人教社编辑出版的全日制初、高中《语文》课本。这套课本选文按单元制编排，在部分单元的后面编写了适合初中或适合高中的知识短文。这套建国后第四部新编中学语文教科书是众多专家学者集体智慧的结晶，它的历史性贡献，后人不能也不该遗忘。

进入80年代改革开放时期，由于坚持解放思想、实事求是的思想路线和"实践是检验真理的唯一标准""摸着石头过河"的鼓励试验、提倡创新的改革氛围，所以在中学语文教科书单元组合的内容和形式上又出现了新的、更加多姿多彩的面貌。

第一，受"养成学生自主学习的能力和习惯"这种新理念的支配，对单元组合中各篇选文作分类处理。前面已经提到小学课本的编法，中学课本同样如此。

第二，是努力改进语文基础知识短文的内容和写法，使之更具实效性。

第三，在单元组合的编制依据上作了多向探索，使中学语文教科书的编制体例呈现出多元的色彩。

在1997年下半年掀起的、被人称为关于中国语文教育的"世纪末社会大讨论"之后，全社会尤其是语文教育界对近百年来中国语文教育发展的是非功过、成败得失作了全方位、多视角的反思。一时间，用"百年"如何如何为标题的论文在各种语文教育报刊上时有出现。这些论文，总的说来都是能给人以启发的纵向研究成果。但我们认为，对世纪之交中国语文教育近期改革目标和未来发展趋势影响更为深远的，恐怕要数江苏省泰州中学语文特级教师洪宗礼在南京大学语言学教授、博士生导师柳士镇支持下共同合作主编的《中外母语教材比较研究》丛书五卷本。

研究发现，国外母语课程教材建设中有许多闪光的东西值得我们学习、研究和借鉴。在课文选编上择其要者有两点，一是选文的总体范围除文学类外，还有非文学类，可见在国外除了重视文学和文学史的教学以外，也很重视配合现实需要的非文学类各体实用文章的教学；二是课文编制重视专题的、高度综合的单元组合法。第一点对我们片面重视文学类选文，而忽视实用文章的选用，是能产生纠偏作用的；后一点则为我们在原有基础上发展并创造出更具时代特征、更有利于培养具有现代综合素质新型人才的单元结构模式。

五、汉字之位：汉字之树常青

自古以来，蒙童入学，首先要解决的是识字写字问题。所以，自周秦至汉魏，诸种蒙书，都是体例、编法各不相同的识字课本。"启蒙"与"识字"几乎是一而二的两个紧密关联的名词。可是清末民初，新式学堂诞生之后，特别是五四新文化运动之后，汉字的地位却发生了历史性变化。所谓"革新派"人物，分成了两股力量：一部分人鉴于汉字认读的繁难，有碍于普及教育和开发民智，主张用拼音文字取代方块汉字，持"汉字必废"论。另一部分人，特别是留学海外的一些新进学者都在研究汉字汉语的特点及其学习规律，持"汉字必存"论。

到五四新文化运动之后，这两派的势力都有增长的趋势。"废止汉字"派，由于有公开的"革新"头衔，所以声势造得很大。可以说，这是一支层次极高的"汉字革命军"①。难怪 2000 年 1 月由"汉字与文化丛书"编委会编辑、辽宁出版社出版的《丛书·总序》中说："从 19世纪末开始，汉字一直处在受批判的地位。从'汉字落后'进而发展到要'废除汉字'。中国也要走拼音文字的道路，似乎已成定论。直到

---

① 费锦昌：《中国语文现代化百年记事》，语文出版社 1997 年版。

20世纪80年代，人们重新反思汉字的优越性，才不再盲目附和，并进而打破了舆论一律的僵化局面，同时，也否定了以往把汉字改革生硬地纳入社会改革、政治改革轨道的错误思想和做法。"这番话反映了现代汉字改革史上一段复杂而曲折的论争过程。

另外一方面，留学国外的一些教育学家和心理学家，都在一些著名大学里用科学实验的方法对汉字汉语的特点及其学习规律进行科学研究，为中小学语文教科书在识字教学、读写训练乃至版式设计等方面提供了切切实实的科学依据，取得令人瞩目的成绩。

如果把20世纪80年代"重新反思汉字的优越性"，作为建国后小学语文科汉字教学状况的分界线的话，前后可分为两个阶段：自建国之初直到1963年新教学大纲制定，是谨慎地对待汉字教学的阶段，这算是"前期"；自1977年后直到20世纪末，是创造性地对待汉字教学阶段，这属于"后期"。前期的状况，值得重视的举措有：第一，汉字的识字量逐年有所增加；第二，在汉字教学方法方面，从"随课文识字"发展为"集中识字"，效果人人提高，这显然是吸纳了1958年辽宁北关实验学校"集中识字法"实验经验的结果。① 可惜这样一种汉字教学的积极成果，却因"文革"风暴的袭来而竟成为批判对象。

在改革开放的新的历史时期，即进入"后期"，小学语文科的汉字教学又出现了一些新的变化。首先是着眼点不同了，即主要目标不再是"识字量的多少"，而是着眼在教给学生"识字的方法"，这是汉字教学观念的大变化，正确处理了"鱼"和"渔"的关系。其次是在众多识字教学改革实验的基础上，吸纳多种方法努力提高识字教学效率，使识

---

① 何慧君：《在改革中前进——35年来小学语文教材编写工作》，《课程·教材·教法》1984年第5期。

字教学实验成为促进汉字教学提高效率的积极推动力。① 这"后期"概况，说明这个时期对汉字的优越性及其未来前景已有较清醒的认识，并在教科书的编制上摆正了它的位置。

六、程度之辩：语文课程评价之尺度

这里所说的"课程评价"，主要是指课程实施后实际效果的评判。

在旧中国，对"中学生国文程度低落"的议论，此起彼伏，几乎没有停止过。甚至到 20 世纪 40 年代，著名文学史家罗根泽竟发出了"抢救国文"的呼号，形势不可谓不严峻。在建国以后的改革开放之初，讨论到语文教学如何提高效率的时候，有位年长的教师竟被触发起了真情实感，他认为要论中国语文教育的质量，那么"五四"以后不如"五四"以前，抗战以后不如抗战以前，建国以后不如建国以前，"文革"以后不如"文革"以前。不料到了 90 年代，人们在语文教育的改革之路上已经苦斗了十多年，却有人公然说：在语文教育问题上，"现代人还是搞不过古代人"。从这个意义上说，我国现代语文教育的百年，可以用两句话来概括：现代语文教育是在探索中前进，在前进中探索，不断有所发现、有所发展、有所创新的百年；现代语文教育又是在不断的斥责声中摸爬滚打，在摸爬滚打之后仍然不断受到斥责的百年。

在旧中国早期的语文课程纲要或课程标准中，都有"毕业最低限度"一项，说的是小学、初中、高中各学段的毕业生最后至少要达到的程度（或水平）。新中国成立后历次的语文教学大纲就不再沿用这一概念，因为这"最低限度"实在难以确定，于是改用"教学要求"，分项

---

① 陈国雄：《不断探索，不断前进——新中国成立以来小学语文课本的编写》，《课程教材研究十年》，人民教育出版社 1993 年版。

说明，可能较易把握。但是，"最低限度"也好，"教学要求"也好，作为课程标准或教学大纲，因为是代表国家意志和社会需求的，所以必须有这样的规定。而实际上，由于种种原因，这种"规定"实施后的情况会千差万别，甚至有很大差距。

这是个实际问题，也是个理论问题。第一，要实事求是地认清语文学科特殊的"难处"。第二，在课程评价中要坚持科学方法，做到"言之有据"。第三，要体现一种科学精神，具体情况具体分析，讲究辩证法。考察当前中学生的国文程度，也必须坚持用全面的、发展的、前进的观点，力戒片面性。第四，对待课程评价，关键还是要有科学态度，要有谋求改进、使之逐步完善的目标意识。

可是在80年代末、90年代初，因高考语文试卷实行"标准化"改革试点，在"应试教育"占主导的形势下，引发起一股全国性的机械操作、"大运动量训练"的歪风，使语文教学应有的自主性、情感性等等都被那种一味追求答案"标准化"的客观题的题海所淹没。于是仿佛历史所呈现过的"轮回"那样，在90年代中期，语文学科的基本属性和任务再次受到怀疑，一场所谓"世纪末的社会大讨论"终于在全国掀起。对于这场讨论的是非功过，至今没有权威性结论；但语文课程改革和语文课程标准的重订，却在世纪之交拉开序幕。我们可以相信，中国当代语文课程教材改革，通过再次奋斗，一定会离理想的彼岸越来越近。

七、文道之间：一枚金币的两面

文、道之间究竟是一种什么关系，是现代语文教育百年历程中一个十分重要又多有争议的理论问题。文和道、言和志，说的都是语文的形式（文或言）和这种形式所表达的思想内容（道或志）之间的表里关系。五四运动后，文白两种语体之争中，新派和旧派的注意力最初都放在"语体"（"文"）上，而后新派人物发现由"文言语体"学习会深入到文言语体所表达的封建伦理道德的旧传统、旧观念，进而为守护"白话语体"而大力宣传用"白话语体"表达的科学与民主的新文化、新观念（"道"）；旧派人物则从卫护"文言语体"出发坚守封建伦理道德的旧传统、旧观念，进而抨击新文化、新观念（"道"）。对立双方，营垒分明。可是他们注意力都不约而同地集中到"道"上来。因此，从语文教育角度说，便产生了偏颇。这样看来，语文教学必须坚持以语文知识的传授和语文能力的训练为主，使语文形式训练和思想精神训练均衡发展，各得其宜。

只是到了新中国成立之初，因批判旧有道德观念和封建买办思想，宣传新的道德观念和社会主义政治方向，需要在语文教育的课程教材建设中突出政治性和思想性。这就导致了"文"和"道"一时的失衡，引起了50年代末的那场所谓的"文道之争"。1961年12月，《文汇报》发表社论，对这场讨论进行阶段性小结，指出："就一篇课文来说，内容和形式、思想和语言原是密切联系，谁也离不开谁。""根据语文教学的要求，教师指导学生学习课文，不仅要使学生知道所学的课文表达了什么思想，更重要的是要使学生懂得作者是如何运用语文这个工具来表达其思想的，并通过基本训练，使学生学会如何运用语文来表达自己的思想。"根据"文道之争"得到的共识，引出了两个积极成果：一是1963年制订的大纲，提出了语文教学要突出基础知识教学和基本技能训练的所谓"双基"目标；二是明确了中学语文教科书的选材标准和范围。

对于正确处理文道关系的问题，上个世纪60年代前期语文教育界在认识上已经趋于一致，并在实践上通过新大纲的拟定和新教材的编制已规范了教师的教学行为。可是在"文革"风暴的袭击下语文教育又成了"重灾区"之一，文和道的关系，被歪曲，被颠倒，造成语文教学质量的严重下降。所以在结束十年内乱、历史进入改革开放新时期的时候，语文教育界首先要解决的问题，是重新确认语文学科的性质和教学目的。当时所达成的共识，大致可以概括为这样四句话16个字：循文明道，因道悟文，文道统一，不可偏失。可是，在20世纪的最后岁月里，"文"和"道"的关系一时被"工具性"和"人文性"这两个概念所取代。而究其实质，还是当年"形式"和"实质"、"独有"和"共有"等等概念在新时期的翻版。为此，我们认为，对于语文教材建设中"文"和"道"关系的认识和处理，近百年来经过长期的理论跋涉和实践探索，既已基本达成共识，那就不必一有"风吹草动"便又"旧事重提"，仿佛在这里还可能翻出多少"创意"来。

我们试图把百年历程中，人们围绕中小学语文课程教材建设这个核心问题在语体、课程、课文、组元、汉字、程度、文道等七个方面的理论跋涉作个粗线条的勾勒，希望能多少揭示出教材编制中某些历史经验和值得记取的教训，为建设新一轮的中小学语文教科书服务。我们期待着新的百年，中国语文教育将在继承中创新，在创新中发展，并根据汉语汉文的特点及其学习规律开辟出更新、更广阔的路，为培养新世纪需要的高素质、复合型人才做出应有的贡献。

（原载于《江苏教育研究（理论版）》2008年第8期）

语文教学实践

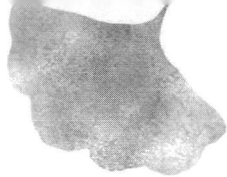

浅谈教学目的的确定①

  教学过程是一种特殊的认识过程。它的特殊性主要体现在：它是一种根据特定的目的有计划地组织各项教学活动以促进学生德、智、体、美、劳全面发展的过程。因此，任何一门学科的教师，在探索本学科教学规律的时候，首先要研究解决的问题是：如何正确认识和科学规定教学的目的。

  教学目的具有多种性质。

  第一，定向性。教学目的是全部教学活动所要追求、所要达到的目标，它对于教学过程中的每项活动的内容、方式、步骤等等都具有"定向"的性质。例如小学阅读教学中的"预习"环节，现在已被越来越多的教师所重视。那么，这"预习"环节的作用究竟是什么呢？由于

①《师范教育》编辑部从 1987 年第 7 期开始，开辟了一个专为小学语文教师提高教学水平而设的专栏"小学语文教材教法辅导讲座"。编者特地在栏目前写了一段话，其中说道："值得高兴的是，一些专家和特级教师欣然允诺，将就小学语文教材教法研究中大家关心的问题为讲座撰稿。"他们事先请我预拟了讲座计划。根据我的建议，初步列出了 10 至 12 个专题。大概因为我是"始作俑者"，所以这"第一讲"非让我写不可。这就是《浅淡教学目的的确定》，发表在该刊 1987 年第 7 期。1993 年 5 月，因作系列报告的需要，又对此文作了修改。后杨九俊主编《六年制小学语文备课大全》，于是又被选入《大全》，1993 年 8 月出版。——作者注

对教学目的的理解不一样，因此对预习的作用在认识上也不一样，从而在安排预习环节时做法上也不完全一样。有些人认为阅读教学的目的在于使学生读懂每一篇课文，理解课文的内容和形式，掌握课文中有关的字、词、句、篇的知识等等，因此在教师讲授新课之前安排预习环节，只是为了让学生预先读读课文、查查字典，以便在听老师讲解课文的时候可以减少些"文字障碍"，减少些"思路梗阻"，用较少的时间取得更好的效果。这些教师在讲完一篇新课文之后，总是这样"布置"预习作业："请大家把下一篇课文认真地读一读，有自己不认识、不理解的生字生词画出来，查查字典词典，看自己能不能解决。"等到讲新课，就先用三五分钟时间检查一下全班预习的情况，然后开始讲课。另一些人不同，他们确定阅读教学的目的主要是提高学生独立阅读的能力，培养学生独立阅读的习惯，因此教师在组织全部教学活动过程时把预习当作是指导学生"独立阅读"的一个重要环节来对待，不但有计划地安排预习内容，而且循序渐进地指导阅读方法。这些教师不把预习安排在课外，而把它安排在课内，让学生在教师指导下"独立阅读"。由此我们可以发现教学目的在处理预习环节时的"定向"作用。教学目的的定向性，就使它成为一种对于教学活动中每个环节的潜在的支配力量。

第二，层次性。教学目的的内涵是多层次的。就小学语文教学而言，它有总的教学目的。小学语文课义务教育全日制小学教学计划中规定小学语文课要"使学生学会汉语拼音，掌握常用汉字，会说普通话，打好听、说、读、写的基础，初步培养观察思维能力，并进行思想品德教育和审美教育"。这就是总的教学目的，它统率并制约着小学语文教学的全部活动。而语文学科又是一门综合性的基础学科，它的内部包括了识字写字教学、听话说话教学、阅读教学、作文教学、课外语文活动等若干组成部分，其中每一个组成部分又都分别有自己的教学目的。这些分项的教学目的，都服从于本学科总的目的要求。分项的教学目的体现在教学实践中，就是具体的教学要求。

教学目的的落实要凭借切实可行的教学计划。因此，教学目的的层次性还体现在学科的教学计划之中。按年级来说，有分年级的教学计划，这分年级的教学计划应该有分年级的教学目的；按课本来说，有分册的教学计划，这分册的教学计划应该有分册的教学目的；按单元来说，有分单元的教学计划，这分单元的教学计划应该有分单元的教学目的；按课文来说，有分课文的教学计划，这分课文的教学计划应该有分课文的教学目的；按课时来说，有分课时的教学计划（即教案），这分课时的教学计划又应该有分课时的教学目的；按教学环节来说，有分环节的教学计划（即教学实施步骤），这分环节的教学计划还应该有分环节的教学目的。如此等等，体现出环环相扣的教学目的的层次性。教学活动本身是一种有目的的特殊认识活动，因此活动中的每个步骤都应该有自己确定的目的，从而在总体上形成一个连锁式的严整周密的教学过程。

第三，相对性。目的和手段是对立统一的一组概念。它们之间是可以相互转化的。比如人们要过河，这"过河"就是目的。而为了要过河，就必须解决船或桥的问题，这"船"或"桥"就是手段。当眼前还没有"船"或"桥"的时候，找船或搭桥就又成了目的。由此可见，目的和手段都具有相对性。教学目的的层次性，在这个意义上正反映了它的相对性。我们要实现小学语文教学的总目的，就必须切切实实地抓好认字识字、听话说话、阅读作文等各项教学目的的落实。这后者就是实现总目的的手段。同样，我们要实现阅读教学的目的，又必须切切实实地抓好分年级、分册、分单元、分课文、分课时的教学目的的落实。这后者又是实现阅读教学目的的手段。清楚认识这一点，在实践上有重要的意义。因为只有认清了这一点，我们在实施教学的每一个步骤上，才能自觉地意识到自己安排的教学内容和设计的教学方法都不过是实现某种教学目的的手段，而不致陷入盲目性，也不致流于随意性。

　　教学目的的相对性，还意味着它内部构成因素的单一性和丰富性的辩证统一。语文学科就其本质属性来说，它是一门基础性的工具学科，因此教学生掌握语文工具，使他们能够学会利用语文工具来理解吸收、表情达意，这是语文教学最重要也是最基本的目的。无视这个教学目的，无异是取消语文教学。但是，重要不等于唯一，基本也不是全部。因为语文这个工具是思维的工具，是记录和吸收思维成果的工具。它自始至终离不开思维，离不开使用这个工具的人的思想和感情。这样，人们在学习和使用这个工具的过程中，思维必然要受到锻炼，思想和感情也必然要受到潜移默化的影响。同时，也只有思维受到了锻炼，思想和感情得到了净化和美化，语文工具也才能真正学好、用好。如果不理解教学目的的这种相对性，把语文教学目的仅仅归结为"掌握语文工具"，而忽视了思维训练和思想教育，那就是误把"重要"当作"唯一"，"基本"当作"全部"，整个教学目的也就不可能真正达到。再者，语文教学中还要涉及自然、社会等百科知识，这些知识本不属于语文的范畴，然而它们却是语文这个信息载体所盛载的知识内容，通过阅读大量的课内外读物，学生必然要接触并吸收到各种各样的知识。同时，也只有不断充实头脑中的知识库存，语文能力的提高才能有牢固的"根"。这样看来，语文教学目的从"基本"方面看是单一的，而从整体方面看又是丰富的，必须相对地、互有联系地来理解它，才不致流于片面。

　　从理论上弄清楚教学目的的性质，我们不但可以明白它的重要性，而且也可以明白确定教学目的的依据。

确定教学目的的三个主要依据

　　第一，国家的教育方针以及国家对各级各类学校规定的培养目标。这是我们确定学科总的教学目的的重要依据。国家的教育方针是教育为社会主义现代化建设服务，与生产劳动相结合，培养德、智、体全面发展的建设者和接班人。国家对小学阶段规定的培养目标是："使学生具有爱祖国、爱人民、爱劳动、爱科学、爱社会主义等思想品德，具有良好的行为习惯，活泼开朗的性格和初步分辨是非的能力。要使学生具有阅读、表达、计算的基本能力，学到一些自然常识和社会常识，培养学生的学习兴趣，养成良好的学习习惯，培养观察、思考和动手的能力。要使学生具有健康的身体、爱美的情趣、良好的卫生习惯、劳动习惯和初步的生活自理能力。"这是国家的教育方针在小学阶段的具体体现。我们在确定本学科教学目的的时候，必须牢牢把握住这个总方针和总目标。

第二，本学科的性质和教学内容。国家的教育方针和国家规定的培养目标，是要通过学校的教育工作和各科的教学工作共同来贯彻、共同来完成的。各科教学在贯彻国家的教育方针、完成国家的培养目标过程中，既负有共性的任务，也负有个性的任务。因此在确定各学科教学目的的时候，必须充分考虑学科的性质、必须坚持从本学科特有的教学内容出发。语文学科是一门基础性的工具学科，而语文工具又是盛载信息、交流思想、表达感情的工具；语文学科以识字写字、听话说话、阅读写作等各项语文能力的训练和一系列语文基础知识的传授作为自己特有的教学内容。这就是我们确定教学目的的依据。同样，当我们在研究确定分项教学目的的时候，也必须充分考虑本项目的性质及其特有的教学内容。例如阅读，它是通过文字信息获取知识的一种活动，它以研读各类范文，掌握各种阅读知识和阅读方法，养成熟练的阅读技能和良好的阅读习惯作为自己特有的教学内容。这应该是确定阅读教学目的的依据。至于确定分册、分单元、分课文、分课时教学目的，必须坚持从本册、本单元、本课文、本课时实际的教学内容出发，也是同样的道理，自不待言。

第三，学生生理、心理的特点和学生的学习规律。我们教学的对象是学生，从幼儿园到小学，从小学到中学，各级学校的学生在生理、心理方面各有特点。即使是小学阶段，低年级、中年级、高年级的学生，在生理、心理方面也有差别。我们在确定教学目的的时候，必须正视这些儿童、少年、青年在自身发展阶段上特有的生理、心理特点，否则教学目的就可能因为不符合实际而落空。此外，学习是一种特殊的认识活动，它有自身的规律。由浅入深、由简到繁、由旧知到新知、由感性到理性、由个别到一般、由具体到抽象、学与思结合、心口手脑并用、由知识转化为能力、由能力转化为习惯、触类旁通、举一反三、熟能生巧，如此等等，都是学习活动中的一些规律。确定教学目的，就必须充分尊重这些规律。小学作文教学规定要让学生学会"写自己熟悉的事物"，养成"把自己想写的事情老老实实地写下来"的习惯，这些规定都是从小学生学习作文的规律着眼的，是科学的而不是臆断的。

确定教学目的，是实施教学的头一件重要工作，尽管教学大纲已经为我们规定了教学目的和分年级教学要求，各种教案和教学参考资料又为我们规定了分项或分课的教学目的，仿佛在确定教学目的这件事上，教师个人已经没有什么事可以做了，只要抄录现成的"规定"，照"章"办事就行了。其实不然，对于已经规定的教学目的，执教者必须有深切的理解，并且充分加以消化，使它能成为自觉贯彻于教学活动中的一种支配力量。此外，教学的艺术技巧之一就在于"随机应变""因势利导"，既定的教学目的是否符合执教者面临的"机"和"势"，还要靠执教者自己来判定，并作出相应的抉择。因此，在确定教学目的这件事上，清醒的执教者还是可以而且应该大有作为的。

（原载于《师范教育》1987 年第 7 期）

记叙与体验

——从《小麻雀》的记叙艺术谈起

常说要记叙人事景物，必先学会观察。这是很对的。文章是客观事物在作者头脑中的反映的产物。对于客观事物，不经过观察，不经过作者自己感官的接触，当然就不可能反映得恰好。所以，观察应该是记叙的基础。但是，要使这种记叙能动人，能传神，光靠一般的观察就不够，还必须学会把自己的情融注到观察对象中去，即学会设身处地、贴心着意地去"体验"。老舍的《小麻雀》之所以写得生动感人，重要原因之一就是在记叙过程中能让人们深切地感到作者是用心灵在观察、在感受，因而强烈地产生了情感上的"共振"。

《小麻雀》记叙的事情非常简单：一只受了伤的小麻雀不幸又被小猫咬伤。要把这件事的经过，逼真地写出来，首先需要细致入微地观察：这只受了伤的小麻雀是怎样的一只麻雀？从哪些地方看出它已经带了伤？它见了人怎样表现？后来它又怎样被猫咬住？猫咬住了小麻雀后怎样奔窜？后来这小麻雀又怎样忽然从烟筒里出来？从烟筒出来后它又表现得怎样？作者把这受了重伤的小麻雀捧到卧室，放在桌上时，它又怎样表现？这一切只有通过观察，才能明白，才能反映得准确、真切。老舍就是这样记叙的，而且记叙得十分精细，连这小麻雀"左翅的几根长翎拧在一处，有一根特别的长，似乎要脱落下来"；它"被猫衔在嘴里，只剩一条尾巴和一只小爪露在外边"等等这些细枝末节都仿佛电影中的特写镜头被他一一摄取了下来。这种精细的记叙，当然是凭着精细的观察。

但是，如果老舍的文章只满足于这种由精细的观察而来的精细的记叙，那还是不可能产生现在这样的动人心魂的魅力的。老舍在记叙中还通过一些艺术手段细腻地写出了自己独特的体验。

首先是心理的揣测。文章着重写小麻雀的举动和表现，这些都是外在的，人们可以通过观察获得印象；但小麻雀这些举动和表现究竟反映了怎样的内心活动呢？这就无法通过观察直接得到答案。何况，对于这类小动物来说，它们的任何举止动静都不过是出于动物的本能，无所谓"心理的依据"。但当作者在观察过程中倾注了自己的感情于观察对象，以致把对象当作了具有人类喜怒哀乐情绪的可怜的受害者的时候，他就会情不自禁地要设身处地地来揣测那深藏在这些举动、表情背后的心理活动。这就是从观察进入体验，感情因素在其间发挥着作用。这里写得特别传神的，是小麻雀那双"小黑豆似的眼睛"。眼睛是人类灵魂的窗户，在老舍笔下，它同样也成了鸟儿灵魂的窗户。从这眼睛里，作者最初看到的是"带着点要亲近我又不敢完全信任我的神气"，它"现出进退为难的神情"。这种"神气"和"神情"，是作者在发现了这只麻雀已被伤害之后从它那双黑圆的小眼睛里揣测出来的，而并非小麻雀果真感到什么恐惧、疑虑、委屈和为难。等到麻雀再次被猫咬伤，它的眼神在作者的心目中也产生了变化："它只有那么一点活气，完全从眼里显现出来，像是等着猫再去扑它，……又像是等着猫赦免了它，或是忽然来了个救星""求生与求死的心情都流露在这两只眼里"。作者竟从小麻雀的眼睛里看出了它内心交织着如此复杂、如此矛盾的感情。很显然，这与其说是小麻雀的心理，倒不如说是作者自己的体验和感受。因为在这里，记叙的客体中已经深深注入了记叙主体的感情了。

其次是命运的推断。既然在观察中动了情，那就必然会对观察对象产生一种心灵的通感，表现出一种感同身受的关切。这也是一种体验。老舍在文章中多次表现了他对小麻雀的遭遇、意念和命运的推断，就是这种体验的生动的反映。他从小麻雀的进退为难的眼神里推断出它过去的遭遇："这是一只养熟的鸟，也许是从小便养在笼里的，所以它不十分怕人。可是它的左翅也许是被养着它的或是别个孩子给扯坏了，所以它爱人，又不完全信任人。"甚至还推断出它的意念："它对它自己和对人都没有信心，可又愿意从人那里得到些依靠。"这些"推断"，都是作者把麻雀当作了人类中的不幸者，因此将心比心加以体贴入微的揣摩的结果。最后，从小麻雀获救之后，"它的身子长出来一些，头挂得更低"，作者推断它"似乎明白了一点什么了"，这里更分明寄寓着作者自己的某种热望和信念。可见，那种从观察对象的形貌、举动、表情中去推断它可能经历的遭遇、可能产生的意念、可能获得的幸与不幸的命运等等，这正是观察者情移神迁、深入体验的一种表现。

再次是感情的倾诉。当心理的揣测、命运的推断这些方式还不足以反映作者的内心体验的时候，常常发为感情的直接表露。这已经离开了记叙的轨道而跃入了抒情的激流："想到这里，我觉得很难过。一只鸟儿失去了翅膀，是多么可怜的事情。……它被人毁坏了，可是还想依靠人，多么可怜！"而当这种怜悯的感情一旦与那小麻雀猝然遭逢的新的厄运相撞击，心头竟闪出了可怕的幻影；"我虽然看不见小鸟的头部，可还没有忘记它那双眼睛，那双小黑豆似的预知生命危险的眼睛。现在那双眼睛和我的一颗焦急的心中间隔着一只小白猫"。"我捧着它，好像世界上一切的生命都在我掌中似的"。强烈地表现出作者感情的跃动，是直抒胸臆的神来之笔。

以上这些表现方式，都从不同的方面反映出作者目睹这只哀哀无告的小鸟惨遭重创时那种同情、难受、怜悯、焦灼、关切的内心活动。这些内心活动表明：作者在观察时，取的态度不是冷漠的、无动于衷的，而是爱所当爱、憎所当憎，充满感情的。换句话说，作者在用眼观察的同时，还用心在体验。在记叙文的写作中，要把人事景物写得栩栩如生，让读者仿佛身临其境，感同身受，就不可能没有作者自身的悉心体验。因为用眼观察，只能摹状，只能让读者认知事物；用心体验，才能传神，才能让读者感受到事物的意义、生命和价值。这也许就是说明文强调观察，记叙文更注重体验的原因所在。

当然，体验是否真切、感人，归根到底取决于这种体验是否符合大多数人共同的情感、意念和愿望。老舍写这篇《小麻雀》的时候，还不到 40 岁，虽说人到中年，却始终"童心"未泯。他说自己"虽然将奔 40 的人，我倒还不老。因为对事轻淡，我心中不大藏着计划，做事也无须耍手段，所以我能笑，爱笑；天真的笑多少显着年青一些。"因此他也特别的"爱小孩，花草，小猫，小狗，小鱼"，因为从中他可以感受到现实生活中难以寻觅的天真（《又是一年芳草绿》）。在《小麻雀》里，我们不是分明可以窥见他的那种热爱小动物的清如碧水的童心吗？而这，正是旧中国所有在污浊环境中生活的人们所共同渴求的一种纯真的情趣。至于在记叙中所表现出来的那种对于弱小的不幸者的深切同情，那更是与老舍自身的经历直接有关。他还不到两岁，老家被八国联军的强盗翻箱抢掠，自己则被扣压在破箱底下而幸免一死；及至年长，一家六口的生活，由老母一人支撑，他说："在精神上，我是个抑郁寡欢的孩子，因为我刚一懂得点事便知道了愁吃愁喝。这点痛苦，并不是什么突出的例子，那年月，有多少儿童被卖出去或因饥寒而夭折了啊！"（《吐了一口气》）直到开始谋生自立，还因不忍老母的凄苦而"把皮袍卖掉给老母亲添制寒衣和米面"（罗常培《我与老舍》）。可见，在写作《小麻雀》时的老舍，自己身受的和目睹的都是贫者弱者被欺凌、被戕害的惨况，因此，他一旦目击这只已经受伤的小鸟又被小猫咬伤的场面，就从小鸟那"小黑豆似的眼睛"里体察到所有被蹂躏、被伤害者共有的恐怖与挣扎、希望与绝望、求生与求死等等复杂的感情。这样的体验，就不但是真切的，而且包含着丰富的社会内容，能触发人们由物及人去认识当时社会现实的本质。

总之，记叙文重在写出饱含真情实感的人事景物；而要做到这一点，就必须凭借精细的观察和在观察过程中细致入微的体验。我以为，这就是《小麻雀》的记叙艺术给我们的启示。

（原载于《教学通讯》1983 年第 2 期）

说明与分类

——培养说明能力的一个关键问题

在说明文中，常常要说明事物的类别。所以，分类能力的培养，是说明文教学的一项重要内容。

分类，既是一种十分重要的思维能力，也是一种极其有用的科学研究方法。叶圣陶先生在他所著的《作文论》中曾说："分类的事情有三端必须注意的：一要包举；二要对等；三要正确。"如果把要说明的事物称为"母项"，把这一事物内部所包含的各个小类称为"子项"，那么，分类之后，子项的总和应该等于母项的全体：这就叫包举。当然，在说明事物时，并不是一定要求每次分类都得把子项全部列出；有时择要列举，有时根据说明的需要只举出其中一部分，都是容许的。关键是在行文中要对此加以说明，免得读者误把不完全列举当作完全列举。例如：

> 雪花的形状纵然复杂繁多，但归纳起来，它的基本形状有
> 片状、柱状、星枝状和针状等几种，此外还有这几种形状联合
> 在一起的复杂雪花、带有冻滴的雪花和畸形的雪花等。

（《严冬话瑞雪》）

这尽管已是一段近乎完全列举的文字，但毕竟还不能包容雪花形状的全部，所以用"归纳起来""基本""等"这些词语，以表明分类时这种"包举"的相对性。其次，分类还要求分出的各子项之间，互相排斥，既不能纠缠，也不能越级；如果子项甲中包容了子项乙的一部分，或者子项甲与子项乙不是同级，都属违背分类原则：这就是对等。所谓正确，就是要求取统一的标准，一次分类只能依循一个标准，不能任意变换。人们果真能够按照这样的要求对事物进行分门别类，那就意味着已经具备了相当程度的逻辑思维能力，掌握了一种比较严谨的研究方法了。

说明文中习用的分类法，大致有两种：一种叫作"一次分类法"，就是根据说明的需要，用一个标准给对象分类。如上文所引《严冬话瑞雪》中的那段文字，是用"形状"这个标准来对雪花进行分类，此外再没有其他标准。这就是用"一次分类法"写的。有时候，为了揭示事物内部对立统一的状况，可以对事物作一分为二的剖视，例如把"阶级"分为剥削阶级和被剥削阶级。把"语言"分为口头语言和书面语言（哑人的"手势语"等除外），把"思想"分为无产阶级思想和非无产阶级思想，等等。这种"二分法"，实际上也是一次分类法。

另一种情况，叫作"多次分类法"。常见的有：一、"多角度"的多次分类。对同一个对象，从不同的角度、用不同的标准作多次分类，使读者对这一事物能有一个比较全面的认识。例如：

辞典是汇集语言里的词语，按某种次序排列，并一一加以解释，供人查阅的工具书。普通辞典汇集通用的词语；专科辞典汇集某一或几个相关专科的词语。在不同语言间，有两种或多种语言对译对照的辞典。分类辞典中还有正音辞典、正字辞典、成语辞典、方言辞典、外来语辞典、同义词辞典、词源辞典等等。

（《辞海·语言文字分册》）

这段文字先给"辞典"下了定义，随即进行分类说明。第一次以词语的应用范围作标准，第二次以语种语系作标准，第三次又以词目性质作标准。三次分类用的是三个不同的标准。这就是"多角度"的多次分类。二、"多层次"的多次分类。对某个说明对象，先用一个标准作一次分类；然后再对分出的小类作又一次的分类。类越分越细，犹如树干分枝，树枝分杈，体现出一种进层关系。例如：

> 燃料有固体燃料、液体燃料和气体燃料之分。固体燃料，除了木材外，有烟煤、无烟煤、褐煤和泥炭等。至于液体燃料和气体燃料，前者有煤油和汽油；后者有煤气和天然气等。

这段文字对"燃料"作了两次分类，后一次是在前一次分类的基础上再分别往细处分。这就是"多层次"的多次分类法。运用这种分类法，更要注意"类"的等级和分类标准的一致；否则，很容易产生混乱。

说明事物类别的能力，是与人们的分析能力和综合能力直接联系着的。从一类事物中看出各别事物之间的细微差别，因而对这类事物有更精确、更深入的了解，这是分析的能力；从大量事物中看出某些事物之间具有更多的联系、更多的共同点，因而把它们分别归结到一起，使原来处于散乱状态的大量事物，形成系统，构成门类，这是综合的能力。这两种能力，在思维过程中是辩证地统一着的，即：在分析中有综合，在综合中有分析。说明文中的分类，正是对事物的特点进行分析和综合的结果，因此，在写作实践中，说明事物的类别通常总是要同时对于事物的性质、特点进行必要的概括。例如：

> 我国目前存在的城乡劳动者的个体经济经营的行业，据上海市的统计，有150多种。它们大致可以分为三种类型：一种属于生产性的，如个体手工业的缝纫、刺绣，农村社员的自留地、自留畜和家庭副业等。另一种属于修配、服务性的，如城乡个体经营的修鞋、补锅、修自行车等。还有一种属于纯商业

性的，如城乡个体经营的烟糖、杂货、小百货、饮食摊、货郎担、背篓等。这些个体经济规模小，工具设备简单，生产上灵活易变、因地制宜，依料定产，适应市场的变化；经营上分散流动，营业不拘时间，走街串乡，上门服务，方便群众。

（《文汇报》1979 年 11 月 6 日）

说话到底有多少种，我说不上。约略分别：向大家演说，讲解，乃至说书等是一种；会议是一种；公私的谈判是一种；法庭受审是一种；向新闻记者谈话是一种——这些都可称为正式的。朋友们的闲谈，也是一种，可称为非正式的。正式的并不一定全要拉长了面孔，但拉长了的时候多。这种话都是成片段的，有时竟是先期预备好的。只有闲谈，可以上下古今，来一个杂拌儿；说是杂拌儿，自然零零碎碎，成片段的是例外。闲谈说不上预备，满是将话搭话，随机应变。说预备好了再去闲谈，岂不是个大笑话？

（朱自清；《说话》）

前例，先按不同的性质把城乡个体经济分为三类：在说明每一种类型时，除了直接提示其性质（生产性，修配、服务性，纯商业性）外，还分别举出了一些行当作例子；最后又综合起来，从规模、设备、生产、经营方式等方面，说明这类个体经济的共同特点。这样，就使读者对我国目前存在的城乡个体经济的概貌及其特点，有个比较全面、比较深入的了解。后例是朱自清名作《说话》中的一段，先按不同场合把"说话"分成若干种；再把这若干种"说话"概括为"正式的"和"非正式的"两类；然后分别说明这两类"说话"各不相同的特点。行文清新活泼，又富于幽默感，是说明文的上品。可见，一篇较为复杂的说明文，必然要求通过分析和综合，在分类的基础上对有关事物的共同特点和所属各小类的个性特点进行概括，或作比较细致的说明，这才能

·153

满足读者的愿望。

在分析和综合的基础上对事物进行分类，这种能力是需要有意识地进行训练的。在阅读教学中，对于所学词语作"多角度"的多次分类，就是一种可以经常进行的训练方式；与此相类似的，还有对于课文体裁的分类、对于课文中一些人物的言行举止的分类等等。在课外活动中，对于调查材料、图书报刊、黑板报稿件等等进行"多角度"或"多层次"的多次分类，从而整理出书面的系统材料，也是一种行之有效的训练方式。总之，"分类"训练的内容和方式，是多种多样的，并且可以配合其他教学活动进行，使之成为促进教学、训练思维、增长才干的一种积极手段。

（原载于《语文战线》1980 年第 11 期）

议论与思辨

——略论"议论能力"的培养

　　所谓议论能力，就是指人们对现实提供的思想材料进行必要的逻辑分析，并进而做出有根有据的判断的能力。这种能力，偏于理性，偏于抽象，它的形成和发展固然需要现实生活的阳光雨露的滋育，但也需要人们按照思维发展的规律有意识地进行培养。正如恩格斯所指出的："理论思维仅仅是一种天赋。这种能力必须加以发展和锻炼。"(《自然辩证法》)

　　从一般意义上说，衡量一个人的文化素养，估量一个人在业务专长方面的发展前途，归根到底，不是看他对客观事物能不能作绘声绘色的描述，也不是看他面对某种特殊境遇是不是能真切地表达出发自内心的喜怒哀乐的情感等等，而是看他对于现实生活中复杂纷纭的现象，能不能准确而敏锐地认清其本质、发现其内在联系、把握其发展趋势，从而得出肯定或否定的判断，以此指导自己的行动。前面两种能力，当然也有它们各自不容忽视的重要性，但是这两种能力若不以后一种能力做基础，都不免要流于空疏和浅薄。从特殊意义上说，当今的时代正是一个知识更新、各种科学技术日新月异的变革的时代。学校教育所固有的文化传递的保守功能和文化变革的进步功能，由于时代的驱使，不能不发生剧烈的冲突。时代要求学校教育不但传授现成的知识，而且要用知识构成和发展的内在规律武装学生的头脑，使他们的智力得到充分而有效的发展，以利于他们冲破现成知识的拘囿，能动地去探索社会现象之间、自然现象之间的内在联系，敏锐地去发现各种知识之间的相互关系，从而在学习过程中自觉地去开拓新的天地和新的知识领域。只有这样的学校教育才能培养出推动社会物质生产和精神生产发展的真正有用的人才。总之，不论从哪种意义上说，培养议论能力，培养对客观事物进行逻辑分析并做出正确判断的能力，对于中学教育特别是对于中学语文教育，都是非常必要的。

我们知道，议论能力绝不单纯是一种表达技巧，辩才也不是纯技术的东西。一个人的口头或书面的议论能力，是同他大脑所具有的思辨能力直接联系着的。叶圣老说过："凭各人的底子，努力说好话，其实就是一串思想过程……朦朦胧胧的思想就是七零八落的语言，如果说出来，不成其为话。清清楚楚的思想就是有条有理的语言，如果说出来，就是一番好话。"（《集体习作实践记·序》）这就是想和说的辩证关系，思维和语言的同一性。因此，对现实提供的思想材料进行逻辑分析，并进而有根有据地做出判断，这种功夫蕴之于内就谓之思辨，发之于外就是议论，口头的或书面的议论。思辨能力的强弱决定着议论能力的高低。议论与思辨的这种表里关系，是我们探索议论能力培养途径的重要依据。换言之，我们要培养和提高学生的议论能力，就得抓住"思辨"这个内核，否则就是舍本逐末。漠视这一点，只是在"什么叫论点""什么叫论据""什么叫论证"这些概念上兜圈子，机械地开列出若干"怎样开头""怎样结尾""怎样证明""怎样反驳"的条条，要学生去生搬硬套，这样，势必要引起学生的厌烦，因为他们原来很少受拘束的思想反而被禁锢起来了。过去在提高中学生的议论能力方面成效较少，问题恐怕就在这里。

那么，这看不见、摸不着的"思辨"究竟是怎么回事呢？人们的思辨又是怎样引起、怎样形成的呢？这里不妨将幼儿识别事物的过程作一番粗略的考察。当幼儿还没有接触过任何玩具的时候，你给他一个小布娃娃，他会手舞足蹈，显得很高兴。一旦玩久了，他便不再感兴趣，这时你再给他一只纸折的公鸡，他尽管还不认识这是什么，却会扔掉小布娃娃来抓这纸公鸡。在这样的智力发展阶段，选择只是由于本能而绝不是由于思辨。待年龄稍长，幼儿接触的玩具多了，他便能从式样、色彩、质料、机巧等等方面来辨别哪种玩具"好玩"，哪种玩具"不好玩"。如果你左手拿个小布娃娃，右手拿个大的神气得多的塑料娃娃，让他选择，他会争着来要右手拿的那个，因为他这时已能以自身经验做基础，通过思辨，确定何者为"美"、何者为"丑"了。但如果你再把那小布娃娃的身子用力一捏，布娃娃发出了声，而这却是幼儿始所未料并感到新鲜的，于是他又会扔下大塑料娃娃来要这会"唱歌"的小布娃娃。这固然是由于幼儿的思辨力还远没有摆脱以直觉为基础的幼稚状态，因而显出意向上的朦胧和严重的不稳定；但同时也表明认识对象（小布娃娃）的某种新的品质（发声）的出现，会使幼儿对原有的选择发生动摇，以致重新加以权衡。这就是思辨力经受了考验。

通过上面的简单考察，我们可以发现，大脑的思辨至少是由这样一些因素促成的：第一是具有一定的"量"和一定的"质"的思想材料。许多旧玩具和那只突然出现的新玩具，引起了幼儿的思索、权衡和判断，这些玩具对幼儿来说，就是思想材料。幼儿若不接触若干种（量）各不相同（质）的玩具，面对一种新玩具他就不可能进行基于思辨的选择，他甚至也不可能对美的表示兴奋、对丑的表示厌恶，他的思维不可能显示出最低限度的活跃性。第二是合乎规则的逻辑思维。具有一定思辨能力的幼儿，他喜这厌那，取此舍彼，其间是经历着一种极简单的、以直觉为基础的推理过程的。这种推理能力的获得当然还不是由于教师有意识的教育（从事学前儿童教育的人们应该去研究这一点），而是由于幼儿自己多次反复的观察、比较，由于幼儿从成人的某些态度中受到启示。这种被恩格斯称之为"天赋"的"理论思维"的强弱锐钝，往往就成为衡量一个幼儿智力发达程度的重要标志。第三是思辨结果的一定的反映方式。当一个幼儿通过思辨确认了何者为美、何者为丑之后，他便会决定自己该采取什么方式去获得那美的、舍弃那丑的。他或是笑着拍手表示喜爱，或是哭着摇头表示厌恶，或是伸手去抓，或是举手就扔，如此等等。这些都是他思辨结果的各不相同的反映方式。反映方式的巧拙，也显示出人们思辨能力的高低。综上所说可知，一定数量和质量的思想材料保证了思维的活跃性和敏锐性；合乎规则的逻辑思维，保证了思维的合理性和严密性；而恰当的反映方式，则保证了反映思维成果的有效性：这三者是促成人们的思辨积极展开的不可或缺的因素。我们认为，要培养学生的议论能力，就得从上述三个方面着眼去探索途径，这才可望奏效。

首先是要有意识地提供学生尽可能丰富的思想材料，使学生的思想活跃起来，敏锐起来。青年人本来就是对周围一切事物感觉敏锐，生气勃勃，较少保守思想的；当今的中国青年更是善于思考的，他们对"已死、方生、将生和未生"的一切都有自己的认识和见解。我们应该因势利导，从自然科学、社会科学各个门类，从小说、戏剧、电影、诗歌、报告文学等各个领域，从政治思想、社会道德、文艺思潮、科技动态、校风建设、班务工作等等生活的各个侧面，引进各种现象、问题和其他思想材料，以开拓学生视野，激发学生兴趣，启迪学生思索，引起学生争论。例如有些学校在语文课上专门开设"当代文艺讲座"，及时向学生介绍和评述当前文坛、剧坛、影坛上出现的新作品或有争议的作品；有些语文教师则在讲读课上有意识地介绍各种意见不一致的分析材料和字词疏解材料，启发学生去对照比较，以增进他们的知识和思辨能力；还有些语文教师在作文教学中经常注意引导学生去关心和讨论报章杂志上提出的有关青年人道德、理想、情操等等方面的问题，让他们敞开思想，各抒己见，互相启发，提高识别能力。这些做法，目的无非是为了用五彩斑斓的生活的石块叩击学生的大脑，使之迸发出欢蹦乱跳的思想的火花。当然，广开思路，活跃思想，不独是语文教师的责任，各科教师应相互配合，彼此在学科所及的范围内为学生提供各种思想材料，使学生的思想得以在古今中外、天上地下浩瀚无垠的空间自由地、活跃地驰骋。这样，学生就会感到事事可深究，似乎到处都可以发现萌发智慧之花的未开垦的处女地，到处都存在着通往真理的曲径通衢。而议论的闸门就将为这样的思想高度活跃的青年打开。

谈到思想材料的获得，其间有被动接受和主动搜集的区别。从教师们提供思想材料，到学生们自己主动去发现、搜集和整理材料，这在思辨能力的发展上是一个飞跃。教师要善于有意识地促使这个飞跃的实现。这里，认真指导学生学会定专题、查资料、做摘记、制卡片等项工作，具有十分重要的意义。对此，早在"五四"前后语文教学革新运动的初期，就有一些人曾经积极提倡过。他们主张在中学高年级的最后几个学段里，通过"演说与辩论"，教会学生自定题目、自集材料、自制卡片的治学方法，为他们出校后进行独立的研究工作奠定初步基础。这种见解是很有价值的，可惜长期以来很少有人在这条路上认真去做，去探索。现在不少大学生缺乏应有的独立工作能力，原因当然不止一端，但同中学阶段缺少这方面训练恐怕也有直接关系。这个薄弱环节应该引起我们注意。

如果说，提供思想材料旨在打开议论的闸门，那么进行逻辑思维训练，则是为了引导学生的议论沿着正确的航道奔泻。思辨思辨，思是基础，辨是关键。不教思想活跃起来，思辨无从谈起；思想活跃起来之后，不及时引导，不要求学生把自己的思维过程整饬得更合理、更严密、更合乎逻辑，那么，思辨必将陷于混乱，发为议论也只能是乱说一气。

逻辑思维的内涵是很丰富的，绝非一篇短文所能尽述。但从思辨的一般要求来看，似乎也并不复杂，无非包括辨正误、辨真伪、辨表里、辨分寸、辨序列这么几个主要方面。辨正误，是思辨的出发点和归宿，也是议论的最基本的要求。这里除了立场观点的问题以外，主要是通过辨析概念、研究判断、解剖推理等不同的方法，达到辨别正误、确立自己的正确观点的目的。辨真伪，主要是指对材料的真实性的辨别，因为思辨并非凭空而来，议论中的观点既是从材料中提炼出来的，又必须用材料来证明，因此材料的真伪对确定观点的正误有直接关系。一般说，材料的不可靠不外乎虚假、过时、伪饰、片面、表象等等原因；这就需要辨表里，透过材料的表象去洞察问题的本质。待到整个思辨过程接近完成的时候，辨分寸、辨序列就突出起来，成为不可忽视的两个环节：每个判断的量和质是否恰如其分，每个推理过程是否合理、是否完整，整个思辨过程能否顺理成章，如此等等都需来一番检查整理。这就是逻辑思维在思辨过程中的主要作用和基本要求。

为了进行逻辑思维训练，当然要讲述一些有关形式逻辑的基础知识；但更重要的，是要通过平时的语言实践活动（复述课文要旨、课堂讨论答问、专题讲演辩论以及短文习作等等），有针对性地加以严格的训练，使学生逐步养成正确地、严谨地进行思维的良好习惯。

为议论而进行的思辨，还包含着反映方式的确认。这里所谓的反映方式，主要是指篇章结构方式和语言表达方式。当人们一旦决定把某种思辨成果发为议论的时候，总得回顾思辨的全过程，从中找出自认为最有效的发射点或突破口，列出自认为最理想的议论序列，以期获得论辩的最佳效果。这种能力，除了天赋的因素以外，主要得通过读、说、听、写的实践进行训练和培养。读一些优秀的议论文，揣摩作者怎样思路清晰而又尖锐泼辣地展开议论。说一番道理，注意自己表达的意思能否给听者以鲜明、畅达、完整的印象。听别人的讲演，成功的，体会其先声夺人、理直气壮、倡言质驳一气呵成的妙处；失败的，找出它主旨模糊、思路混乱、倡言质驳纠缠不清的缺陷。写作议论文，通过反复修改，掌握一段完整的议论在谋篇布局上的诀窍。这里不仅不能排斥模仿，而且正是要引导学生通过模仿借鉴，在说听写的反复实践中逐步领会篇章结构方式的多样性和有效性，从而养成一种"巧思善辩"的能力和习惯。

雄辩家的思辨能力往往还体现在他善于选择最富于表现力和感染力的语言来展示他的观点。语言的苍白反映了思想的苍白；语言闪烁光彩，是由于思想在炽烈地燃烧。在整个思辨过程中，语言始终保持着它的活跃性，它在思辨中不断被提炼、被净化，最后成为精确地反映思辨成果、并具有美的品质的物质外壳。所以，"巧思善辩"，不独表现在结构上，更为鲜明的常常倒是反映在语言上。

总之，培养议论能力必须抓住"思辨"训练这个根本。在训练过程中，既要促其"思"，更要导其"辨"，还是教其"巧"；三者相辅相成，密切联系。

苏联著名教育家赞可夫曾把观察能力、思维能力和实际操作能力当作是衡量学生智力发展水平的三根标尺；而其中的思维能力，又以逻辑思维能力为基本内容。从这个意义上说，培养和提高学生的议论能力就决不单纯是为了让学生多掌握一种表达方法和加强一点语言修养，而是为了更好地促进学生智力的发展，从而使各科教学的质量普遍提高。因此，语文教师固然要为此付出应有的辛劳，各科教师包括整个学校的教学活动，也都应该为此提供条件，开辟道路。

（原载于《扬州师院学报（社会科学版）》1982年第1期，略有改动）

对于阅读教学的思考

联系当前中学阅读教学的状况来学习叶圣陶同志的有关论述，觉得有些问题很值得我们思考。

比如阅读教学的任务问题。是不是每学期把一册课本的全部课文都讲完，学生抄下并记住了这些课文的中心思想、段落大意、写作特点等等，阅读教学就算完成了任务？是不是为了应付考试，学生都能把课文后面"思考和练习"的答案记住，课文中的一些词语也都会解释、会填空，阅读教学也算完成了任务？这些问题很值得研究。当然，上面的这些工作并不是毫无意义，但阅读教学的根本任务恐怕还不在这里。

叶老在《国文教学·序》中说得很明白："讲读负担着三重任务。讲读一方面训练了解的能力，一方面传播固有的和现代的文化，另一方面提供写作的范本。"所谓训练了解的能力，就是为了提高学生读书的能力，养成良好的读书习惯。这应该是首要的、基本的任务。因为，对于各种"固有的和现代的文化"的吸取，对于各种写作技术的借鉴，都得以提高"了解的能力"为前提。离开了"了解"，其他一切都谈不到。所以，叶老在《大学国文·现代文之部·序》中又强调说："不妨在这儿提出一句口号：了解第一。"叶老所谓的"了解能力"，就是我们现在通常所说的阅读能力。

一个人的阅读能力究竟由哪些因素构成，这些因素的形成和发展的条件是什么？这又是须要进一步思考的问题。一般说，一定的认读能力是基础。认，就是识记文字。据研究，会识记 2 400 个汉字，阅读一般书刊文章，认字率可以达到 90%。老舍先生的《骆驼祥子》，全书十几万字，只用了 2 413 个不同的单字。如果识记汉字 3 600 个，阅读一般书刊文章，认字率可以达到 99.9%。现在通用小学语文课本，十册共有单字 3 081 个；通用初中语文课本，六册共有单字约 3 600 多个，在小学基础上增加了六七百个新字。完成了这样的识字教学任务，就为认读能力的形成和发展提供了必要的条件。读，就是句读分明地读书读文章，不读破句，不任意拆词，能做合理的停顿。要达到这样的要求，就得对词和句子的概念有明确的认识。这些都应该在小学和初中低年级求得切实的解决。

构成阅读能力的核心因素是理解的能力。理解能力的形成和发展条件比较复杂，它涉及人们的思想认识水平、生活阅历和知识积累等等方面。而从阅读教学本身说，积累一定数量的词汇，掌握一定数量的基本句式，明白一般常用文章的结构方法，是提高理解能力的必要前提。而所有这些，都不能靠死记硬背，它要靠对于文章的精心研读和反复温理，从反复的揣摩、体味中才能真正掌握。此外，还得注意发展学生的思维能力，主要是分析和综合的能力。分析，是一种求异思维；综合，是一种求同思维。这二者，也须要在阅读的实践中逐步养成。

记忆能力和阅读速度，也是测量一个人阅读能力的标志。养成学生读书集中注意力的习惯，经常指导学生温故习旧，教会学生随时把知识整理成一定的网络、一定的类群，指导学生做摘记、制卡片等等，都有助于提高学生的记忆能力。而要求学生在限定时间读完一定数量的章节、段落，并在快读快记中掌握这些章节、段落的主要内容，是提高学生阅读速度的必要措施。

这样看来，提高学生的阅读能力绝不是一件简单的事情，它要我们付出足够的精力，要我们在教学上努力去寻求符合阅读能力形成和发展的规律的方法，才能收到实效。

那么，怎样的教法才是真正切实有效的教法呢？这更是一个值得认真思考的问题。

叶老曾有这样的感慨，他说我们的语文教学所以至今收效不大，原因是教学方法50多年来没有多大改变。过去旧式教育，采用的是以"教师讲解，学生记诵"为基本特点的教学方法。现在，教学内容变了一些，什么时代背景、段落大意、中心思想、写作方法、现实意义等等，但教法没有多大改变，还是教师讲、学生听，教师写、学生抄，教师考问、学生答问这一套办法。这样的办法，能切实有效地提高学生的阅读能力，养成学生良好的阅读习惯吗？恐怕不能。

按照叶老的观点，凡是一种能力或者习惯，不靠学习者自己运用心力去实践，去尝试，是无论怎样也难以养成的。因此，他在很早以前就主张要把整个阅读教学过程处理成"学生独立阅读"和"师生集体阅读"相互结合的过程。具体地说，就是要把精读一篇课文的过程划分为三个阶段：预习；报告与讨论；练习。并且强调指出：预习是"训练阅读的最重要的阶段"。

"预习"，在现在虽然已是尽人皆知的事，但是真正做得符合叶老的本意的，却并不多见。因此，有必要再来重温一下叶老的论述，以便领会他所以把预习看作"训练阅读的最重要的阶段"的原因。叶老在《论国文精读指导不只是逐句讲解》这篇著名论文中说："所谓阅读书籍的习惯，并不是什么难能的事，只是能够按照读物的性质作适当的处理而已。需要翻查的，能够翻查；需要参考的，能够参考；应当条分缕析的，能够条分缕析；应当综观大意的，能够综观大意；意在言外的，能够辨出它的言外之意；义有疏漏的，能够指得出它的疏漏之处；到此地步，阅读书籍的习惯也就差不多了。而养成的方法，唯有让他们自己去尝试。按照读物的性质，做适当的处理，教学上的用语称为'预习'。"这段话说得再清楚不过了，所谓"预习"，它的意义绝不在于给教师的滔滔讲解"扫除文字障碍"，提供一些方便；而仅仅在于要让学生自己运用心力尝试着去认真读书，从而提高读书能力，掌握读书方法，养成读书习惯。因此，预习指导得法，做得又切实有效，阅读教学可以说已成功了大半。这一点，确实值得我们深长思索。

预习的指导工作主要是两个方面，一是读书方法的训练，二是读书所应领会的内容的提示。读书方法，细说不尽，但最基本的恐怕只有那么几条：首先是遇到生字难词，能翻查字典词典自己去解决；其次是学会圈点勾画和批注，也就是叶老所说的学会在书上做"标记"，以便领会书中的重点、难点和疑点等等；再进一步，就是要学会做读书笔记。这些方法，学会并不难，但必须从一开始就切切实实地抓，一步一步有计划地加以训练。至于提示阅读要点，当然要从具体的课文出发，从教学的目的着眼，但也要考虑学生的实际水平，提示力求恰当。

要做好预习工作，使阅读教学真正成为训练学生阅读能力的有效手段，有些观念必须改变。首先要明白，学生的能力不是靠教师讲出来，而是要靠学生自己的实践才能逐步形成。教师讲解指点，固然是必要的，但归根到底，讲解指点只是示范，是启发，而学生自己的实践才是根本，是基础。此外，还得明白学生本身有一定的潜在能力，有些问题并不一定要教师讲，只要引导得当，他们完全能够自己通过阅读和思考求得解决。观念一改变，教法上就容易突破旧框框，开创新局面。

叶老说："逐句讲解的办法废除了，指导预习的办法实施了，上课的情形就将和现在完全两样。上课做什么呢？在学生是报告和讨论，不再是一味听讲；在教师是指导和订正，不再是一味讲解。"(《论中学国文课程的改订》）这就是说，切实把预习工作抓起来，必然要引起整个课堂教学方法的改变。预习是学生自己独立阅读；课堂教学就是师生的集体阅读，就是学生在自读基础上，通过教师的组织和指点，大家相互切磋。

"报告和讨论"要进行得好，要搞得真正有效，前提当然是要学生们都预习得好；否则，难免要回到"教师滔滔讲解"的旧路上去。所以，在指导思想上还是应该确认：报告和讨论无非是在学生独立阅读（预习）基础上的师生集体阅读，前后是不可分割的两个环节。集体阅读需要一个主持者、组织者、引导者，我们教师就是承担这些工作的人。在报告和讨论的过程中，教师怎样才能发挥主持、组织、引导的作用，这又是一个值得思考的问题。

为了使报告和讨论搞得生动活泼，切实有效，教师似乎应该在问、点、串、结这四个字上下些功夫。

问，就是提出所要讨论的问题。讨论的问题提得好，提得既符合课文本身的特点又突出教学的重点，既明白切实又富有思考性、趣味性，这确实需要费一番心思。有人说，阅读课的教学艺术，在一定意义上也就是"问"的艺术，这是经验之谈。同样是分析《孔乙己》，叶老在《〈孔乙己〉中的一句话》里，只提出一个问题引导读者深入地去思考；而在《揣摩》一文里，却提出了十多个问题启发读者循此去探索这篇著名小说的精妙之处。前者的提问，高屋建瓴，纲举目张；后者的提问，缜密细致，入幽探微：可谓各尽其妙。当然，课堂中的集体阅读，是在学生思维积极展开的过程中进行的，情况会时有变化，教师预先设计的问题未必一定都能使学生很快领悟，并立即做出合乎教师意愿的反应。这时，教师就得随机应变，重新改变问题的提法，逐步引导学生找到问题的正确答案。这就是所谓"导问"。在学生们找到了一个问题的正确答案以后，教师立即顺着文章固有的思路提出一个新的问题让大家进一步思考，这就是"追问"。环环紧扣的追问，会有效地引起学生的积极思维。一个人的阅读过程，如果不是浮光掠影，也不是纯粹为了消遣，那么总是伴随着一连串的"问"的。一个善问的教师，往往有利于养成善读的学生，这大概是一条规律。

点，就是指点，点拨。叶老说，在学生报告预习结果和讨论预习中提出的问题时，教师应该随时注意点拨："学生预习如有错误，他得纠正，如有缺漏，他得补充，如有完全没有注意到的地方，他得指示出来，加以阐发。"这些相机诱导的纠正、补充、指示、阐发的话，无疑都是学生感到需要，感到有趣的话；而这些话又往往都是教师事先深思熟虑而后根据课堂教学的实际进程自然熨帖地表达出来的。

串，就是整理，串联。一个个问题的讨论和解决，在学生头脑中形成一个个知识的点。当讨论进行到一定阶段，教师要把这些知识的点（或对局部问题的理解）及时地加以整理，让它们串联起来，构成一个相对完整的认识。到整个课堂讨论结束，教师得做必要的小结，把讨论结果用精练的语言加以归纳，使它成为全班学生共同的认识。

做好问、点、串、结的工作，当然要比事先预备了一大篇话，到时候不管学生愿不愿意听，懂了还是没有懂，滔滔讲述一通要困难得多。而教师的工作热诚和业务功底却往往由此充分地显露出来。

"练习"，又是学生独立阅读，不过是在师生集体阅读以后、对课文已经有了比较透彻的理解基础上的独立阅读。所以，设计练习就不能不考虑学生对课文的"读"。阅读教学而竟忽视指导学生"读"课文，这是不可思议的。叶老在《精读指导举隅》一书中把"吟诵""参读""温理"列为练习的重要项目，很值得我们深思。吟诵是对课文的出声的读，要求读出抑扬顿挫来，读出感情来，以此综合、消化、巩固、加深已有的理解。参读是用其他相类似的文章参照比较着读，体会相类文章的共同特点。温理是温故习旧，把过去学到过的有关知识或有关课文重新加以温习、整理。从这些练习项目中，我们可以领悟到，叶老在练习设计上是讲究"综合"的，不满足于什么孤立的释词、造句、填空之类。

如果把预习、报告与讨论、练习这三个相互衔接的教学过程理解为课堂教学的纵向结构，那么，在横向结构上叶老曾经把阅读课分成"精读"和"略读"两种课型。这也是值得我们思考的问题。因为，既然如叶老所说，"教材无非是例子"，那例子就得精选，精读，篇数不宜多，研读的时候宜力求精细周到。学生从"精读课"中学到阅读的方法，就在"略读课"中独立地加以应用。叶老说"精读文章，只能把它认作例子与出发点，既已熟习了例子，占定了出发点，就得推广开来，阅读略读书籍，参读相关文章"，让学生"在敏捷上历练"，在应用中进一步掌握读书的方法。这样看来，把一册课本中各单元的课文审慎地规定哪些是精读，哪些是略读，前者重在学，后者重在用；不平均使力，也不采用一律的教法：这是改进阅读教学的又一个不可忽视的研究课题。

叶老对于阅读教学的许多精辟论述，是在 30 年代、40 年代就已经发表了，但在几十年后的今天，我们读来仍然感到十分亲切，觉得改进我们今天的阅读教学似乎还应该走他所指出的路。当然，几十年来我们也积累起许多新的经验。如何把叶老的有关论述同我们现有的新认识、新经验结合起来加以深入的思考，使我们的阅读教学能一改旧观从而大幅度地提高效率，应是我们的责任。

（原载于《课程·教材·教法》1983 年第 5 期）

"多读多写"辨析

　　说"多读多写可以提高读写水平"，这当然是不错的。因为"多看看就会熟悉""多做做就会掌握"这类道理，普遍适用于人类的一切活动和人类生活的一切领域。而当人类社会推进到能自觉地利用教育手段来丰富和发展自己的时候，仍然满足于"重复"这种主要来自直觉的、古老的原始体验，就未免显得有点陈腐了。因为教育，特别是学校教育，其特殊功能就在于把人类积累起来的精神财富，用一种符合人们认识规律的科学方法和科学手段，在一定的时限内有效地传授给学习者。因此，在学校教育的领域里，一味要求以"多"取胜、量中求质，而不强调按科学规律办事，那实际上就无异于取消教育。所以，对于"多读多写"这样的传统经验，还必须作一些具体分析，让它所包含的全部合理因素充分显现出来，这样才能使它更好地发挥指导实践的作用。

　　先说"多读"。

　　这"多读"的"多"，究竟是什么意思呢？是指读的篇数多，还是指读的遍数多？有不少同志是把这"多"理解为篇数多的，在他们看来，"多读"就是要尽可能多读一些文章。现在，"尽可能扩大阅读量""统编课本篇目太少"这类呼声很高，就是明证。

从一般意义上说，多读一些选文对提高语文水平总是有益的。但在校学习，课时毕竟有限，为完成一定的教学任务而选学的课文就不可能太多；太多了，超过了时间和其他条件的限度，反而会事倍功半，甚至劳而无功。在这里，重温一下历史经验可能对我们有好处。谁都知道，我国的新式国文教科书是从本世纪之初开始编纂的。从选文的篇数上看，五四运动前后的 20 余年间，大体都偏多。早一点的，如 1916 年中华书局编辑出版的《新式国民学校国文教科书》，每册正课 50 篇（浅近文言），附课 4 篇（通行口语）；稍晚，如 1924 年顾颉刚、叶绍钧合编、商务印书馆出版的《新学制国语教科书》，每册选文最少 40 篇，最多 46 篇。但从 30 年代起，人们似乎觉察到课本中的选文不宜过多，多了反而会影响教学效果，因此逐渐谨慎地控制了篇数。例如 1934 年开明书店出版的，叶圣陶和夏丏尊合编的《国文百八课》，全套六册，每册 18 课，每课两篇选文，共 36 篇；1946 年开明书店出版的《新编国文读本》，由叶圣陶、周予同、郭绍虞、覃必陶等合编，每册选文甲种本（语体诗文）只有 20 篇，乙种本（文言短篇诗文）也只有 30 多篇。建国以来被认为是比较理想的那一套语文课本，是 1963 年编辑出版的，每册规定为 30 篇。由此可见，在课本选文的篇数上，人们通过几十年的反复实践似乎已经摸索出了一个大体符合教学规律的数目，即 30 篇左右。我们应该珍视这个历史经验。

那么，让中学生每学期读这么 30 篇左右的文章，这能算是"多读"了吗？这就牵涉到对"多读"这个概念的理解了。一般说，人们读书读文的目的主要有这么两个：一是增长知识（专业知识和一般知识），扩大视野；二是学习和掌握作文、读文的规律。为达到前一个目的，人们就必须要求自己尽可能地扩大阅读的面和阅读的量。从这个意义上说，"多读"是指读的篇数多。为达到后一个目的，人们又必须要求自己尽可能地控制阅读的面和阅读的量，以便对精选出来的那些文章能细心琢磨，真正领会其精妙之处。从这个意义上说，"多读"又是指读的遍数多，指对于精选的文章反复阅读，反复吟咏。一个中学生要真正有效地提高自己的语文水平，又必须对于一定数量的文章（比如300篇左右吧）的的确确下过一番精研的工夫才行。这正是语文学科教学特有的任务、特有的需要，同时也是一个人在接受普通教育阶段所应着重解决的课题。

但在实践上，由于时间条件的限制，读的篇数多和读的遍数多之间往往存在着矛盾，很难两全。这就要求找出解决矛盾的办法，以保持它们之间必要的平衡。为使读的篇数适度，就需要认真选择篇目；为使读的遍数恰好，就需要教者的悉心指导。因此，慎重的"选择"和必要的"指导"，是实现"博览"与"精读"这对矛盾的辩证统一的两个关键问题。清朝的大考据家戴震，为了写好文章，曾选出《史记》中的《项羽本纪》等十篇，圈圈点点，反复认真地研读，从名篇里面学习作文法，使自己的文笔远远高出于一般考据家之上。由此看来，"精读"是必须以"精选"为前提的，而精选出来的名篇佳作却又必须熟读精思，实行学而时习之，这才有可能吮吸其中的精髓，使之成为自身所需要的养料。从这个意义上说，目前有些同志为了要让学生多读一些文章，创造出"一课多篇"之类的高速教学法，而且认为这是适应现代化的时代要求的最新教法，就未必是恰当的了。至于"精读"本身，当然首先要求读的遍数要多，有些甚至要求读得能背能默。但这还不过是数量上的要求，更重要的该是求质，要求每读一遍都有新的体会和感受；通过反复诵读，理解日益深透，这就需要指点和引导。清代著名语文教育家唐彪是力主"读文务精"的。他在《读书作文谱》中曾说："凡读文，贪多者，必不能深造；能深造者，必不贪多。"又说："盖读一篇，能求名人指点，剖悉精微，从而细加审玩，读十可以当百；若不求名人指点，更不精研细阅，虽平浅之文，尚不能窥其所以，何况精深者，虽读百不如十也。"这一段论述是十分精彩的，包含着读书的辩证法。从我们教师的角度看，为了使学生的读书能"读十当百"，就必须加强指导。可见，"精读"又是必须以"精讲"为前提的；而精讲的内容则必须是文章的"精微"之处，是值得"细加审玩"的地方。从这个意义上说，有些同志只是满足于学生把少数名篇佳作背得滚瓜烂熟，而不要求他们在教师指点下口诵心思，使自己读一遍有一遍的收获，也是未必恰当的。

这样看来，对"多读"二字恐怕应该这样来理解：在课堂教学中，教材必须精选，对于这些精选出来的课文必须有指导地反复钻研，多读多思，务求领略其精妙，做到课堂上基本解决问题。这样，在课外就可以让学生有充裕的时间去自由阅读，让他们能以课上熟读了的选文作凭借去理解其他文章的奥妙，以当堂领悟了的选文作例子去洞察其他文章的写作规律。这样，读得虽"多"却不会给学生以任何重压；读得虽"多"，也不会给学生以匆忙草率、稍纵即逝之感。

再说"多写"。

同样的，这"多写"的"多"究竟是什么意思呢？是指写的篇数多，还是指写的遍数多？不少同志恐怕也是把这个"多"理解为篇数多的。现在，中学里规定每周完成一篇作文，已经相当普遍。在毕业班里，据说还得加码。作文追求篇数多，与实际取得的效果是不是成正比呢？未必。多数情况可能还适得其反。这就值得研究。

早在50多年前，我国近代教育史上著名的启蒙思想家梁启超就反对作文只追求篇数而不讲究实效的做法。梁氏在中学作文教学方面提出过不少有研究价值的见解，其中特别发人深思的是他力主少作。他说："现在中学生至少一星期作一篇文，不但中学生作不好，便叫我作也必定越作越不通。我主张每学期少则两篇，多则三篇，每一篇要让他充分地预备，使他在堂下作。看题目难易，限他一星期或两星期交卷。"这里且不论他提出每学期至多作三次作文的规定是不是恰当，重要的是他强调了"每作一次必将一种文作通"的那种讲究实效的精神。梁氏认为，在篇数上，与其作得多而使师生都感到疲惫困乏，不胜其苦，因此不能不草率应付；就不如少作几篇，抓细抓实，反复琢磨，反复修改，做一次就让学生真正明白作这类文章的规律。所以，从实质上看，梁氏主张的"少作"，其实是另一种意义的"多作"，即做每一篇作文都要从立意、选材、谋篇、布局和运用语言等方面细细推敲，一次不成二次，二次不成三次，务求一次比一次写得更好些。这样，不求篇数多，但求一次作文多次修改，一次作文写上两遍、三遍，甚至更多遍，其实际效果恐怕是会比单纯追求篇数之多要好些的。

那么，还要不要安排其他的练笔活动呢？当然要。写作，同其他任何带有某种技术性的工作一样，熟能生巧是个规律。因此，梁氏还主张要在课外指导学生随意做笔记，读书笔记、听课笔记、写作笔记等等都可以，根据各人的需要自己酌定，以此作为命题作文的必要补充。这又是"多写"的一个重要方面。

可见，对于"多写"二字似乎应该这样来理解：对于命题作文要尽量控制篇数，对于这有限的几次作文训练，则须严肃对待，要求在教师指导下反复斟酌，多次修改，实行一题多作、一作多改的办法，务求一次作文确有一次作文的实际收获。与此同时，要指导学生在课外自由练笔，特别是要培养他们记日记、做笔记的能力，以增加练笔的机会。这样，写得虽"多"也不会给学生以重压；写得虽"多"，学生也不会有浅尝辄止、浮光掠影的感觉。

由此看来，对于"多读多写"这样一条人们熟知的传统语文教学经验，也决不能等闲看待，要真正领会它所包含的丰富的科学内涵未必容易。现在中学生都苦于"负担过重"，这同各门学科都存在着教学内容偏深、作业练习过多的现象有关。而就语文学科而言，如果能及时纠正在"多读多写"问题上的某些片面认识和片面做法，那么，也许有可能既减轻学生的负担，又因为在课内读得精、写得精，在课外给学生以较多的自由阅读和自由练笔的机会而大大促进教学质量的提高。

（原载于《语文教学与研究》1982年第5期，略有删减）

谈中学作文教学中几个
值得探讨的问题

学和用——内容和方法问题

学习任何东西，目的总是为了要掌握它，运用它，发展它。所以，谈作文教学，首先要谈学和用的问题。

作文教学里面的学和用，包括两个方面的意思：一是学什么才真正有用，这是学习内容问题；二是怎样学才真正管用，这是学习方法问题。

从作文课的学习内容看，历史的答案或者时代的要求似乎是这样：作文教学应该让学生学会写种种实用的文章。什么是实用文章？不同时代对此有不同的认识。在封建时代，要学生学奏章传记、诗词歌赋诸体文，认为这些东西是"实用"的。梁启超、蔡元培等人不主张学写这样一类东西，提出中学生应该学习写作"实用文"。当时他们心目中的"实用文"，主要是指一般记事论理的记载文和论辩文。梁启超还特别要求学生读一些清代考据家的文章，让他们学会搜集有关资料来阐发一种见解的本领。后来夏丏尊、叶圣陶等人，在记载文中特别把说明文提了出来，强调要学生学会写记叙性、说明性、议论性的一般文章。叶圣陶先生几十年来始终坚持这一主张，直到现在，他还一再提醒在中学里要让学生少做那些文艺性或抒情性的散文体、小说体，多做一些为今后的学习、工作和生活所必需的实用文章。这是适应治学的需要。黎锦熙先生主张要让学生多写"修养日记"和"读书札记"，前者记自己的生活感受，后者写个人的学习心得。这都是从实用出发的。

今天，20世纪80年代的青少年，他们是"四化"建设的后备军，他们今后在学习、工作和生活中究竟需要学会写一些什么样的文章才合乎时代的需要呢？这个问题似乎需要通过调查研究，做出符合实际的回答。

随之而来的是学习方法问题。既然学的是实用性的文章，那么有效的方法应该是在实际运用中来学习，即在用中学。当然，这里的"用"不同于今后在实际生活中的"用"。学校中的"用"多半是假设性的"用"。所谓设计教学、情境教学，它们在作文课中的应用，实际上就是力图安排一种假设性的情境来培养学生写作某类文章的能力。日本近年来特别强调要让学生在实践活动中进行作文训练，正是为了要纠正过去"为作文而作文"的偏颇，使作文训练尽可能地同实际生活联系起来。现在，让作文训练同实际生活尽可能接近的想法和做法，已经开始被越来越多的同志所理解并接受，这是一个极好的兆头。由此发端，中学作文教学有可能开创出新局面来。

这里需要补充的是，说中学作文教学应该重视实用文章的训练，并不意味着可以完全抛弃那些在多数人看来未必有多少"实用"价值的文艺性、抒情性文章的训练。所谓"实用"，应该是一个具有丰富内涵的概念。从培养青少年德、智、体、美全面发展的角度看，活跃学生的思想，陶冶学生的情操，发展学生的形象思维能力，丰富学生的想象联想能力，激发学生讴歌一切美好事物的强烈愿望等等，都是具有"实用"意义的。所以，在中学阶段，特别是初中阶段，写些形象地反映生活、讴歌生活的带有鲜明主观色彩的文章，还是必要的，应该有计划、有目的地加以训练；缺少了这一个组成部分，整个教学内容就不完整。所以，在学和用的问题上，也要防止任何片面性。

虚和实——材料问题

粉碎"四人帮"后，语文教学战线上的人们纷纷提出要指导学生说真话，写真情。这是完全正确的、必要的。但有人认为：中学生的生活十分单纯，接触面也有限，作文可以容许虚构。意见有了分歧，争鸣文章甚至上了《人民教育》。这个作文材料上的虚实问题，究竟该怎样理解才是呢？

研究前辈们的理论观点和国外一些学者的见解，答案似应是这样：学生作文主要应该求"实"，但也容许必要的、合理的"虚"。

考察人们的写作实践，反映生活的方式方法不外乎三种：如实地反映、虚拟地反映和虚实结合地反映。中学生从总体上说，绝大多数是未来的实际工作者和科技人员，他们更多地需要掌握如实地反映生活、如实地表达对生活的感受和认识的技能。因此，强调要中学生写真人实事和真情实感，强调在作文课上要训练学生学会写日记、调查报告、读书札记、实验总结、资料综述、科技说明、科技论文、访问记、参观记这类实用文章，在训练过程中培养学生实事求是、重视调查研究的好作风，这确实是非常必要的。在这一方面，我们的感受还十分肤浅，还有待于在实践中加深理解。

但是，中学生毕竟是处在思维能力需要多方面加以培养、发展的重要时期，过早地把他们的思维拘囿于单纯"写实"的范围之内，也未必妥当。国外有些语文教学研究工作者认为，"一切作文在某种程度上都要依靠学生的创造性想象"。这话是很有道理的。记叙性、抒情性的文章，需要有创造性想象，这容易理解；那么说明性、议论性的文章呢？需要不需要想象、联想，甚至幻想？郭老说，科学也需要幻想。可见，形象思维需要想象和联想，逻辑思维也有它特殊的想象和联想。试想：议论中如果没有联想就很难创造性地运用类比推理；没有想象，假言判断和假言三段论有时也会失去光彩和魅力。因此，在指导学生作文的时候，一方面固然要注意培养学生科学的求实精神，让他们懂得记事论理都应该言必有据，实事求是；另一方面也要引导他们展开联想和想象的翅膀，对写作材料进行必要的剪裁调度和加工处理，以便更好地表现主题、抒发感想或揭示事物本质。而这种想象、联想，其本质还是实的。

这样看来，学生作文的材料也可以有三种情况：全部真实的，部分真实的，全部虚构的。有些作文，比如写人物传记、家庭小史、家乡风貌以及前面曾经提到过的实验报告、调查访问记等等，都必须是真实可靠的。一些议论性的作文，也必须句句出自内心，不能言不由衷。有些作文，比如根据假设的情境来写的各种文章以及提供材料要求扩写、改写和续写的文章，就不能不采用虚实结合的方法，用许多想象出来的材料来结撰成文。至于记叙文中对真人真事进行必要调整、加工，只要不违背生活逻辑，又为表达主题所必需，也应当容许；只是要求在文末附上"小注"，说明什么地方是虚构、为什么要作这样的虚构。这样做，既便于教师批阅时评判优劣，也有助于作者本人养成严肃地对待写作的良好作风。此外还有一些作文，比如童话和科幻小品等，就全属虚构的了。这类作文过去我们重视不够，是个缺陷。叶圣陶先生早年在论及发展儿童身心的时候，曾提到过要充分给儿童以幻想的天地。他自己的童话作品就曾经影响和滋育过几代人。最近，人民教育出版社刘国正同志以他诗人特有的感情和体验，也重新提出了写幻想材料的问题。看来，在作文教学中适当布置一些幻想性的命题，也还是完全必要的。

多和少——数量问题

作文训练的量，确实也是一个值得研究的问题。特别是过去一段时间，各科教学都有追求"大运动量"的趋势，作文训练也不例外，据说最多的竟达到每学期写大小作文四五十篇之多。这样做的结果是师生都感到不胜重荷。可见，想以"多"取胜，是要事与愿违的。那么，究竟该怎样恰当限定作文训练的量呢？主张作文次数以"多"为好的同志，也并不是毫无根据的。"多读多写"，一直被公认为是语文教学的一条传统经验；大纲上也要求教师尽可能地给学生以更多的练笔机会。可见，多写一些有好处。问题在于，当我们强调"多"的时候，要不要把"需要"与"可能"、"数量"和"质量"结合起来、统一起来加以考虑，使规定的数量能符合学校教育的客观规律。

回顾近代中国的语文教学史，许多有识之士对一味追求读写数量的传统做法早已表示过怀疑。因为按照人类认识世界、改造世界的客观规律，多实践多操作就会形成某种技能技巧这种"实践出真知"的道理，虽普遍适用于人类生活的一切领域、一切方面，但从学校教育这种人类发展自己的特殊手段来说，只满足于"多"字，只要求以"多"胜，而不强调按科学规律办事，不要求用一种符合人们认识规律的科学方法在一定时间内迅速有效地把知识、技能传授给学习者，那就无异于取消教育。所以，真正理解教育的特殊功能的人，对此表示怀疑是理所当然的。这里且举梁启超为例。梁启超是反对只讲"多写"而不讲"实效"的。他主张，在篇数上，与其作得多而草率应付，使师生都感到疲于奔命，倒不如少作几篇，抓细抓实，让学生作一篇有一篇的收获。所以，从实质上看，梁氏主张的"少"倒是另一种意义上的"多"。此外，他还主张在课外要指导学生随意做"笔记"，读书笔记、听课笔记、写作笔记都可以，根据各人需要自己酌定，以此作为课内命题作文的必要补充。因此，严格地说，梁氏对作文训练的量是要求：重点作文反复写，随感笔记经常写，使二者互相配合，相辅相成。这在写作总量上仍是"多"的而不是"少"的，但这个"多"多得较为符合教学规律，因而收效可能比单纯追求篇数之多要好些。

黎锦熙先生对于语文教学曾提出过这样三句话："写作重于讲读，改错先于求美，日札优于作文。"在他看来，一般综合性的作文训练，次数宜乎少些，每作必求有切实的收效；而片断性的练笔，特别是日记、笔记之类，则尽可能鼓励学生自觉地多做，并养成习惯，使练笔与练文、精练与多练结合起来。这种观点同梁启超基本一致。

综观前辈们的一些见解，我以为，在作文训练的数量上，在初中阶段课内作文不妨稍多些，但也不宜多于每两周一篇；同时配之以课外自由练笔的指导。随着学年的递升，课内作文的篇数可以逐渐减少，而对这有限的几次训练，必须要求学生在教师指导下充分准备、过细推敲、反复修改，实行一题多作或一作多改，务求作一篇有一篇的收获；同时给学生以更多的自由练笔的机会。这样做，也许可以在不增加学生过重负担的情况下真正提高作文教学的效率。

深和浅——程序问题

作文教学应该依循一个合理的程序，按部就班地进行，这在目前已是大家共同的认识。但究竟怎样的程序才算合理，才算科学，才比较容易收效，各人的看法和体会却不一样。

一般地说，教学的程序应体现由浅入深、由简到繁、循序渐进的原则。采用传统的命题作文方式，就不容易分出前后程度的深浅来。《我的老师》这个题目，小学里可以用，中学里可以用，大学里也可以用。大作家冰心、魏巍还用这个题目写成了脍炙人口的散文。同样的命题，写出的文章深浅繁简可以大不一样。所以，教学内容的深浅主要应该体现在训练的要求上面。规定分阶段训练项目的质量要求，就构成现在所谓的训练序列。

稍稍留心一下中学作文教学的现状，可以知道当前人们正在探索的有这么三种主要的序列设计原则：一是以文体为序，二是以知识为序，三是以能力为序。在这三种原则下，又有若干不同的排列方法。

历史较久的是以文体为序的原则。梁启超在这方面贡献较突出，他可以说是我国近代教育史上按照教学需要对文体进行合理分类和合理排列的第一人。梁氏曾把一般文章分成记载文和论辩文两大类，他主张"最好每年前学期授记载文，后学期授论辩文，年年相间"。在这两大文体中，他认为还应该按照由浅入深、由易入难的要求细分若干小类，"例如记载文先授记静态者后授记动态者。动态之中先授人或少数人一时或短时的动态，最后才授许多人许多时的动态。论辩文先授倡导一类，次授考证质驳批评等类。各类中先授单纯问题的论辩，最后才授复杂问题的论辩"。梁氏这种设想，应该说是具有一定科学根据的，也符合文章写作由易到难的一般规律；缺陷是过于粗略。同时，一个学期集中训练一种文体，不仅单调，也不利于全面培养学生各种思维能力。但是，他的这些创见却对至今为止的语文教学都有影响。以后夏丏尊、叶圣陶诸位前辈在论述作文教学问题时都程度不同地吸取了梁氏的许多有价值的观点。随着时代的发展，到现在，这种按文体为序的作文训练体系已派生出这样三种主要类型：一是大体因袭梁启超当年的做法，分文体集中训练，初中先记叙，再说明，后议论，高中先复杂记叙，再复杂议论；二是分文体有重点地穿插训练，每学期三大文体"全面出击"，但初一以记叙为重点，初二以说明为重点，初三以议论为重点，高中同例；三是分文体单项训练，把每种文体的写作要领排成一系列训练项目，逐项进行训练，中间有计划地安排若干次综合性作文，做到单项训练与综合训练的结合。

其次是以知识为序。这在国外已开始流行，但在我们国内却还只有少数同志在做局部的试验。写作是离不开语言的。如果把学语言同学写作结合起来，也许可以开拓出一条作文教学的新路来。现在一般讲授语言知识的书，大都按照字—词句—篇的次序编列内容，中间缺了"段"这一环节，而从语言运用的实际情况来看，"段"倒应该是文章中表述一个完整意思的基本单位。国外有些写作教材就是按选词—造句—构段—谋篇这样四个环节来指导学生进行训练的。过去，夏丏尊等人在撰写《文章作法》时曾经部分地接触到这些问题，可惜当时没有充分展开，没有深入下去。最近我们国内已开始有人在研究"段"的性质、特点和表述功能；对于"句"在实际运用中种种变化规律，也在进行探索，并有了初步的成绩。这些研究工作，对今后的作文教学无疑将产生积极的影响。

再次是以"能力"为序。"能力"本身是一个可以从不同的角度加以研究和分类的概念。目前，以"能力"为序的作文训练体系大致有三种类型：一种是"观察—分析—表达"的三阶段训练体系；一种是"搜集材料—整理材料—书面表达—文章修改"的四阶段训练体系；另一种是"审题—立意—选材—布局—表达（又分若干细目）—修改"的多阶段训练体系。今后，随着教育学、心理学、文章学等学科的理论研究工作不断地深入，以"能力"为序来设计作文训练的内容、项目和步骤，也必将出现更多更新的创造性成果。

就当前我国中学作文教学的实际状况而论，当务之急似应是设计出一种大面积上的师生都可能接受和便于应用的作文训练程序来。作文教学所要解决的无非是"写什么"和"怎么写"两大问题。"写什么"，粗略地分，不外乎写事、写人、写物、写景、写情、写理。单纯的是：一事、一人、一物、一景、一番情、一种理。复杂起来是：一事多人、一人多事、多人多事、由物及人、事物组合、事物关系、托物言志、触景生情、事物剖析、事理推究、驳诘辩难等等。"怎么写",涉及写作上的各种技能技巧,头绪比较复杂,不容易单线条地勾出其由浅入深的层次,但大体上还是可以从三条线上理出一些项目来的。这三条线是:写作的基本能力(即审题、立意、选材、剪裁、布局、表达、修改等能力);思维的基本能力(即观察、分析、综合、概括、推断、想象、联想等能力);驾驭各种文体的基本能力(即掌握记叙文、说明文、议论文以及其他应用文的各种写作要领)。如果以"写什么"为经,以"怎么写"为纬,把有关"怎么写"的三个主要方面所列出的若干训练项目穿插着编排起来,也许可以形成一个纵横交织、循环加深、循序渐进的训练程序来。而这样的程序,在目前可能比较容易被多数同志所接受。

评和改——过程问题

作文的批改,牵涉到教学的指导思想,牵涉到整个作文训练的着眼点问题。

叶圣老一贯强调,在作文课上必须培养学生自己修改文章的能力。这是一个重要的指导思想。过去我们讨论作文批改问题,总是着眼在教师的批改如何才能节省时间、如何才能减少无效劳动、如何才能不挫伤学生积极性等等,却很少去研究怎样才能逐步提高学生自批自改的能力。原因就在于指导思想还不十分明确。

如果我们真正意识到作文训练的着眼点应该放到培养学生自能作文、自能改文上来,那么前辈们有两条经验就很值得我们重视:一是教师只加批语,或只加批改符号,发下去让学生自行修改,改后再评分。在现代语文教学史上,首创符号批改法的大概是刘半农先生。而黎锦熙先生关于"改错先于求美"的主张,其精髓就在于要求学生自己知错改错,而不是教师捉笔代庖,所以他也提倡符号批改法。第二是师生共同批改。具体做法很多。王力先生曾经介绍经验说，他自己在大学预科担任国文课时采用过黑板上公开批改作文的做法，事先选择一篇有代表性的习作抄录在黑板上，然后师生共同讨论，逐句评改。这是一种"手把手"教的好方法。在师生共同批改方面做得较为彻底的当推于在春先生，他在 30 年代曾经试验过一种称之为"集体习作"的做法，从命题到材料的搜集整理，到确定提纲，到最后落笔成文，都经过师生共同讨论、商定。这种教法，其着眼点正在于要教会学生自能作文、自能改文，与叶圣老的观点一致。近年美国有所谓"商议教学法"的试验，基本精神同在春先生 40 多年前的做法近似。当然，这种做法有烦琐的一面，实行起来要因时、因地、因人制宜，适当变通；但不管怎么说，师生共同活动的方式在讲读课上已经创造了许多新经验，而在作文课上至今似乎还没有多少进展，从这个意义上说，前辈们的开辟工作还是值得珍视的。

（原载于《扬州师院学报（社会科学版）》1984 年第 4 期，原题为《试论中学作文教学的几个问题》，有删改）

第四辑

语文教育史研究

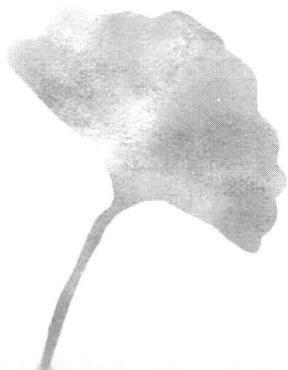

我国现代语文教育发展的
历史轨迹

从本世纪初开始确立的语文学科，在将近 80 年的发展历史中，似乎存在着几条明显的轨迹。

一、"文"和"言"的分合

1919 年，蔡元培在《国文之将来》一文中说："国文的问题，最重要的就是白话文与文言文的竞争。"因为语文学科归根到底是学习语言、学习语言运用规律的学科。那么它所要学习的，究竟是什么样的语言呢？是学习古代通行的"死语"呢，还是学习"通行于今人喉舌"的"活语"呢？这是首先要解决的问题。

当语文学科在新式学堂中独立设科之初，不管是定学科名为"辞章"，是"中国文学"，还是"国文"，要学生读的、写的，仍然都是文言文，即蔡氏所谓的"死语"。在这个时期，"文"和"言"是分离的、脱节的。这种情况，对于培养和造就服务于现代社会的新一代国民是非常不利的，就连当时的国学大师梁启超也痛切地感到"言文不一致，足以阻科学之进步"，因此主张"及早造成一种国语，用以编纂教科书以利教育"。

从民国元年以后到五四运动兴起，鼓吹国语统一，提倡言文一致，成了一股强大的时代潮流。这股潮流，首先猛烈冲击着学校的语文教学。1916年，在"国语统一筹备会"召开第一次大会的时候，刘半农、钱玄同、周作人、黎锦熙等人联名提出了一个"国语统一进行方法"的提案，第一次公开亮出了改国民学校的"国文"课本为"国语"课本的主张。到1920年，教育部便通令全国："自本年秋季起，凡国民学校一、二年级，先改国文为语体文，以期收言文一致之效。"随后，又进一步定初级中学"国文"科一律改名为"国语"科。于是，"五四"前后涌现出来的大批白话文学作品和白话翻译作品，连同一些古代优秀的白话小说之类，被编进了语文教科书。何仲英等人发表《白话文教授问题》等一系列文章，专门就白话文的教学进行理论探讨。这时，"文"和"言"长期分离的局面终于被时代潮流所冲破，二者在语文教学领域同时并存，汇为合流。

文言文和白话文同时并授，带来了一个新的问题，那就是二者的比例如何确定、教材如何组合的问题。这是另一种意义"文""言"分合问题。在二者的教材内容安排上，当时大致有三种不同的主张。一种主张是，初中阶段全教白话文，高中阶段全教文言文；一种主张是，初中文言、白话兼教，但按一定的比例，初一主要教白话文，随着年级递升，文言文的比重逐步加大，高中则仍然全教文言文；另一种则主张，无论初中还是高中都应该文言、白话兼教。于是，在教科书的编制上，出现了文、白混编和文、白分编的两种不同的类型。文、白混编，就是在一册课本中，既选文言文，也选白话文，采用所谓"雨夹雪"的编排方法。文、白分编，就是同时编两种课本。

一种专选文言文，一种专选白话文。这样，在教材处理上，"文"和"言"是分呢，是合呢？还是分中有合，合中又分呢？又成了人们长期探讨的一个课题。

说到"文"和"言"的分合，还有一个重要问题不能忽视，那就是书面语与口头语的教授问题。新式学堂兴办之初，语文科的教学仅专注于书面语，口头语完全被排斥在外。对此，早在 1912 年庚冰在《言文教授论》中已经有所觉察，他说："语言为文字之母，文字者，不过为语言之符号，语言之与文字，具此密切关系，故教授文字，莫不由语言入手。"强调要由语言入手来教授文字。尽管他的重视语言教授，目的是为了更有效地进行文字教授，但毕竟已经意识到语言教授的不容忽视。此后，到"五四"时期，由于国语教育的推行，在学校语文科的教学内容中也曾规定要训练学生用国语会话，要训练学生演讲和辩论等等，但真正在教学中重视学生口头语的训练的为数极少。因此，当时尽管白话文已经被引进语文学科的教学内容，但从严格意义上说，文言文是古人的书面语，白话文是今人的书面语，所以在总体上教的还都是以书面语为主，"文"和"言"的分离问题，仍未得到彻底解决。不过历史发展的趋势是十分显然的：人们已经越来越清楚地意识到语文教学中对于口头语的严格训练的重要意义。因此，到 1949 年春，当时的华北人民政府教育部教科书编审委员会就决定把过去"国语""国文"的学科名称一律改为"语文"。当时改学科名称为"语文"，其中的"语"，就是指口头语；"文"，就是指书面语。规定"语文"一科的基本任务在于对学生进行口头语和书面语的全面训练。至此，"文"和"言"的分离问题才算通过学科名称的变更，从理论上得到了解决。

因此，从辞章到国文，从国文到国语，又从国语到语文，学科名称的一再变更，这绝不只是字面上的歧异，而是反映着时代前进的足迹，反映着人们对语文学科性质和任务的认识在逐步深化，反映着"文"和"言"、书面语和口头语在整个语文教学中的地位及其相互关系日渐明确，日渐趋于统一。

二、"文"和"道"的分合

传统的语文教学,讲究的是义理、考据、辞章。其中的"义理",是指探究文章的内容、文章的思想;"辞章",是指探究文章的句法、章法,文章的形式;"考据",则是指对于文章的语言文字和用典引语的考证辨伪,是为正确探究文章的内容和形式服务的。从这个意义上看,传统的语文教学倒是讲究"文道统一"的;只是当时所谓的"道",是封建伦理道德之"道"、儒家道统之"道",而"文",则是旧时的作文规范,甚至是八股文的一些僵化了的程式。

到新式学堂实行分科制以后,"文"和"道"却有了某种程度的分离,即把过去属于"道"的部分,主要靠独立设置的"修身""读经"这样一些科目来灌注;而"辞章"或"中国文字"(小学)、"中国文学"(中学),则主要是熟悉和探究各类文章以及诗词歌赋的作法。"修身""读经",也都要读文章,但重在内容、精神;"辞章"等等,也要读文章,却重在形式、技术。

民国元年以后,学校中取消了"读经",保留了"修身",但"国文"一科明确提出要"启发智德",重视了读文讲文中的思想、道德教育和美育。这时,"文"和"道"又由分而逐渐趋于合。

"五四"以后,一些思想文化界的革新派,鉴于语文教育中封建复古势力的严重存在,坚执地要求在语文学科中着重传播新文化、新思想。例如当时的浙江第一师范,国文采用自编讲义,课文按思想内容、按社会和人生的各种问题编组,有研究民主与科学的、自由与平等的、有研究劳工神圣、妇女解放的,等等。教法是以各种问题为中心,引导学生读文章,组织学生讨论问题,教师参与讨论并及时进行小结、评判。何仲英、沈仲九等人对"国文"科的这种教材教法,都曾经加以总结,大力倡导。与此针锋相对的是那些企图挽回封建道统颓势的遗老遗少们，又竭力鼓吹"读经"，想把语文教学重新引入宣扬和灌输封建伦理道德的歧路。这新旧两派人物，他们要张扬的"道"显然是不同的，甚至是根本对立的；但他们在语文教学上所坚持的做法却有共同之处，即都割裂了"文"和"道"的统一关系，把"道"强调到脱离了"文"的不适当的位置。所以叶圣陶、朱自清两人在40年代回顾"五四"以来语文教学状况时曾经这样说过："'五四'以来国文科的教学，特别在中学里，专重精神或思想一面，忽略了技术的训练，使一般学生了解文字和运用文字的能力没有得到适量的发展，未免失掉了平衡。"因此，在五四运动以后的一个时期里，作为一种时代印记，语文教学中"文"和"道"一度又产生了分离现象。

对于这种"文"和"道"的分离现象，人们经过了一段时间的沉思、讨论和实践，已经有所察觉。1920年，陈启天在《中学的国文问题》一文中，就已经提出语文教学应有"正"和"副"两方面的目的。"正目的"是：（1）要能说普通言语；（2）要能看现代应用文和略解粗浅美术文；（3）要能做现代应用文。"副目的"是：（1）要启发思想，锻炼心力；（2）要了解和应付人生和自然。他用正、副目的的概念正确概括了他对语文教学中"文""道"关系的理解。在1925年，朱自清发表《中等学校国文教学的几个问题》，反对将"人的教育"的全副重担都放到国文教师的两肩上，他提出了语文学科的双重目的：（1）养成读书、思想和表现的习惯或能力；（2）发展思想，涵育情感。他并明确指出："这两个目的之中，后者是与他科相共的，前者才是国文科所特有的；而在分科的原则上说，前者是主要的；换句话说，我们在实施时，这两个目的是不应分离的，且不应分轻重的，但在理论上，我们须认前者为主要的。"在这里，朱氏第一次从理论上正确阐明了语文学科中"文"和"道"的不可分离性以及它们的主次关系。这样一种观点，后来逐渐被多数人所接受，从而推动了30年代语文教学的发展。

"文"和"道"的分合问题，是我国现代语文教学发展的又一条基本轨迹，它从另一个侧面反映着人们对语文学科的性质和任务的认识不断接近于完整、全面。

三、"文"和"知"的分合

这里的"文"，指的是各类文章；"知"，指的是包括语文知识在内的百科知识。

语文学科，既是一门很单纯的学科——读的和写的都是一篇篇文章；又是一门很复杂的学科——教学内容所涉及到的知识十分广泛。这"文"和"知"的相互关系如何处理，又是现代语文教学发展中人们不断思考和探索的重要问题。

在新式学堂兴办之初，"辞章"或"中国文学"一科，都是以读写各类各体文章为基本内容的，所有关于文字、语音、句法、章法以及文章流别等等方面的所谓语文基础知识，一概融合在文章的读写中相机进行讲授的。因此，在那个时期，"文"和"知"是混合的。到民国元年以后，由于语文知识的系统研究有了某些进展，于是出现了在读写文章的同时，独立地、系统地讲授语文知识的状况，在中学里除了"讲读""作文"以外，又设置了"文字源流""文法要略""中国文学史"这类语文的分支课程。"文"和"知"相互分离了。"五四"以后，特别是从1923年到1928年这一阶段中，中学试行分科制和选修制，那时各校国语、国文科内设置的分支课程就十分繁复。据语文教学法专家阮真的调查统计，当时语文学科所设置的分支课程累计竟达42种、69项名目之多。"文"和"知"的分离达于极致。

从1929年起，中学学制又改为单一的普通科制，"国文"科的教学内容相应地也作了简化归并。按当时部颁《中小学课程暂行标准》规定，初中、高中便只设"精读文""略读文""文法与修辞"和"作文"这四门课程。"文"和"知"从极端的分离又渐趋于混合。在这个时期，除了有了专门编撰语法、文法、作文法等属于语文基础知识的讲义或教科书以外，更多的人采取分中有合、合中有分的方式，把有关的语文基础知识写成系列性短文，或穿插编排在课文单元的前后，或作为附录集中编排在每册课本之后，供教师相机行事，灵活使用。这种种处理方法，大致沿用到新中国成立前夕。

至于在小学语文教科书的编制上，这种"文"和"知"的分合现象也十分明显。最初的小学语文教科书一般都是根据"以常识为内容，以语文为形式"的原则来编制的，"文"和"知"是混合的。"五四"以后，一些新进人物主张小学语文科应以学习儿童文学为主，教科书的编制强调文学性和趣味性，而不注重知识性，"文"和"知"趋于分离。抗日战争期间，又出现了国语、常识混编的教科书，既教国语，也教常识，一种课本双重效用，"文"和"知"合中有分、分中有合。

"文"和"知"的这种分合聚散，交递更替，当然都不是毫无意义的循环和随心所欲的往复，它反映了人们对语文学科的教学内容在组合方式、系列安排上的积极探索。

四、"教"和"学"的分合

在新式学堂兴办之初，语文学科的教学方法依然沿袭着过去旧式学塾的一套模式，即教师讲授、学生记诵，教师的注意中心在"教"而不在"学"。因此，"教"和"学"是分离的。

五四运动前后，随着日本和欧美一些资产阶级教育学说的不断引进和广泛传播，教育界开始注重研究学生的"学"。当时商务印书馆《教育杂志》的主编张元善组织了一些懂得日文的编辑员，从日本的若干种教育期刊中编译了大量的资料，以"天民"的笔名发表在《教育杂志》上，于是"自习主义""自动主义""学生本位主义""自习法""预习法""渐明法"等等一些强调以学生为学习主体的新观念和新教法开始引起许多学校、许多教师的重视。陶行知根据"教学做合一"的教育观，提出要把过去惯用的"教授法"改为"教学法"，强调教学无非是"教"学生"学"，教和学应当合一。梁启超在《中学以上作文教学法》一文中，提出了自动式的预习和讨论式的讲授相结合的新的教学模式。所以在"五四"时期，语文教学在教学法研究方面，总的趋势是由"教"和"学"的分离转向"教"和"学"的结合。

五四运动以后，由于美国资产阶级教育家杜威、孟禄、克伯屈、柏克赫斯特等先后来华，广泛宣传他们"儿童中心主义""儿童兴趣主义"和"在做中学"等一整套教育观点，而国内一些积极谋求教育改革的激进人士，在"全盘西化"的思想支配下，想把他们的一些做法不加分析地全部移用到国内，移用到本国的语文教学中来。在小学，开始盛行"设计教学法"，取消固定的课堂教学，取消固定的教科书，只为儿童创设一种"生活情境"或"工作情境"，然后根据儿童在这特定情境中的需要选择教材，并相机开展各科教学。在中学，试行"道尔顿制"成为一种"时髦"，学校把教室一律改为"作业室"，教师把教学内容一律编制成分阶段、分专题的"作业"，学生在作业室里自动完成各科作业，教师只担任指导和评阅作业的工作。这样的做法，在诱导和组织学生积极、主动地学习这一点上是可取的，但全部教学活动都以儿童为"中心"，教师的主导作用、教科书的系统内容、教学活动的计划性统统被取消了，这又走到了另一个极端。这是"教"和"学"的另一种形态的分离。

30 年代以后，上述那种生硬照搬西方那套教法的状况有所改变，人们总结了过去的成功经验和失败教训，在积极研究"学法"的同时，也积极研究"教法"，并努力使二者在语文教学的过程中更好地统一起来。许多人一方面发表探讨中学生学习语文的方法的论文，另一方面针对过去片面强调学生"自学"的偏颇，着重研究教师如何实现有效的指导的问题。叶圣陶、朱自清在 40 年代合著《精读指导举隅》和《略读指导举隅》，就是这方面的重要研究成果。

正确处理"教"和"学"的相互关系，是现代教学论的中心课题。我国现代语文教学史上人们在探索中所走过的道路，对于我们今天思考语文教学革新之路无疑是有启发意义的。

五、"教"和"研"的分合

我国的传统教育，衡量教育、教学的利弊得失，多半是凭借教者直觉的印象和个人的经验，缺少客观的、科学的标准。新式学堂兴办之初，语文学科的教学也仍然凭经验办事。教者是旧式文人，自己过去是怎么学的，凭以往的经验也就怎么教；编教科书的，熟悉过去的旧选本，凭以往的经验也就怎么选编课本。在这个时候，"教"和"研"是分离的。

真正注重以"实验"为基础的科学研究，在我国也起始于五四运动前后。

就语文学科而言，在五四运动以后，曾经对常用字汇、常用词汇、文章作法、文章读法、文言文法、国语语法、阅读测验、阅读心理、汉字书写、新教学法等等做过卓有成效的科学研究。其中许多研究成果，不仅在当时，就是在今天也还具有一定的认识价值和实践价值。

例如对于汉字常用字汇的研究和统计，它不仅构成语文行为研究的基础，同时对语文教科书的编制也具有重要意义。这项科学研究，以陈鹤琴为先驱。他在 1921 年就编成《语体文应用字汇》书，从儿童用书、报章、杂志、儿童作品、古今小说、杂类等六种材料共 55 万多字中，通过分析，筛选出常用单字 4 261 个，其中复现率最高的单字共 94 个。这是我国基于科学实验的一项最早的汉字字汇研究成果。此后，王文新

（《小学分级字汇研究》，1930 年）、陈人哲（《大众实用字汇》，1934 年）、杜佐周和蒋成堃（《儿童与成人常用字汇之调查及比较》，1933 年）、刘德文（《市民常用字汇》，1935 年）等也都纷纷发表各自的研究成果。这些成果在推进现代语文教学科学化方面发挥了积极作用。

如果说上述这类研究还只是专家们在实验室、研究室里进行的工作，它们同实际教学还未必能直接地、紧密地结合；那么，五四运动以后各地实验学校的建立，就使"教"和"研"的结合出现了崭新的局面。在我国，最早自觉地运用实验方法来研究教育上面种种问题的学校，当推廖世承主持校务的东南大学附中。廖氏在 1920 年以后，根据美国实验教育家麦柯尔的指导，率先在本校开展了道尔顿制和非道尔顿制的对比试验。其中在语文学科进行试验的有穆济波、沈仲九、孙俍工等人。当时在该校附小任教的陈鹤琴也着手进行多种实验研究，如："生字教学的讲解法与练习法之优劣比较""中文横写与直写之比较""注意写字与随意写字之比较""毛笔、钢笔、铅笔书写之比较"等等。由于实验教育思想的普及，全国各地的学校，特别是小学，教育教学的实验研究曾经蔚然成为一时的风气。因此可以说，在 20 年代和 30 年代的前期，"教"和"研"的结合已成了一股潮流，它对以后的语文教学产生了深远的影响。

抗日战争爆发以后，由于战乱频仍，时局动荡，严格意义上的教育科学研究因失去了政治上安定的环境、经济上必要的实力而陷于瘫痪。即使如著名心理学家艾伟，有志于汉字心理、阅读心理的研究，并亲自领导着一个教育心理实验室，但终因得不到社会各方面的支持，"奉令裁并，研究人员，相率星散，致使英雄无用武之地"（艾伟：《阅读心理·汉字问题·自序》）。当时，在抗日的大后方，西南联大师范学院创办的《国文月刊》，算是为语文教学的理论研究提供了一块可贵的园地。许多著名专家、学者就大学、中学、小学的语文科教材教法展开了多方面的探讨。这些理论研究成果，因为有以往几十年的教学实践作为基础，所以有较高的历史价值。然而，在当时那种特殊的环境下，这些成果不可能成为全国广大教师据以改进教学的准绳。从全国范围来看，除了我党所领导的抗日革命根据地，教育行政部门从当时条件出发十分重视学校各科教学的实验和研究以外，国统区内只有个别矢志不渝的有志之士在十分艰苦的条件下做一些实验工作（如于在春的"集体习作"实验）；绝大多数的学校和教师都不能不维持着"教"和"研"分离的局面。

以上概述的五个方面，是我国现代语文教学发展的一些基本轨迹。研究这些轨迹，研究它们形成的历史原因和语文学科本身发展的内部规律，将有利于我们探索当今语文教学的改革之路。

（选自顾黄初著《现代语文教育史札记》，南京出版社 1991 年版）

围绕语文课程标准展开的讨论

一

在本世纪的最初年代，指导学校教育的法规，有所谓课程纲要和课程标准。这是从日本借用的名称。课程纲要，近乎是现在所说的教学计划；课程标准，相当于现在的教学大纲。在我国现代语文教育发展史上，严格意义上的语文课程标准是在 1923 年由当时的全国教育会联合会下属"新学制课程标准起草委员会"讨论制定，并颁布试行的。在此以前，无论是 1903 年的《奏定学堂章程》，还是 1913 年的中小学《课程标准》，都因为规定的内容简单笼统，语焉不详，不能算是具有规范作用的课程标准。

所谓课程标准，其完备的形式应该简要地反映该学科"为什么教"（目的）"教什么"（内容）"怎样教"（教法）和"最低限度"（程度）等项基本内容。这些内容，是一门独立的学科在教学实践中所必须解决的重大原则问题。对于这些问题，国家教育行政部门要通过法定文件加以阐述；专家、学者们也得进行研究、讨论和试验。前者，反映国家在一定时期对该学科的性质、任务、教学宗旨和教学目标的确认，它对实践具有一定的约束力；后者，只是反映个人对该学科有关上述问题的认识和见解，对谁都只有启发、借鉴作用而没有任何约束力。当然，国家制定的文件，也必然要吸收某些专家、学者的理论观点，并使之成为一种相对稳定的、人人均应遵循的认识成果和行动规范；而且，这种认识和规范也必定要随着实践的发展和人们对学科本身认识的日益深化而不断变化和更新。1923 年制定的语文课程标准正是在新旧教育思潮激烈交锋、教育革新派对语文教学领域各种问题展开充分讨论的背景之下产生的。

蔡元培、刘半农、梁启超、胡适等人对语文教育问题的理论观点或实践尝试，已有专文评述，这里所要着重介绍的是 20 年代初期围绕语文课程标准所展开的讨论，以及这些讨论对课程标准制定的影响。

从课程论的角度，对语文科的教学作宏观的研究，首先要解决的是"为什么教"的问题，即教学目的问题。1912 年，当时的教育部公布了《中学校令施行规则》，对语文科的教学目的作了如下规定："国文要旨在通解普通语言文字，能自由发表思想，并使略解高深文字，涵养文学之兴趣，兼以启发智德。"这个教学"要旨"，沿用的是日本当时办学校语文科规定的目标，不过，它针对我国传统教育的弊病而提出，还是为历史提供了一些新的东西，即：（1）突破了过去读文只是为了作文的狭隘圈子，使"通解普通语言文字"和"略解高深文字"成为教学的重要目的之一，读和写兼顾了起来；（2）突破了过去作文必须重复、疏解、发挥圣贤之说的严重桎梏，把"自由发表思想"列为教学的又一重要目的，使语文用来表达个人的思想感情成为可能；（3）突破了过去读文作文只是拘囿于少数圣经贤传的古奥殿堂，让一般意义的"文学"列入了教学目的，使之成为"启发智德"的重要媒介。不过，《中学校令施行规则》中规定的这些"宗旨"，写在纸上冠冕堂皇，考察实施情况却不免南辕北辙。这主要是因为当时语文科所学的"语言文学"，还纯粹是文言，所谓"普通"与"高深"只不过是近代文言文与古代文言文的区别而已。语言文字既脱离了现实中人们习用的口头语和白话文，那么"自由发展思想"云云也就只能是一种理想。至于"兼以启发智德"一说，含义也比较笼统。所以，为了根据当时新的教育思潮科学地制定出语文科的课程标准，首先必须对语文科的教学目的重新加以探讨。

1921 年任商务印书馆编辑、《教育杂志》社编辑主任的周予同（1898—1981），为组织课程标准的讨论，在 1922 年《教育杂志》第 14 卷特发"号外"专辑。他本人在专辑上发表《新学制的国文课程》一文具体贡献了他的主张。在此之前，他在第 14 卷第 1 号上曾发表《对于普通中学国文课程与教材的建议》一文，对中学语文科的教学目的陈述了自己的观点。周氏首先肯定："中学校是普通教育，是大学或专门教育的预备；不是狭义的职业学校，也不是大学的文科。中学生在学问上，是预备升学的；在社会上，是养成一个完全的人。"根据这样的认识，他提出了"一个中学国文的理想标准"，即："A. 人人能用国语或浅近的文言，自由而敏捷地发表思想感情，或记述事实，绝对没有文法上的错误。B. 人人能懂得中国文学和学术变迁的大概。"周氏的这一表述有这样一些特点：（1）强调"国语"和"浅近的文言"并重；（2）强调发表的"敏捷"性；（3）强调"文法"知识的正确掌握；（4）强调中国文学史和学术思想史的初步了解。但它也有明显的不足：（1）相对而言，重写轻读，重写轻说；（2）国语或浅近文言，不分主次，并认为中学生也应该会写浅近的文言文；（3）把文学史和学术思想史的掌握同语文工具的掌握摆在同等重要的位置；（4）忽视了中学生的品德教育，这是从《中学校令施行规则》后退了一步。

这里牵涉到四个重要问题：一是培养中学生文言文的写作能力应不应该列入教学目的？二是培养和提高中学生的口头表达能力应不应该列入教学目的？三是陶冶和锻炼中学生的思想品德应不应该列入教学目

的？四是文学教育在中学语文教学中的地位应当怎样看待？

对于前面三个问题，"五四"以前就在教育界高举革新旗帜的浙江一师就曾提出过自己鲜明的主张，他们在自拟的《国文教授法大纲》中规定："目的 1.——形式的。使学生能够了解用现代语或近于现代语——如各日报杂志和各学科教科书所用的文言——所发表的文章，而且能够敏捷、正确、贯通。目的 2.——形式的。使学生能够用现代语——或口讲，或写在纸上——表现自己的思想感情，而且要自由、明白、普遍、迅速。目的 3.——实质的。使学生了解人生的真义和环境的现状。学校各种科目，无非是一种做人的工具。所以国文科的内容，也应该注重人生和环境，使学生能够了解做人的道理。"浙江一师诸同人的这一表述，确实为历史提供了不少新的东西：（1）强调用现代语或近于现代语的文言进行阅读，达到敏捷、正确、贯通，是阅读教学的目的；至于写作，则一律用现代语，因此，文言文写作不是教学目的。（2）现代语的应用，不光是纸上能写，还得要求口里会讲，把口语表达能力提到应有的位置上来。（3）强调学语文就是学做人，重视学生的思想品德教育。但这一表述也有缺陷：（1）忽视文学教育；（2）忽视文法、修辞等语言教育。

在 1920 年，陈启天在《少年中国》第 2 卷第 1 期上发表《中学的国文问题》，详细地阐述了他对语文科教学目的的见解。他把语文科的教学目的分为"主目的"和"副目的"。他所悬拟的主目的共三项：一是"要能说普通语言"。即要教会学生用国语流利地说话，"有意而能直接用口道出"，没有语法上的错误。二是"要能看现代应用文和略解粗浅美术文"。他认为中学生只要能看现代应用文就够了，不必学专门的骈文和古文。此外，中学生还要能看点美术文，如古典诗词，为的是"涵养性情，兼启文学上的兴趣"，所以只需"略解粗浅的"，就可以了。三是"要能做现代的应用文"。他强调"中学生顶好完全学白话文"，但也指出"浅近文在现在还有一部分的势力——升学和别的需要——不得不兼学浅近文",所以在写作方面,应以学写现代的白话应用文为主,兼学浅近文言的应用文。陈氏规定的副目的有两项:一是"要启发思想,锻炼心力"。他认为旧式国文教学,"学生死读和先生死讲""弄得学生思想闭塞,心力迟钝",弊害严重,所以他强调"国文教授中应该注意促进学生的思考力、观察力、批评力、研究力等,使他们得到求学和做事的无上工具"。一是"要了解和应付人生和自然"。他认为学校中修身、历史、法制、经济等科,"是使学生了解和应付人生的";物理、化学、生物等科,"是使学生了解和应付自然的";地理则"是供给学生人生与自然相关的知识的";而"国文教授也是帮助这些科学,使学生对于人生和自然了解的程度加深,应付的能力加大"。陈氏的这一表述,其价值主要在于:(1)将语文科特有的教学任务,列为主目的;将语文科与其他各科共同肩负而语文科又有其特殊功能的任务,列为副目的。这样,就把语文科的多种教育教学任务,分清了主次,鲜明显示出其间的区别和联系。(2)第一次明确地提出了发展学生智力(心力)、训练学生思维能力的重要任务。(3)把普通话的口语表达和现代应用文的读写能力,提到了十分显著的地位。(4)注意到语文学科与其他学科之间的联系。但是,从陈氏的表述中,我们也分明地看出,他在强调应用文的同时,多少忽视了文学教育的因素。

在上海吴淞中国公学进行教学改革的孙俍工,是 20 年代初提倡白话文和文艺文教学的激进派人物,他在 1922 年提出了他们这一派人物所拟制的语文科教学目的,共三项:"(1)人人有迅速阅看国语书报的能力,以启发思想;并且了解现代思潮的大概。(2)人人有精密鉴赏国语文艺的能力,以培养美的感情;并且了解彼底变迁和性质。(3)人人能用国语自由地明确地敏捷地发表情思,记叙事物"。孙氏的这一表述,显然收纳了当时革新派的一些较有价值的观点,如语文能力培养和思想教育、美感教育的结合，重视文学的变迁和性质的了解，强调发表的敏捷性等等。但这一表述的独特之处也十分明显，即：（1）强调言文一致，把国语的教学和普及列为新时代语文科的根本目的；（2）强调国语文艺的鉴赏，把现代新文艺的教学列为教学目的。正如孙氏所一再申述的："我们为赏鉴文艺而注重文艺，为稳固白话文的基础而注重文艺，为调剂生活而注重文艺"，他把中学语文科中加强新文艺教育看作是巩固和发展五四新文学运动历史成果的重要战略步骤来看待。他的这种见解，尽管因为无视我国古代优秀文学精品而显出某种偏颇，但在面对"桐城谬种""选学妖孽"时时都有卷土重来危险的当时，还是富有锋芒的卓越识见。

新学制的语文课程标准，正是在这样的讨论基础上制定的。当时主持此项工作的是胡适，具体草拟课程标准草案的，初中段为叶绍钧，高中段国语科为冯顺伯，高中段国文科为穆济波。关于教学目的，1923年《课程纲要》中作了如下表述：初级中学——1. 养成自由发表思想的能力。2. 养成看平易古书的能力。3. 能使学生作文法通顺的文字。4. 引起研究中国文学的兴趣。高级中学——1. 培养欣赏中国文学名著的能力。2. 增加使用古书的能力。3. 继续发展语体文的技术。4. 继续练习用文言作文。这一表述无疑是以胡适的主张为蓝本的，它同1912年《中学校令施行规则》相比，确实前进了一大步。首先，它分初中、高中两段来制定教学目的，显出了两个不同阶段在教学目的上的区别和联系，既反映了教学的阶段性，也反映了教学的连续性，使教学的循序渐进有了依据。其次，它肯定了语体文读写训练在中学语文教学中的突出地位，使"自由发表思想"有了保证。此外，从初中到高中，它都强调了文学教育因素，既重视现代新文学，也重视古代旧文学；还对文法给予一定的地位。而且，从现代教育观点来看，上述教学目的专注于语文能力的培养而不强调语文知识的灌输，也是一大进步。然而，它毕竟还有缺陷：（1）初中要求学生会"看平易的古书"，高中要求学生"增加使用古书的能力"，初高中都要学作文言文，在文言文教学方面提出了过高的、不切实际的要求。（2）完全漠视了语文科在培养学生思想品德和发展学生智力方面的作用。对上述缺陷，就连穆济波本人也曾于事后激烈加以抨击，认为这个课程标准所规定的教学目的，将"教"与"育"分离，将读古书列为要旨，是重大错误，"此种错误，若不加以修正，将来影响于中等国文教学前途，其为害正不可细计"。穆氏认为中学语文科的教学目的，概言之，就是一句话："养成有思想、有作为、有修养，在中等教育范围以内，有充分使用本国语文技能的新中国少年。"他并据此自拟了初中、高中分年级的"具体升学标准"。（参见《中学校国文教学问题》，《中等教育》第2卷第5期）。穆氏是20年代东南大学附中国文教学改革实验的主力之一，他的主张在当时有一定的影响。

　　1929年，南京国民党政府教育部公布了《中小学课程暂行标准》。这是以政府教育部名义颁行的、具有法规性质的第一个体例较为严整、内容较为周详的课程标准。其中语文科的初中部分，由孟宪承、刘大白等人草拟，高中部分由孟宪承和胡适草拟。这个课程标准的基本项目和内容要点，大致沿袭1923年《纲要》；但也反映了时代发展的某些痕迹。其中规定的中学语文科教学目的是：初级中学——（1）养成运用语体文及语言充畅地叙说事理及表达情意的技能。（2）养成了解平易的文言文书报的能力。（3）养成阅读书报的习惯和欣赏文艺的兴趣。高级中学——（1）继续养成学生运用语体文正确周密隽妙地叙说事理及表情达意的能力，并依据学生的资性及兴趣，酌量兼使有运用文言作文的能力。（2）继续培养学生读解古书的能力。（3）继续培养学生欣赏中国文学名著的能力。这一表述，有三点值得注意：首先，它确认中学语文科无论初中还是高中，都以提高用语体文来叙事说理、表情达意的能力为主要目的；至于用文言作文的能力，不作普遍要求，只依学生的资性及兴趣，酌情予以培养。这是对坚决反对中学生学写文言文的新派人物的某种让步，从时代发展的趋势看，无疑是认识上的进步。其次，它把"语言"能力（即口语表达能力）的训练、培养和提高，首次明确列入了中学语文科的教学目的。在过去，说话的训练只有在小学语文科中有人提出并实行过，如叶圣陶。在中学语文科中，胡适提出过，陈启天提出过，浙江一师的同人也提出过，但都属一家之言。现在政府教育部颁发的文件上这样明确规定，应当说是难能可贵的。再次，它在阅读方面提出了"了解平易的文言文书报"和"养成阅读书报的习惯"的要求，把范围从 1923 年《纲要》的拘囿于"古书"扩大到一般书报，重心移到了实用方面，而且把目标从过去局限于"能力"发展到"养成习惯"，注意了学生智能的培养。这些都是前进的迹象。只是阅读的对象仍着重在文言文，仿佛现代语体文并无阅读与欣赏的价值，这种偏见并未根除。这同孟宪承（1894—1967）当时所持的观点有关。孟氏在评论叶圣陶所编的初中国语课本时曾说："我则以为在初中里，除文典上要讲通语法文法，示例应当并重；与补充读物，当然语文并行外，其文学读本教材，应当以纯粹的中国文言文学为主体，语体文不必选，翻译文更不必选"。他认为文艺界尽管可以倡导白话文学，但"绝没有因为文艺界盛唱一种思潮，便令全国 12 岁至 14 岁的学生，不能尽量享受固有的粹美的文学遗产之理"。（见《初中国文教材平议》，《教育与人生》1924 年第 28 期）孟氏既然认为只有古代文言作品才是"粹美的文学"，那么谈阅读当然只局限于读"文言书报"，读文言的文学作品了。这种观点，在旧中国的语文教育界占有相当的势力，其在国统区的影响一直延续到新中国诞生的前夕。

在"官方"文件中，1929 年《中小学课程暂行标准》的基本格局几乎成了后来各个时期同类文件的一个模式，纵有修订，也无关宏旨。

但在"民间"，各派观点的论争则始终存在。在教学目的问题上，坚持复古的和坚持革新的，重在鉴赏的和重在实用的，强调语言的和强调文学的，主张文白兼顾、不分轻重的和主张文白兼顾、须有侧重的，标榜内容第一的和标榜技术第一的，如此等等，众说纷纭。而在中国共产党领导的解放区里，在语文科教学的目的问题上，无论是理论和实践都解决得比较圆满，这将有专章论及，这里不再赘述。综上所述，从20年代开始，围绕语文课程标准的制定，在教学目的这个根本问题上，人们的认识经历着一个曲折迂回而又不断接近完善的历史过程。回顾这一过程，对我们在新的历史条件下继续探讨语文科的教学目的和任务，以期得出既符合国情又符合语文科教学规律的结论，无疑是有启迪作用的。

二

20年代围绕语文课程标准展开讨论的又一个重要问题，是"教什么"，即教学内容问题。"教什么"同"为什么教"有密切联系，教学内容直接受制于教学目的，所以讨论教学内容问题实际上是讨论教学目的问题的深化和具体化。

从制定课程标准的要求来说，所谓教学内容主要指如下两项：一是课程设置（或叫学目设置、学程设置），二是教材大纲（或叫教材支配）。

1902年钦定《中学堂章程》规定的教学内容共四项：（1）记事文；（2）说理文；（3）章奏传记诸体文；（4）词赋诗歌诸体文。当时实行四年制，顺次学来，每年一项。这样的教学内容与"辞章"的学科名称是适应的；只是表述得非常简略。1903年奏定《中学堂章程》，学科名称改"辞章"为"中国文学"，学制由四年制改为五年制，其教学内容规定为读文、作文、习字以及有关"中国古今文章流别、文风盛衰之要略，及文章于政事身世关系"等文学史知识。安排如下表：

学年	程　度	每星期钟点
一	读文　作文　相间习楷书行书	4
二	读文　作文　相间习楷书行书	4
三	读文　作文　相间习楷书行书兼习小篆	5
四	读文　作文　相间习楷书行书兼习小篆	3
五	读文　作文　兼讲中国历代文章名家大略	3

学目设置已初具规模，兼讲中国历代文章名家大略，已涉及文学史的知识，是新增内容，并为"中国文学"一科所必需。

1912 年《中学校令施行规则》对四年制中学语文科的教学内容作了这样的规定："国文宜首授以近世文，渐及于近古文，并文字源流、文法要略，及文学史之大概，使作实用简易之文，兼课习字。"1913 年又公布《中学校课程标准》，其中语文科的教学内容列表如下：

第一学年		第二学年		第三学年		第四学年	
周时	教学内容	周时	教学内容	周时	教学内容	周时	教学内容
7	讲读　作文 习字 { 楷书 行书	男 7 女 6	讲读　作文 文字源流 习字同前学年	5	讲读　作文 文法要略 习字同前学年	5	讲读　作文 文法要略 中国文学史 习字 { 行书 草书

与奏定《章程》相比，增加了文字源流、文法要略两个学目，习字训练中减去小篆，增添草书，开始重视语文基础知识的教学，而且内容渐倾向于实用。语文科的周学时，男女有别，第二学年男 7、女 6，是为新例。

"五四"前后，国语统一、言文一致的呼声日高，人们对语文科的性质和教学目的在认识上也有所发展，于是针对 1912 年《中学校令施行规则》规定的教学内容展开了讨论。除了胡适以外，发表意见较为系统的有周予同、沈仲九、穆济波等人（叶圣陶、吴研因等人的意见，主要针对小学语文科而发）。

首先是课程设置问题。周予同在 1920 年曾撰文指出：在《中学校令施行规则》和《中学校课程标准》中规定的学目共五项，其中有三项可以不必列入，即：习字、文字源流和文学史。关于习字，周氏说："习字的意义有两层：一为应用的，一为美术的。就应用方面说，我以为习字的任务应该让国民学校和高等小学去负担，绝不必延长到中学第三年级。……就美术方面说，我以为中学生无学习的必要。"关于文字源流，他的意见是："文字学是国故中很有价值的学问，但也是很烦琐很不易研究的学问。编二三万字的教科书，要把形音义的构造和变迁说得明了，这是妄想。……所以我主张这一科让大学预科去担负；不过在中学三、四年级的时候，教授几篇关于文字学的文章，如章炳麟《说六书》、许慎《说文解字·序》等，使学生明了六书形义的大概就是了。"关于文学史，他完全赞同胡适的看法，认为不先懂得一点文学，就读文学史，光记得历史上有哪些作家的名字，却不知道他们的著作，是并无多大用处的。至于文法要略，他主张要"大大地扩充"，认为"文法学是中学国文中最重要的科目"，其内容应包括国语法、国文法、修辞要略；此外，论理学大意"是和思想及言语的组织很有密切的关系，所以也应该提早教授"。周氏还根据自己的设想，为四年制中学草拟了这样一份课程支配表：

年级	学目及每周学时
一	国语文(3)　国语法(1)　作文(1)　阅书质疑(1)
二	文言文(2)　国文法(1)　作文(1)　阅书质疑(1)
三	文言文(2)　修辞要略(1)　作文(1)　阅书质疑(1)
四	文言文(1)　日用文法式(1)　作文(1)　阅书质疑(1)　论理学大意(1)

周氏的设想，有两点对后来课程标准的制定有切实的贡献：一是扩充了文法要略的内容，使语言基础知识的内涵扩展为现代汉语、古代汉语、修辞、应用文法式和论理学大意，内部构成因素较为完备；二是同

意胡适重视"看书"的观点，却又婉拒胡适忽视"讲书"的偏颇。认为"讲书"仍有存在的价值，但光"讲书"而不注重"看书"，弊害也大，所以特为提出"阅书质疑"的学目，这就为后来规定"精读"和"略读"并举奠定了思想基础。（参见《对于普通中学国文课程与教材的建议》，《教育杂志》第 14 卷第 1 号）

1922 年，中学学制改为"三三制"，并实行分科制和选修制，即所谓"新学制"。这一学制的确立，对中学语文课程的建设提出了新的要求，学习年限由四年延长为六年，高级中学分普通科、师范科、职业科，在各科中学里又要实行选修制，这就势必要求语文课程提高程度、新增学目，以应需要。周予同针对这一新的情况，又重新提出了自己关于课程设置的建议：

初中普通科必修科：模范文、作文、阅书质疑、语法、文法、修辞要略、日用文程式

高中普通科必修科：模范文、作文、阅书质疑、文字学、中国文学史、西洋文学史、文学概论、国故概要

高中师范科必修科：同高中普通科必修科

高中职业科选修科：文字学、中国文学史、西洋文学史、文学概论、国故概要

一般选修科：国音学、新闻学

就语文科课程设置而言，不管初中、高中、必修、选修，总共设置 14 个学目。这就开了语文课程繁化分目的先声。

1923 年制定的《课程纲要》，就中学语文科的必修学目作了明确规定。其中，初中国语由叶圣陶拟制，列表如下：

学目及学分总分配（共32学分）		各学年每周教授时间分配		
1. 读书 { 精读　14 / 略读　6 } 共20学分		第一学年 每周6时	第二学年 每周6时	第三学年 每周5时
2. 作文 { 作文与笔记　4 / 文法讨论　3 / 演说与辩论　3 } 共10学分		读书3 作文2 写字1	读书3 作文2 写字1	读书3 作文2
3. 写字————2学分				

联系叶氏在纲要中所作的文字说明，他在初中语文科的教学内容上提出的重要观点主要有如下几点：

第一，文言、白话混合教学，在选文比例上体现"语体文渐减，文言文渐增"的原则。初中阅读教材，文白比例大致是第一学年1：3，第二学年2：2，第三学年3：1。这种混合教学体制，一直为后来各个时期的"课程标准"沿用，只是文白比例略有参差而已。

第二，把"读书"一项分列为"精读"和"略读"两部分，其中"略读"部分性质与周予同的"阅书质疑"近似，是古代学者讲究精读与博览相结合的读书经验的具体运用。精读，用的是教科书中的选文；略读，用的是指定的专书。无论是精读的选文，还是略读的专书，都按循序渐进原则作了规定。

第三，把"作文"一项分列为定期的作文、不定期的作文和笔记、定期的文法讨论、定期的演说辩论等四个组成部分，规定作文除了通常的命题作文以外，还应包括"译文，笔记，演说，辩论，系统的文法研究，兼及修辞学大意"。这样，就在教学内容上突破了以往单纯以写文章为要务的樊篱，把书面语的训练和口语训练、文法修辞讨论和写话说话实践、课内写作和课外笔记等等都结合了起来，大大扩展了教学的领域。

高中语文，分普通必修（称国语）和文科必修（称国文）两类制定纲要。普通必修的课程，由冯顺伯拟制；文科必修的课程，由穆济波拟制。二者综合如下表：

学目及学分总分配（共24学分）	各学年每周教授		
1. 普通必修——共16学分 （1）读书（2）作文（3）文法 2. 文科必修——共8学分 （1）文字学 （2）文学概论	第一学年 每周4时	第二学年 每周4时	第三学年 文科每周4时
	读书2 作文及 文法2	读书2 作文及 文法2	文字学2 文学概论2

冯氏为高中普通必修国语课程拟制的《纲要》，在教学内容上有两点值得注意：

首先，在"读书"一项，定名为"文学欣赏"，这与孙俍工等人主张语文教学应重在文艺文的分析鉴赏不谋而合。而在"文学欣赏"中规定的教学内容，又以"最近文字"（即现当代文学）为主，按现代文学分类法，分散文、小说、剧本、新诗四大类系统讲授，所选的教材包括中外具有进步意义的作品。至于"古代文字"（即中国古代文学），则只学古典诗歌，以《诗经》《离骚》《古诗源》起，直到盛唐以后的优秀诗作。可见，冯氏是只承认古典诗歌属"文学"范畴，可置于"欣赏"之列；古典散文及古典小说一律不采。

其次，"作文"一项，定名为"文字制作"，其中除了结合讲授文法修辞知识外，着重在文字技术的研究。一律要求写文言文，不写白话文。为了要训练学生掌握文言文的写作技术，《纲要》规定要选古代散文中的典范作品供学生研读、借鉴。第一学年学论辩文，包括议论文和辩论文两类，选诸子作品及秦汉以后各家论辩文的精品为范例；第二学年学记载文，包括叙述文和描写文两类，选史传作品及秦汉以后各家纪事状物写景之文的精品为范例。在文言文写作训练中，冯氏要求先学论辩文，再学记载文，与梁启超的见解相悖，值得注意。此外，冯氏还强调：“文学欣赏”专以欣赏之教学为旨，不涉及制作之练习；而“文字制作”，则专以制作之教学与练习为旨，不涉及欣赏；把读与写截然分开。

穆氏为高中文科必修国文课程拟制的《纲要》，是专为攻读文科的学生制定的，安排在高中的第三学年，从教学内容看，带有提高的性质。他设置的必修课程共两门，一是文字学，一是文学概论。这与周予同的主张正相反。但穆氏是从专攻文科的学生的需要出发，来安排课程的，也不无理由。文字学，重在讲授音韵训诂知识；文学概论，除了讲授文学本身的特质外，着重讲授中外文学之变迁，即中外文学发展史概要；同时要求作中外文学之比较研究。

1923 年制定的国语、国文课程纲要，其中列述的初中、高中课程标准，尽管反映了各位拟制者的某些主观见解，但也多少收纳了当时语文教育界一部分有识之士的看法，所以从总体上看是代表着这个特定时代人们对这门学科的基本认识。从教学内容方面考察，至少有下列各点是体现了新的时代精神的：（1）在“读书”一项，无论初中还是高中，都是文言、白话兼授；而且重视了中外新文学优秀作品的选读。（2）在“作文”一项，规定初中要兼学白话文写作，突破了中学全学文言文写作的旧例。（3）语言表达，既重视书面表达训练，又重视演说辩论等口头表达训练。（4）重视文法修辞的知识讲授，并使之与作文训练密切配合。（5）加强了文学教育，既重视文学欣赏，也重视中外文学史概要的讲授。然而，这个纲要毕竟是在五四新文化运动兴起之后不久制定的，新旧两种思潮相互冲突、激烈交锋的痕迹在纲要中不能不有所反映；加之，20 年代初期正是一个学术思想空前活跃的时期，各派观点都要自我表现，一争长短，所以纲要一经发表，就引起了人们的普遍关注和热烈讨论。讨论的焦点仍然集中在文言文和白话文的教学上，不过讨论的重心已经不是要不要教白话文的问题，这个问题已经基本解决；这时的重心转到这样两个具体问题上；一是文言和白话是分别讲授为好，还是混合讲授为好。穆济波等人主张初中教白话，高中教文言；朱自清等人则主张初中、高中均文白兼教。二是文言和白话的配置比例，一派主张初中侧重教白话，随着年级递升，文言文比重逐步加大，高中则侧重教文言文，这是当时叶圣陶等人的观点；另一派则主张白话文教学应在小学高年级进行，从初中开始就要侧重教文言文，到高中应当全部讲授文言文，这是当时孟宪承等人的观点。至于一些激进的革新派，如沈仲九、孙俍工等人，则对纲要中坚持要中学生学写文言文的观点严加抨击。

然而时代毕竟在发展，人们对语文学科的地位和作用的认识也在不断深化，对于一些重大问题的论争也由歧异而逐渐趋同。到 1929 年，中学停止实行分科制和选科制，一律改行普通科制。教育部重新制定并颁行了《中小学课程暂行标准》。该《暂行标准》确定的语文课程如下表：

初级中学		高级中学	
1. 精读指导（包括文法与修辞）	3	1. 讨论读物及文法和修辞研究（包括专书精读、选文精读、文法与修辞、读解古书准备）	3
2. 略读指导	1		
3. 作文练习（包括书法练习）	2	2. 作文练习及作文评论	1

这个《暂行标准》所规定的教学内容，除了受当时国民党政府思想文化的禁锢与控制因而在选材标准上提出要"包含党的主义与策略，或不违背党义"以外，有如下几点对后来的语文教学有积极影响。

第一，在肯定初中、高中文白兼教的前提下，初中阶段进一步增大了白话文的比重，规定初中各年级的文白比例递次为：3：7、4：6、5：5。

第二，在教材的排列上，首次明确了较为合理的程序，即：初中第一年偏重记叙文、抒情文,第二年偏重说明文、抒情文,第三年偏重议论文、应用文;高中则要求"有系统地分年选及有关中国学术思想与文学的体制流变之文",为后来1933年颁行的修正《课程标准》确定高中第一年以体制为纲、第二年以文学源流为纲、第三年以学术思想为纲的构想奠定了基础。

第三,在作文方面,不但初中阶段要求学写白话文,高中阶段仍继续要求精通白话文的写作技术,并提倡试写白话的文学作品。这样,高中排斥白话文写作训练的旧例终于废弃。

第四,在精读部分,高中阶段不但规定要有"选文精读",而且安排"专书精读",要求每一学期选定一部名著供学生认真研读。这一规定,尽管在事实上认真去实行者,为数寥寥,但毕竟是一种创见,值得重视。

综上所述,在20年代围绕中学语文课程标准展开的讨论,以1923年新学制课程标准起草委员会所制定的《纲要》为一个重要里程碑,它在"为什么教"和"教什么"这两个重大问题上破旧立新,形成了一个能体现时代精神、体例严整、表述清晰的指导性文件。后来,尽管在国统区又连续颁布过若干性质相同的文件,但基本内容仍与1923年的《纲要》大体近似。诚如1944年叶圣陶在《谈语文教本》一文中所说:"人总喜欢在走熟了的路上走,20年来,教本出了不知多少种,都继承着十一二年间的规模,并无改革。"这里所谓的"十一二年间的规模",就是指民国十一年至十二年,即1922年至1923年间制定的那个《纲要》所确定的教学目的、教学内容。叶氏的话,固然有慨叹语文教学革新之艰难的意思,但当年那个《纲要》在后来的20余年间一直影响着我国中学语文教学的基本格局,确是历史的事实。

(原分上、下两篇,现合并为一篇,略有改动。选自顾黄初著《现代语文教育史札记》,南京出版社1991年版)

语文科教法改革面面观

　　五四运动前后，语文科的教法改革呈现出多角度探索的生动局面，这同国外各种资产阶级教育思潮的不断涌入有极大关系。这里应该特别提到创办于宣统元年的商务版《教育杂志》，它在传播和译介国外各种教育理论和教学方法方面，建立了不可磨灭的功绩。这本杂志的早期主编朱元善，尤其热心于此，他出于对封建传统教育的不满，倾注全力从国外引进教育新说以引起国人的广泛注意。据茅盾在他的回忆录中追述，说："朱元善编《教育杂志》，主要依靠许多日本文的教育杂志。这些五花八门从教育理论到教学方法，从大学到中学的日本文杂志约有十来种。朱本人并不懂日文，他只看日文中的汉字猜想内容，认为可用，便圈出来，请馆外人翻译。……两种或两种以上的杂志中有讲同一问题的，例如介绍英美新思潮的，都翻译出来了，他就据以重新编写，成为一篇文章，不注出处，只署名曰'天民'。他对翻译的人说，天民是共同的笔名。……朱元善用上述的方法把《教育杂志》办得相当有生气，因为它及时介绍欧美新的教育学说，教育改革情况。"（《回忆录·商务印书馆编译所生活之二》，《新文学史料》1979 年第 2 辑）朱元善本人既不懂日文，又不是熟谙教育理论的专家，所以这些译介文章，往往文字艰涩难懂，内容也常有讹误；然而由于介绍的是新论、新法，对国内众多热心教育改革者仍有极大的吸引力。

在20年代前后，《教育杂志》上刊登这类译介文章，署名最多的是天民和太玄。"天民"的来历，已如茅盾所述；"太玄"一名，估计也是社内外同事的一个"共同的笔名"。在这大量的译介文章中，属于引进新的教学方法的，为数也不少。如，署名"天民"的，有《电报文之教授》《国文教材之处理法》《写生主义之作文教授》《作文教学之新分类及其活用》《自习主义读法预习法》；署名"太玄"的，有《日记文教授之发展》《纵断式读法教授》《有价值之笔述法》《葛雷教授关于读法之研究》《经济主义之读法教授》，等等。这些文章，内容涉及读法教授、作法教授的种种原理原则和具体方法，尽管未必尽合我国国情，却大大开拓了国内一些教师的眼界，引起人们浓厚的兴趣。前面曾经提到的程序教学法、设计教学法以及道尔顿制等等，也都是在这样的背景和氛围之中成为人们积极探索的课题的。

这里不妨再以分团教学法为例，略加介绍。1920年，《教育杂志》发表太玄的《经济主义之读法教授》一文，其中介绍了分团主义的教学方法。分团教学法，是在日本流行的一种新教学模式。早在1914年《中华教育界》就曾先后发表太冲的《分团式之作文教授》和顾镜明的《分团之读法教授》，分别介绍了分团教学法在作文教学和读文教学中的具体运用。太玄的文章，则在介绍的内容上较为详备。

分团教学法的重要特点就在于"分团"，即在班级授课制的条件下将同班的学生编成若干"团"（组），然后进行有针对性的教学。在一般情况下，每团以六人为宜，由优、中、劣三等学生均匀分配组成，指定两名优等生任正、副团长负责全团的学习。实施分团教学法，班内课桌椅的布置也须调整，以适应活动需要。下面是太玄的文章中介绍的一种座次格局：

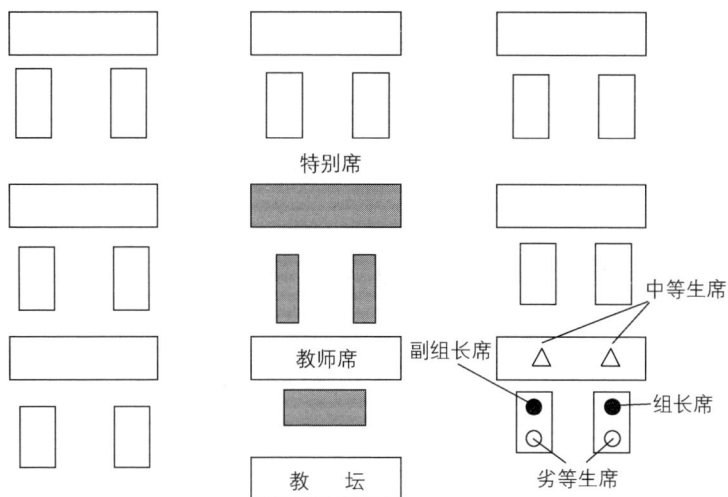

分团教学法的教学过程大致是：（1）教师范读；（2）令各组长诵读，教师检阅之；（3）各组长检阅副组长之读法；（4）各组由两组长检阅其邻席二名之读法（劣等生最后检阅）；（5）检阅既毕之儿童，于自修簿上练习书写；（6）教师此际，处特别席，对于劣等儿数名（更选）为特别之指导；（7）全部检阅毕，则移于次之作业；（8）全课教授后，以同法检阅全课之读法。检阅毕者，于次表中着一圈以志之。

这种分团主义的设想，确能给人以启发，它促使人们有意识地去探索在班级授课制的条件下实行因材施教的途径。不过，这种设想，尽管理论上似乎颇为周妥，但要真正严格地去做，却有许多困难。因为班级授课制重在群体，重在统一，重在发展的同步；而传统的个别授课制，重在个别，重在个别差异，重在发展的不同步。这是性质和特点完全不同的两种授课制度，想在班级授课制的前提下来实施个别教授，事实上很难办到。但是不管怎么说，分团主义在教学思想上强调尊重学生的个性差异，强调教学的针对性，还是极有价值的。1927 年，张文昌在《新教育评论》第 3 卷第 8 期上发表《中学国文教学底几个根本问题和实际问题》的长篇论文，文中根据分团主义的理论分析了当时中学国文教学的弊病及其救治方法，他说："个别在教育上是最重要的一点，在国文教学里尤是重要问题……然而现在的国文教师绝少能注意此点，执一不变的教法，全级单调的学习，这样自然使学生不感兴趣……挽救之道，最好用分组方法，以各组比较的能力和嗜好分组，各有不同的功课指定，或竟是不同的教材亦可。"他还设想了分组法的注意事项："（1）十分捷敏或迟拙的学生，应使升级或降级，不致多数的学生因为少数而耗度时间和精力，教师也不致因是而难于应付；（2）分组的标准应客观而准确，最好用测验；（3）全级与全组应有一最低限度的标准；（4）不时应有试验，依成绩的优劣及天才与努力的高低，可使易组到比较的最适当时为止。"

以上这种分团、分组的教法，旨在弥补班级授课制的某种缺陷；尽管实施起来颇为不易，却还是很有研究价值的。近人张富（江西南昌第三中学）在班上按程度把学生分为四组，实行因材施教，取得较好的教学效果，就是明证。

从程序教学法、设计教学法、道尔顿制到分团主义教学法，都是导源于当时日本、欧美一些国家的教育理论和教学实践。这些新的教学法，如果不与中国的国情相结合而加以必要的改造，只是简单地照搬套用，效果总不能如理想般的圆满。因此，有相当一部分热心于教学改革的人，在接受外来思潮影响的同时，更多地从批判继承传统教育某些合理因素着眼来探索教法改革的新路，也取得了可喜的进展。导学教学法和比较教学法，可以作为这方面的代表。

导学教学法，形象的说法可以称之为"导儿学步"法，它是在自动主义的现代教育思想和"导而勿牵"的传统教育思想启发之下孕育产生的一种教学方法。自动主义强调要让学生独立学习、独立思考、独立作业；"导而勿牵，强而勿抑，开而勿达"（引导学生学着走而不是牵着学生走；策励学生自己走而不是推着学生走；启发学生自己去探索而不是代替学生作出结论）的传统教育思想，要求教师善于启发、引导，既不放任自流，又不包办代替。根据这样的指导思想，就产生了导学教学法的构想。这一构想的完整形态应该说是形成于 40 年代，其代表者是叶圣陶。但较早提出这种构想的，却是"五四"以前如皋县立师范附小国文教员姚铭恩。他在 1915 年发表题为《小学作文教授法》的长文（载《教育杂志》第 7 卷第 6、7 号），系统地总结了他在小学作文教学方面的实践经验，并提出了他对语文教学的一系列精辟见解。其中，"导儿学步"的比喻，特别值得重视。

姚铭恩在文章中说："尝譬作文教授，为保姆事业。儿童作文，等于孩提学步，弱小婴儿，必全赖于怀抱。因已数月以后，足力渐生，则为之保姆者，即当以灵妙之手腕，轻举其纤柔之足部，以练习之。再数月而略能伫立，则扶持之。略解移步，则提携之。且当于提携之中，而时或偶一释手，若即若离，以练习其独立或短距离之步行。渐进而达于能自行立之境途。假使不预为练习，逐渐诱引，以预备之，而常在怀抱，吾知其有年数龄而跬步不可行者矣。反之而一味放任，吾又必知有颠覆倾颇，破头伤额者矣。"姚氏强调了能力培养必须有个过程，既不能放任，也不能代庖，重在循序渐进的启发诱导，重在有计划的练习。姚氏不但注意到外力扶持引导的重要，而且还注意到内部充实其营养的必要，这一点尤其可贵。他说："孩提之学步，当有种种之诱引及练习，养成其独立之能力。然特为外部之养护，保姆之表面职务耳。儿童须有如何之实力而始能立，始能行，则端资内部之营养。营养不足，体力不生，是根本问题，尤在内部之养护也。"在这里，姚氏提出了"导儿学步"的两个重要前提：一是导其练习，这是外部的养护；二是增其体力，这是内部的养护。二者不可缺一，而后者尤属根本。

到 40 年代，叶圣陶和朱自清在阐述阅读教学法的时候，又提到了这个比喻，可谓不谋而合："学生从精读到略读，譬如孩子学走路，起初由大人扶着牵着，渐渐地大人把手放了，只在旁边遮拦着，替他规定路向，防他偶或跌交。大人在旁边遮拦着，正与扶着牵着一样地需要当心；其目的唯在孩子步履纯熟，能够自由走路。"(《略读指导举隅·前言》) 在叶、朱二氏看来，精读是"导儿学"，略读是"儿学步"；精读是"举一"，略读是"反三"。由精读、略读推而广之，在课外广泛阅读，这又发展了一步。至于精读，按叶氏的设计，当由预习（学生在教师指导下独立阅读）、报告与讨论（在学生独立阅读基础上师生共同研讨）、练习（学生在已有理解的基础上进一步独立地、深入阅读）这样三个环节组成，目的在通过扎扎实实的训练使学生逐步学会阅读，养成"自能读书"的能力。这样，由预习而讨论，由讨论而练习，学生在教师指导下逐步学会读书；由精读而略读，由略读而博览，学生在教师指导下逐步练成阅读的熟练技巧、逐步扩展阅读的范围，进一步充实内部的思想营养。这就构成了导学教学法的完整的设想。

比较教学法，是基于"学而不思则罔，思而不学则殆"的学思结合原则提出的一种教学构想，它的指导思想是旨在有效锻炼学生的思维品质。比较法，作为教学过程中所采用的一种方法，原是中外历史上早已有人提倡过的。梁启超主张"一组一组文章比较着教"，就是一例。但是，把比较法当作阅读教学的基本过程和主要方法，从教材到教法全部服从于"比较"，形成一种比较教学法，就我国现代语文教学发展史上考察，当推大夏大学国文教授陈柱。陈柱在 1923 年曾发表题为《中学生研究国文之方法》一文（《学衡》第 17 期），指出用比较法研究国文是中学生学习国文的重要方法。1928 年，他在大夏大学高师科和国立暨南大学教授国文，就尝试着在高中国文科实施比较教学法。

陈氏首先把高中国文科的学科名称定为"国文比较研究法"，明确揭示了他教授国文在方法论上的显著特点。然后，据此自选、自编可供比较研究的教材。目录举例如下：

卷一（凡关于各种文体之异同者多属之）

白居易：《长恨歌》

陈鸿：《长恨歌传》

　　　　　　——以上一组，见诗与传记作法之异。

潘岳：《秋兴赋》

欧阳修：《秋声赋》

　　　　　　——以上一组，见题意大小，作法有

　　　　　　不同，及六朝赋体与宋人散文赋体之异。

卷二（凡关于摹拟者多属之）

江淹：《恨赋》

李白：《拟恨赋》

尤侗：《反恨赋》

陈柱：《反恨赋》

　　　　　　　　——以上一组，见完全摹拟，

　　　　　　　　与拟其体而反其意之不同。

欧阳修：《祭石曼卿文》

王安石：《祭欧阳文忠公文》

苏轼：《祭欧阳公文》

　　　　　　——以上一组，见同学一人而各非相袭。

　　这样的教材就为实施国文比较研究法奠定了基础。这样做，选文固然不易，自撰范文更需要教师有相当的语文功底和文章学素养。

　　在教学过程中，陈氏仍重传统的讲解法，但在吸取自动主义教育理论合理因素的基础上，他强调讲解时当详则详，当简则简，当由学生自查解疑者则让学生自行参考查阅，反对一味地逐句讲解、喋喋不休。同时，他还在比较研究过程中，试行图表式的结构指示和声情相应的诵读指导，使传统的讲读法显出了某种新的时代气息。

　　20 年代前后，是我国现代教育史上一个生机蓬勃的时期，从国外引进的现代教育思潮和我国固有的传统教育思想相互撞击，在语文教学方法的改革中迸发出了朵朵绚烂的火花。这些火花所闪耀的光彩，对当前我们的教育教学改革依然具有启迪作用。

　　（选自顾黄初著《现代语文教育史札记》，南京出版社 1991 年版，原题为《语文科教法改革的多向探索》）

现代语文教育的回顾与前瞻

我国现代语文教育自本世纪之初开始萌生，至今已有 80 多年的发展历史。就新中国成立以前的近半个世纪而言，其间大致经历了三个发展阶段。

从 1902 年清政府制定《钦定小学堂章程》《钦定中学堂章程》起，到 1912 年中华民国建立，共和国教育部公布《中小学令施行规则》止，前后整整十年，是语文学科在中小学堂独立设科的阶段。在这个阶段中，不管名为"中国文字""辞章""中国文学"，还是名为"国文"，语文一科已成为中小学堂中一门独立的学科，并且有了自己设科的宗旨和要求。尽管当时读的写的还都是文言文，但在小学里已经开始有了新编的教科书，中学的读本也在传统文选型教材基础上有了某些改进。

从 1912 年共和国教育部公布《中小学令施行规则》起，到 1932 年国民党政府教育部颁布中小学各科《课程标准》止，整整 20 年，是语文学科在新学制下逐步建立起自己的学科体系的阶段。一门学科，要成熟地建立起来，就必须要有自己严整周密的学科体系。这体系主要体现在有详备的教学大纲（旧时称"课程标准"）和完整的教科书。在前一阶段，语文尽管已成了一门独立的学科，但它本身还没有独立的教学大纲，也还没有根据大纲要求和现代教育理论编纂起来的新型教科书；到第二个阶段，由于五四新文化运动的掀起，由于国外一些教育家对于课程建设的理论不断被引进，语文学科本身的体系建设已经有了客观上的需要与可能。在这个阶段中，中小学被规定为普通教育，语文被确认为现代公民必须人人掌握的工具，语文学科开始有了现代意义上的教学目的；同时，由于五四运动提倡"言文一致"和"国语统一"，各种新的教育思潮也相继涌入，白话文和实用文在语文学科的教学内容中占有了合法地位，新式的教授法开始被越来越多的人所接受；1923 年，随着学制的改革，以现代教育学为理论依据的语文学科《课程标准》首次正式制定、公布，以后，在 1929 年和 1932 年，课程标准又不断有所修正，在课程标准指导下编制的新式教科书也陆续出版。语文学科在教学领域里开始形成了比较成熟、比较完整的体系。

从 1932 年国民党政府教育部颁布中小学各科《课程标准》起，到 1949 年新中国诞生前夕，历时 17 年，是语文学科在复杂多变的社会政治环境下探索前进的阶段。在这个阶段中，以编著教科书为中心，语文教育界的有识之士展开了对于语文教学客观规律的多方面的探索；同时，在语文教育界形成了以"开明派"为代表（国统区）和以陕甘宁边区为中心（解放区）的革新语文教育的中坚力量；此外，语文教学的心理实验，语文教学的专题性研究以及"语文教学法"的理论著述，在这个阶段都有了可观的、令人鼓舞的进展。及至 1949 年春，华北人民政府教育部成立教科书编审委员会，叶圣陶建议把原来定名为"国语"和"国文"的学科名称改称为"语文"，确认"语文"一科的教学目的在于对学生进行书面语和口头语的全面训练，并由叶圣陶本人草拟出《中学语文科课程标准》，由蒋仲仁草拟出《小学语文科课程标准》，我国的语文学科便进入了一个新的发展阶段。

以上所述，是新中国成立以前近半个世纪中语文学科发展、演变的基本轮廓。而语文学科就其性质而言，是整个教育大系统中的一个重要组成部分，它的形成和发展必然与整个教育思想的更新和教育体制的演变相联系；就它的教学内容而言，它又离不开语言和文学，离不开语言文学中渗透着的政治思想和道德观念，因而它的发展又必然同我国汉语汉文的发展、同政治思想和道德观念的发展紧密相联系。所以，对于我国现代语文教育的发展演变，还必须放在我国整个民族文化发展的大背景之下来加以考察，才能了解其外部的和内在的动因。

在这近半个世纪的岁月里，我国的整个民族文化发生了前所未有的巨大变化，而以下几个方面的变化又与语文教育的发展有着更为直接的联系：

首先是传统教育经受着时代的严格筛选。

我国的传统教育具有几千年的悠久历史。到 19 世纪末、20 世纪初，传统教育中的糟粕因时代的不断前进而日益显出它的腐朽性和落后性。封建的传统教育，旨在培养少数的、不同层次的封建官吏。可是到了 19 世纪末，时代的要求是除了官吏以外，还需要有办实业的人、会采矿筑路的人、会制枪造船的人、能教书的人、能跟外国人打交道做买卖的人等等。新教育的宗旨是在培养为发展现代社会所需要的各种各样的人才。这样，原来封建传统教育的宗旨就因不能适应时代需要而终于被人们所抛弃。封建传统教育的教学内容，主要是四书、五经和科场八股。这样的教学内容显然是服从于并服务于它原有的教育宗旨的。现在，新教育的宗旨变了，它要求培养"完美的人格"，要求培养适应现代生活的各种不同的人才，教学内容自然要彻底更新。现代分科教学的实施，语文教材中知识说明文和程式应用文的增加，正是对传统教育教学内容的扬弃和否定。封建传统教育的教学方式主要是个别教授，它适应教育为少数富家、官宦子弟服务的宗旨；而在 20 世纪的历史新时期，普及教育已成为时代发展的新的潮流，班级集体授课制取代个别教授制乃是历史发展的必然。封建传统教育的教学方法主要是讲解（教师）记诵（学生）。在新的时代，资产阶级标榜"个性解放""个性发展"，无产阶级要求"人的全面发展"，尽管前者和后者所要求的"发展"有本质上的区别，但反对束缚儿童的身心健康发展则是共同的。讲解—记诵的传统教学方法，用逐句串讲、死记硬背等僵化了的手段来窒息儿童的创造性，显然已违背了时代的要求。

当然，传统教育中也有精华。这些精华的部分，到19世纪末也已发展得相当充分。它的来源主要是两个方面：一是先秦以来一些重要思想家所提出的一系列带有朴素唯物主义思想和辩证因素的教育主张。我国古代的哲学家往往同时也是教育家，这同西方思想史上所提供的事实十分相似。例如孔子的"学而不思则罔，思而不学则殆""不愤不启，不悱不发""知之者不如好之者，好之者不如乐之者"；孟子的"君子深造之以道，欲其自得知也""梓匠轮舆，能与人规矩，不能使人巧"；荀子的"不闻不若闻之，闻之不若见之，见之不若知之，知之不若行之，学至于行而止矣""不积跬步，无以至千里"；王充的"不学自知，不问自晓，古今行事，未之有也""故口言以明志，言恐灭遗，故著之文字。文字与言同趋，何为犹当隐闭指意？"韩愈的"弟子不必不如师，道之所存，师之所存也"等等。这些古代先哲的教育主张，到19世纪末、20世纪初，已经被近现代许多学者所接受，并根据新的思想观点加以充分的论证和发挥。传统教育中精华部分的又一个来源，是古代学者对读书作文规律的自身体验的总结。古代的教育家又往往同时是大学者和大文章家。先秦诸子不必说，汉代的王充、扬雄，魏晋的刘勰、陆机，唐代的韩愈、柳宗元，宋代的朱熹、张载、陈骙，明代的宋濂、胡应麟、黄梨州，清代的唐彪、王筠、康有为等等，都是对读书作文规律有自己独到体验的人物，他们对读书作文之道所作的精辟概括，无疑也是传统教育中的瑰宝。

传统教育中所有这些有价值的东西，在历史发展的新时期，都成了一些有识之士探索语文教育规律的宝贵精神财富。

其次是我国的语言、文字和文学在这一时期经历了巨大的历史性变革。

在 20 世纪，汉字已不再是少数人手中的特殊工具，而是整个社会每个现代公民都必须掌握的基础工具。因此，汉字的简化、汉字拉丁化的试行、注音字母和国语罗马字的推广等等，就是时代发展的必然产物。此外，日益频繁的人际交往，已不容许言文脱节的现象再继续存在，"言文一致""以我手写我口"，成了现代社会的普遍要求。白话文的兴起，已经是不以人们的意志为转移的历史必然。"五四"时期，大量优秀的白话文学作品冲破了文言文一统天下的局面，使语文教材的更新有了客观上的可能性。同时，方言杂陈的现象也严重阻碍着新时代广泛而频繁的信息交流，因此"国语统一""推广普通话"也成了社会各界普遍的呼声。随着语文工具的普遍使用于人们日常的工作和生活，实用文体的重要性也日益被人们所认识。凡此种种，都为语文学科在新的历史时期绽放新蕾提供了现实的条件。

此外，更不容忽视的是，在这一时期资产阶级的进步教育思想和马克思主义的革命理论先后猛烈冲击着封建的传统观念，使人们对传统教育的观察和分析有了全新的、科学的思想武器。

在 19 世纪末，清政府中一批主持洋务的官僚，从维护封建专制统治的根本利益出发，竭力主张兴办"新学"。洋务教育尽管是封建买办性质的，然而它在实际上所产生的历史影响也是客观存在：我国的新式学堂由此发端；西文、西艺、西政的引进，毕竟对长期封闭的封建旧教育以巨大的冲击；同时，还培养出了我国最早的一批留学生和一批具有资产阶级改良主义、民主主义思想的新型人才，他们中的许多人后来成了传播新思想、新文化的重要力量。

　　稍后，维新派领袖梁启超等人竭力鼓吹国民教育。他在《论教育当定宗旨》一文中指出："一国之有公教育也，所以养成一种特色之国民使之结为团体以自立竞争于优胜劣败之场也……故有志于教育之业者先不可不认清教育二字之界说，知其为制造国民之具。次不可不具经世之烱眼，抱如伤之热肠，洞察五洲各国之趋势，熟考我国民族之特性，然后以全力鼓铸之。"把教育看作是制造国民之工具，而不是制造官吏之工具，这对封建教育和买办教育而言，显然是一个进步，它代表着资产阶级在政治上要求独立、平等、民主的利益，后世的普及教育、义务教育等等，正由此派生出来。

　　在我国，首倡美感教育的是蔡元培。蔡氏提倡的美感教育，从实质上看是一种世界观的教育，他认为人的世界观的形成，不能靠强制，而要靠美的感化。他的这一观点，对现代语文教育影响颇大，后世中小学语文学科中注重文学教育，特别是注重儿童文学教育，与他提倡的美感教育有着直接的联系。

　　"五四"时期，实用主义教育思想呈一时之盛，这当然与美国资产阶级教育家杜威的影响有关。倡导甚力者为胡适、黄炎培等人。黄炎培在《学校教育采用实用主义之商榷》一文中对德育、智育、体育作了基于实用主义的解说："所谓德育者宜归于实践。所谓体育者求便于运用。而所谓智育，其初步遵小学校令之规定，授以生活所必需之普通知识技能而已。"黄氏批判了往昔的教育与实际生活相隔绝，学生受了那种教育不但多不能增进生活的能力，或竟失掉了生活的能力；他认为，实用主义教育旨在补救这种弊端，而使受教育者真正获得生活上必备的知识与技能。其后，黄氏又由实用主义教育思想进而倡导职业教育，提出"使无业者有业，有业者乐业"的职业教育宗旨。这些教育思想，由于强调教育与生活相联系、标榜教育的出发点在于获得生活上必需的知识和技能，因此在否定封建的、封闭的传统教育方面，具有不可忽视的积极意义。

与实用教育相联系的还有平民教育。平民教育的鼓吹者也是美国的杜威。这种教育思潮在我国传播也十分广泛，其代表人物分左右两派：左派以陶行知为代表，他提倡平民教育，旨在提高工农大众的政治、文化程度，并把教育革新作为政治革新的一种必要的助力；右派以晏阳初为代表，他接受了杜威的资产阶级政治观点，竭力把教育与政治分离开来，并认为只有先推行平民教育，才能实现平民政治。在这两派中，陶行知的思想和实践对我国现代语文教育的发展影响更大，如教材要注重实用，教学方法上讲究教、学、做三者合一，语文规律的掌握须凭借实际的练习，教科书编纂要注意生动性、通俗化等等，无不与陶氏的倡导有直接关系。

平民教育向革命的、积极的方向发展便是所谓大众教育，这是在俄国十月革命影响下，在马克思主义革命理论指导下形成的人民大众普遍受教育的思想。这一思想的积极倡导者是李大钊、陈独秀、毛泽东、恽代英、陶行知等人。工人教育、乡村教育的蓬勃兴起，正是这一思潮影响的结果。在现代语文教育发展过程中，这种具有革命意义的教育思潮曾经成为抵制各种封建的、陈腐的、反动的内容渗入语文教材和教法的强大力量。

实验教育是"五四"时期由一些留美、留日的教育家从国外引进的一种新教育思潮。实验教育一般包括三个方面：一是办实验学校，如杜威的"实验学校"，凯兴斯泰纳的"工作学校"，托尔斯泰的"自由学校"等等，在我国，一度也曾仿照国外的这一做法办起了大量的专以实验各种新教材、新教法的学校，如当年东南大学的附中就是这类学校。二是教法实验，如试行"五段教学法""自学辅导法""分团教学法""设计教学法"，比较各种教法的优劣得失等等。三是心理实验，如用科学方法进行阅读心理、写作心理、测验心理、书写心理等等的实验研究。这些实验教育的理论与方法，在 20 年代和 30 年代曾经直接影响着我国语文教育的发展。

由此看来，研究和考察我国现代语文教育的发展，就不能不联系我国清末、民初以来政治思想和文化教育发展演变的大背景，其中直接有关的是：传统教育的影响、语文工具本身演进的影响以及各种教育新思潮的影响。只有了解了这个大背景，才能明白现代语文教育发展的来龙和去脉。当然，语文教育因为同政治的联系要远比其他学科紧密，因此它必然还要受到整个国家政治形势变化的影响，其中辛亥革命、五四运动、抗日战争、解放战争、社会主义新中国的成立等等重大政治历史事件，对语文教育的影响尤其巨大，这是不言而喻的。

自 1949 年新中国诞生起，我国的语文教育事业就在一个全新的社会政治条件之下开始了自己新的发展历程，成为中国共产党领导的整个社会主义事业的重要组成部分。作为党和人民的事业，新的语文教育确认自己的根本指导思想是马克思主义和毛泽东思想，根本的宗旨在于全面贯彻党和国家制定的教育方针，培养能正确理解和运用祖国语言文字、愿意为祖国的社会主义事业献身的新型人才。这样的基本特征，决定了语文学科所使用的教材，必须彻底清除一切封建的、陈腐的、反动的内容，代之以革命的、进步的、反映劳动人民的思想和生活、体现社会主义新风貌和新精神的内容，使语文学科在教育、教养和发展等方面都能充分发挥其应有的积极作用。这样的基本特征，同时也决定了学校语文教育必须以国家制定的教学计划和教学大纲为依据，在全国范围内实行统一的宏观管理，从根本上改变了旧中国各自为政的局面，从而保证了全国教育、教学质量的大致平衡。

当然，在社会主义新中国，党和人民对语文教育事业的领导、马克思主义和毛泽东思想在语文教育事业中的导航作用，绝不意味着语文教育事业从此停止了发展；恰恰相反，它为语文教育事业的发展提供了空前未有的最优越的社会政治条件，开辟了空前未有的最广阔的发展前景。新中国诞生以来，语文教育事业从获得新生到长足发展的几十年历史，充分证明了这一点。

说我国的语文教育事业在新中国成立以后的40余年间，不但获得了新生，而且有了长足的发展，这并不是说在其发展过程中走的是一条毫无曲折的路。如同一切新事物在其成长过程中总要经历风和雨的磨炼一样，社会主义的语文教育事业也是在前进中探索、在探索中前进，在面对种种新的矛盾、新的问题而不断寻找着克服新矛盾、解决新问题的过程中逐步发展的。其间，人们有时还会惊异地发现，在推进语文教育、探索语文教育新路的历程中，竟会碰到过去半个多世纪里面许多前辈已经碰到过，并且力图加以解决的相类似的问题。正如吕叔湘先生在为《叶圣陶语文教育论集》所写的序言中所说："现在有很多问题表面上是新问题，骨子里还是老问题"，所以叶圣陶在解放以前所写的"这些文章大部分仍然富有现实意义"。那么从这个意义上说，为了更好地解决我们当前所面临的一些现实的问题，还完全有必要去学习历史、研究历史，用马克思主义的观点和方法去总结和整理新中国成立以前我国语文教育发展的历史经验，从而为建设具有中国特色的、既符合科学化精神又体现民族化要求的新型语文教育开辟新路。

回顾过去，展望未来，历史为我们提供的是创造未来所应当借鉴的经验，而美好未来的实现，都要靠我们用智慧和毅力脚踏实地去工作。这应该成为我们从事社会主义语文教育工作的人的共识。

(选自顾黄初著《现代语文教育史札记》，南京出版社1991年版，原题为《对现代语文教育发展的回顾和前瞻》)

语文教育家研究

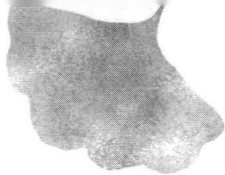

试论叶圣陶的语文教育观

小　引

　　叶圣陶从事语文教育活动至今已逾 70 年。这大半个世纪，正是我国从半封建半殖民地的沉重桎梏下解放出来，向着独立、自由、民主和社会主义道路奔腾突进的伟大历史时期。叶氏正是在这个历史巨变时期进行他的语文教育活动的：起初从事实际的中小学语文教学工作，后来先在商务印书馆后在开明书店担任编务，编撰了多种小学语文课本和大量的语文教育论著，新中国成立以后更肩负起组织和指导全国语文教育理论研究和改革试验的繁重任务。一个继往开来的伟大历史进程造就了叶圣陶这样一位在语文教育领域继往开来的一代宗师。这是纵的考察。

　　从横的方面看，叶氏的语文教育观涉及语文教育特别是学校语文教学的各个方面，诸如目的论、性质论、教材论、教法论、教师修养论等等，都有他精辟、独到的见解。但，他的这些见解并不是如国外许多著名教育家那样，是通过一部或几部论著系统地加以表述的，而是散见于他 70 年来发表的大量讲话、论文、序跋、书简以及各种语文读物的"编辑例言"之中。仅据商金林编《叶圣陶年谱》所录，叶氏从 1919

年发表第一篇教育论文《对于小学作文教授之意见》起，到新中国诞生前夕为止，在整整 30 年中就发表过有关语文教育的论文 250 多篇，编辑过中小学语文课本十余种。至于新中国成立以后所发表的论文、报告和书简，至今还没有人作过精确的统计。在这数以百计的或长或短的论著中，叶氏根据需要，从不同的角度对语文教育的各个方面发表了自己的真知灼见，形成了他那一整套具有鲜明特色的理论观点。

本文试图从语文教育所涉及的一些基本问题着手来剖析一下叶氏的语文教育观。

一、读书·作文·做人

把读书、作文、做人这三者联系起来，肯定语文教育的根本目的在于教会人们正确运用祖国语文来吸收知识，表达情意，从而为社会培养和造就健全的公民。这是叶圣陶语文教育观的核心。

在封建的科举制度下，人们进学馆读经书、习八股、目的在于应试赴考，以求身登仕途，将来得个一官半职。正如叶氏所正确揭露的："旧式教育又是守着利禄主义的：读书作文的目标在取得功名"（《认识国文教学》）。如果说在那时，语言文字也是一种工具的话，那么，它只是被少数人利用来作为博取功名利禄的工具，作为敲开仕宦之门的一块敲门砖罢了。

叶氏从一开始登上教坛起，就是以封建教育的叛逆者的姿态出现的，他的信念是：新式教育的目标在于"造就善于处理生活的公民"。当时所谓的"健全"和"善于处理生活"，主要是指能独立地、自由地表达个人的思想、感情和意志，具有为现代生活所必需的各种基础知识和技能，从而能应付日常的工作和生活，推动社会的前进。而在这总的教育目标下，语文教育显示出了它特有的功能。叶氏认为，语文是"生活上的一种必要工具"(《认识国文教学》)，这工具绝不是用来追求仕途功名的，而是用来增进知识，用来表情达意的，总之是用来更好地应付日常的生活从而更好地做一个健全的公民的。而这，又直接有利于整个社会。因此，他说："尽量运用语言文字并不是生活上一种奢侈的要求，实在是现代公民所必须具有的一种生活的能力。如果没有这种能力，就是现代公民生活上的缺陷；吃亏的不只是个人，同时也影响到社会。"(《略谈学习国文》)

当然，语文这个工具是进行思维和记录思维成果的工具，它同应用这个工具的人的思想感情有着直接的联系。因此，叶氏认为，要真正掌握好语文工具，首先要求受教者有充实的生活，即"应是阅历得广，明白得多，有发现的能力，有推断的方法，情性丰厚，兴趣饶富，内外合一，即知即行，等等"；为了达到这个目标，语文的教育必须致力于"训练思想"和"培养感情"(《作文论》)。语文教育能不能取得成效，关键就要看在"训练思想"和"培养感情"这两个方面有没有着力。叶氏说，他所写的《作文论》，归根到底也可以题为《做人论》，因为"训练思想""培养感情"，原来应该是《做人论》中的章节。这样看来，语文教育又不单是为了使人们获得一种生活上的必要工具，而且是为了使人们的"思想益正确而完善，情感益恳挚而缜密"，从而成为一个身心都健康发展的公民。叶氏后来在谈到毛泽东同志《在延安文艺座谈会上的讲话》一文的意义时说："我看，这篇讲话不仅是讲文艺创作，实在是讲了怎样做人这个根本性的问题。就是从怎样做人、做什么样的人这个根本性的问题来讲文艺创作的。"叶氏在《语文教学二十韵》中把"立诚为贵"作为语文教育在品性陶冶上的极致，正是体现了他一贯坚持的"学语文就是学做人"的基本观点。

叶氏所理解的语文的工具性，还包括着它的社会性。也就是说，语文这个工具在现代社会里已经不再是少数"读书人"独占的工具，而是全社会每个公民所共有的工具。用叶氏的话说，语言是"公器"。因此，学好语文，掌握语文这个生活上必需的工具，并在思想上得到训练、感情上得到陶冶，这绝不是社会上某一部分人的事，更不是班级里面某一部分禀赋特好的学生的事，而是全社会每个公民的事。叶氏早在40年代初就提出："从现代教育的观点说，人人要作基本练习，而且必须练习得到家。说明白点，就是对于普通文字的阅读与写作，人人要得到应得的成绩，绝不容有一个人读不通写不好。"（《对于国文教学的两个基本观念》）到70年代末，他更明白地指出："咱们如今的语文教学再不能继承或者变相继承从前塾师教读的老传统了。从前读书人读不通，塾师可以不负责任，如今普通教育阶段的语文教学却非收到应有的成绩不可。语文是工具，自然科学方面的天文、地理、生物、数、理、化，社会科学方面的文、史、哲、经，学习、表达和交流都要使用这个工具。要做到个个学生善于使用这个工具（说多数学生善于使用这个工具还不够），语文教学才算对极大地提高整个中华民族的科学文化水平尽了分内的责任，才算对实现四个现代化尽了分内的责任。"（《大力研究语文教学，尽快改进语文教学》）叶氏一生除了致力于学校语文教学的理论研究和实践探索以外，还十分热心于函授教育和其他各种性质的业余教育的指导工作，就是出于他这种提高全民族语文素养从而提高全民族精神文明的坚定信念。

语文工具的社会性还决定了语文教育必须突破学校语文学科在时间和空间上的限制，而成为学校各科都来关心，甚至整个社会都来关心的事业。这就是所谓"大语文"的思想。叶氏认为，对于造成一代社会主义新型公民来说，"语言教育固然不是唯一的大事，然而不可否认，也是许多大事里头的一件"；"担当这件大事的不仅是学校里的语文教师，作报告的，发表演说的，广播员，戏剧演员，电影演员，写稿子登在报上的，写稿子登在杂志上的，写各种各样的书稿出版的，翻译各种各样的书稿出版的，全都担负着语言教育的责任，就影响的范围看，语文教师的影响限于学校里，其他的人的影响普遍到整个社会。"（《语言和语言教育》）这样，叶氏就把语文教育从一贯拘囿于学校范围的这种狭隘的传统观念中摆脱了出来，使之成为整个社会为培养健全的公民而共同关心，共同协作的一件大事。

叶氏在批判旧式教育的过程中，对过去那种专重作文的传统偏见也曾经多次抨击，不遗余力。在叶氏看来，既然学语文为了学做人，是为了更好地掌握吸收和表达的工具，以适应现代生活的需要，成为一个新时代健全的公民；那么，就必然要把"读书"同样也当作是一项具有独立意义的教育内容来看待。他说："有人以为学习语文课之目的唯在作文，而读书为作文之预备，故讲读之际，喋喋言作法，言技巧。我则语之以读书亦为目的。老师能引导学生俾善于读书，则其功至伟。"（《书简·二》叶氏肯定"阅读和写作是对等的两回事"，它们尽管互有联系，但"各有各的目的"。阅读的目的"主要在真正地理解所读的东西，从而得到启发，受到教育，获得间接经验，从而提高觉悟，丰富见识，使咱们得以在革命和生产中很好地贡献力量"。（《评〈读和写〉，兼论读和写的关系》）尤其是在物质文明和精神文明要求高度发展的今天，"要做一个社会主义时代的公民，吸收精神上的营养料比任何时代都重要"（《认真学习语文》）；而这种"吸收"，主要凭借各类书刊的阅读。因此，抛弃旧教育的传统偏见，把"读书"当作一项重要训练项目来对待，使受教者不致成为仅仅学得一套作文程式而精神养料严重缺乏的畸形儿，这是叶氏在语文教育目标问题上又一个鲜明的突出的观点，具有不可忽视的意义。

二、语言·文字·思想

把语言、文字、思想三者联系起来，肯定语文教育的特殊规律就在于将语言、文字和思想一贯训练，而不把它们人为地加以割裂和肢解。这是叶圣陶语文教育观的重要组成部分。

传统的旧教育，教的学的都是脱离口语的文言，师生专注的只是书面的文字，读书作文搞的全是死记硬背、"鹦鹉学舌"的一套，这样脱离语言实践、封闭思想器官的结果，许多读书人读了一辈子书还只能落个"半通不通"。

叶氏根据我国古代学者阐明的"言为心声"的原理和近代心理学研究的成果，确信：思想、语言、文字，看起来是"三样"，其实是"一样"。"写文章就是说话，也就是想心思。"(《谈文章的修改》) 写的、说的、想的是贯通着的，不可分割的。语文教育的特殊规律就在于把这"三样"当作是"一样"来加以综合训练，任何割裂或偏废的做法，都将因有悖于语文教育的特点而归于失败。

基于上述认识，叶氏早在五四运动前夕就主张在中小学教学语体文，以沟通语言和文字之间的联系。因为语体文是记录普通口语的文字，与日用语言直接联系着。人们只要能清楚地、有条理地说话，也就能清楚地、有条理地作文；只要能诵读语体的文章，也就能在优秀语体文的影响下逐步养成良好的口语习惯。他在甪直吴县第五高小任教时，就已经开始实施语体文的读写训练。以后，他就一直为倡导语体文教学而努力，并在 1942 年为"供参加中等教育会议的诸君作参考"而写的《论中学国文课程的改订》一文中，以"语言、文字、思想一贯训练"的基本观点为中心，透辟地阐明了切实教学语体文的理由和方法。他说："我们平日都用现代语言说话，都凭现代语言思想；因此依据现代语言的语体，无论在写作的人方面，在阅读的人方面，最具亲切之感。这是普通教育必须教学语体的根本理由。"又因为"语体的依据既是语言，语言和思想又是二而一的东西，所以语体该和语言思想一贯训练"，这样，在"学习语体达到相当程度的时候，语言思想至少不至有粗疏或错误的毛病，同时就得到了人己交通（吸收和发表）的一种切要技能"，语文教育的目的这才真正算有了着落。

由于坚持这种语言、文字、思想三者一贯训练的观点，所以叶氏特别重视说话能力的培养。早在甪直高小任教时期，他就在校内组织了各种有助于锻炼学生说话能力的活动，如举行讲演会、辩论会，开展演剧活动等等。1924 年，他还专门写过一篇长达万字的论文，提倡在小学语文科中加强说话训练，以此促进语文教学质量的全面提高。这篇专论把说话训练看作是"产生与发表的总枢纽"，认为切实地抓好说话训练这个环节，就能在"磨炼思想"和"培养感情"，促迫儿童"内面有所产生"和"向外尽量发表"这样两个方面产生神奇而又切实的影响。到 1949 年，在为当时华北人民政府教育部教科书编审委员会草拟的《中学语文科课程标准》里面，他就把听、说、读、写四项一并提出，并在第②条中具体规定了说话训练的目标："对个人或公众能够说出自己的意思，能够作辩论，不虚浮，不夸张，老老实实，诚中形外。说话又能够不违背论理和我国的语言习惯，明确，干净，不含胡，不啰唆"。而在第⑤条写作训练的目标中只规定："能够写出自己的意思，像第②条所说的。"鲜明地体现了他的想、说、写一贯训练的基本思想。直到80 年代的今天，他还一再呼吁人们要重视说话训练，听、说、读、写不可偏废，指出："接受和发表，表现在口头是听（听人说）和说（自己说），表现在书面是读和写。在接受方面，听和读同样重要；在发表方面，说和写同样重要。所以听、说、读、写四项缺一不可，学生都得学好。这是生活的需要，工作的需要，也是参加祖国四个现代化建设的

需要。"(《听、说、读、写都重要》)

叶氏这种语言、文字、思想一贯训练的观点，体现在阅读教学方面，就是要求兼顾文章的内容和形式两个方面。在叶氏看来，任何读物都包含着内容和表现这内容的语言形式两个方面。其他课程，在阅读本课程教材的时候，只需顾到教材的内容，明白其中"讲些什么"就行；唯独语文学科，它必须内容形式兼顾起来，并且把这二者作为不可分割的整体来加以讨究。也就是说，不但要明白"讲些什么"，还要明白"怎样讲"和"为什么这样讲"。这是"站定语文学和文学的立场"来理解阅读教学的唯一正确的结论。

叶氏在批判那种把语言和内容割裂开来的错误观点时，曾经这样明确地表示："我就是最不信服把语言跟内容分开来说的一个人。咱们不能抛开了意思谈语言，也就是不能不管内容专谈语言。"(《一些简单的意见》) 因为从语文教育的角度来看，"世间没有不牵涉理论、政策法令和各种科学知识的空洞的语言"(《谈语法修辞》)，凡是语言，总要表达出某种实质性内容。叶氏在阅读教学中始终反对只管字词句而忽视思想内容，或只重思想内容而无视字词句这样两种偏向，主张语文教材应选学文质兼美的文章，对这些文章"皆须善读，由语言文字而深明其内容，且有裨于思想之提高，品德之修养"；同时，"又不可脱离文篇，作不相干之发挥，致违循文求义，练成读书本领之旨"(《书简·十八》)。

在作文教学方面，叶氏始终强调要把积累经验和锻炼思想视为根本，而不能舍本逐末，一味在作文的法则和技术上绕圈子。他在1919年发表的第一篇语文教育论著《对于小学作文教授之意见》中就提出了"心有所思，情有所感，而后有所撰作"的观点，并针对当时作文教学"专务形式方术"的偏颇，正确地指出："文之所载者实质，而文之所以成者方术也。质之不存，术将焉用？昧乎此而但以作文练习作文，不及其他，其卒无成效，固应得之果矣。"而这种"专务形式方术"而忽视内容实质的做法，正是"道地的八股精神"，对此叶氏在议论到作文教学的弊端时，曾经一再予以申述，并要求彻底抛弃。在1962年写的一封书简中，他这样回答人们的询问："通过写作关，大概须在思想认识方面多下功夫。思想认识是文章的质料。有质料是首要的，没有质料如何能写?"在叶氏看来，"写一篇文章或一部书，像说一番话或者作几次连续的演说一样，是一连串的思想过程"：酝酿、构思、打腹稿的阶段，是思想萌发、成熟、定型的过程；把已经定型的思想用文字表现的阶段，是思想进一步得到整理，因而更加具体化条理化的过程；至于最后的文字修改阶段，那无非是在某些想得不周妥、不准确的地方再作必要的调整、充实、修正而已。所以，叶氏说："学习写作的人应该记住，学习写作不单是在空白的稿纸上涂上一些字句，重要的还在乎学习思想。"(《谈文章的改》) 可见，这种以积累经验、锻炼思想为根本，把思想、语言、文字贯通起来加以训练，从而提高作文教学效率的观点也是叶氏几十年来一贯坚持的重要观点，具有极其宝贵的理论价值和实践指导意义。

三、知识·能力·习惯

把知识、能力、习惯三者联系起来，肯定语文教育的是否有成效归根到底要看受教者是否真正养成了运用语文的能力和习惯。这是叶圣陶语文教育观的又一个重要组成部分。

叶氏认为，"教育的本旨原来如此，养成能力，养成习惯，使学生终身以之"(《论中学国文课程的改订》)。那么，语文教育的本旨无疑也应该是这样。

当然，能力和习惯的养成需要基础，这基础就是有关的知识。要真正理解了那些必备的基础知识，才能正确地运用知识，并进而养成某种能力和习惯。叶氏说得好："语言文字的学习，就理解方面说，是得到一种知识；就运用方面说，是养成一种习惯。这两方面必须联成一贯，就是说，理解是必要的，但是理解之后必须能够运用；知识是必要的，但是这种知识必须成为习惯。语言文字的学习，出发点在"知"，而终极点在"行"；到能够"行"的地步，才算具有这种生活的能力。"（《略谈学习国文》）

叶氏的上述观点，不但显示了"知"和"行"之间的关系，而且表明了"能力"和"习惯"之间的不可分割的联系。这后者，尤其值得我们深入领会。在一般人看来，学习语文强调要真正掌握运用语文的能力，似乎已经足够；叶氏不然，他在强调养成语文能力的必要性时，又着重指出这种能力必须成为在不知不觉之间受用着的一种"习惯"，才算真正达到目的。他说："要知道所谓能力不是一会儿就能够从无到有的"，任何能力的养成，"一要得其道，二要经常的历练，历练到成了习惯，才算有了这种能力"。（《大学国文（现代文之部）·序》）也就是说，凡是传授一种技能技巧，仅仅止于"会"，还不能算达到目的；"要待技能技巧在受教的人身上生根，习惯成自然，再也不会离谱走样，那才是终结"（《改变字风》）。这是相当严格的要求，然而却是完全合理的要求。因为语文这个工具，是人们一辈子要使用的，如果学到的种种方法不能成为终身以之的习惯，学的时候仿佛会了，过后又不能按照学到的方法去做，并且成为一种不期然而然的行为，那么，"能力养成"云云只能是一句空话。

但运用语文的习惯，"有好习惯，也有坏习惯。好习惯养成了一辈子受用；坏习惯养成了，一辈子吃它的亏，想改也不容易"，所以，"学习语文目的在运用，就要养成运用语文的好习惯"。（《认真学习语文》叶氏曾经对语文实践中听、说、读、写四项的常规要求，作过一些具体的说明。这些常规要求，也可以说就是一般所谓的好习惯。

在听说习惯方面，他要求"在平时养成学生讨论问题，发表意见的习惯"。在讨论问题时，一方面能"听取人家的话，评判人家的话"，一方面又能"用不多不少的话表白自己的意见"，在自己发表意见之后还能"用平心静气的态度比勘自己与人家的意见"。(《精读指导举隅·前言》)此外，还要养成随时随地从语言运用的角度留意自己和他人的说话习惯。他说，一个有志于提高自己语言素养的人，"不学习论理学、文法、修辞学未尝不可；但是要随时留意自己和他人的语言，不仅说了听了就完事，还要比较，要归纳，这样说不错，那样说更好，这样说为了什么作用，那样说含有什么情趣"。"这样随时留意，实在就是学习论理学，文法，修辞学，不过不从教师，不用书本，而以自己为教师，以自己的比较和归纳为书本罢了"。(《语言与文字》)这"随时留意"，就是一种好的学习方法，好的听说习惯。

在阅读习惯方面，叶氏的论述较多。一般人阅读书籍都用默读。默读是一种重在理解、思索的读法，尤其适用于精读的书籍。叶氏对此曾经提出过这样的要求："需要翻查的，能够翻查；需要参考的，能够参考；应当条分缕析的，能够条分缕析；应当综观大意的，能够综观大意；意在言外的，能够辨得出它的言外之意；义有疏漏的，能够指得出它的疏漏之处：到此地步，阅读书籍的习惯也就差不多了。"(《论国文精读指导不只是逐句讲解》)这里所列当然不可能包举无遗，但一些最基本的阅读习惯如翻查、参考、分析、综合、辨异、识误等等都已涉及，因此叶氏说："一个人有了这样的习惯，一辈子读书，一辈子受用。"(同上)此外，对于一些名篇佳作，则要求"诵读"；通过反复吟诵，使自己的语言习惯渐臻完美。叶氏说："熟读名文。就是在不知不觉之中追求语言的完美。诵读的功夫，无论对语体对文言都很重要。仅仅讨究，只是知识方面的事情，诵读却可以养成习惯，使语言不期然而然近于完美。"(《语言与文字》)正因为诵读有这样一种潜移默化的功能，所以叶氏要求在诵读时养成按文章所表达的意义与感情恰当地处理语调的习惯，既不是机械地一字一顿或两字一顿，也不无谓地拖腔拉调，一切均"合于语言的自然"。(《精读指导举隅·前言》)

对于写作习惯，叶氏曾经用两句话作了高度的概括，他说："国文科写作教学的目的，在养成学生两种习惯：(一)有所积蓄须尽量用文字发表；(二)每逢用文字发表，须尽力在技术上用功夫。"(《论写作教学》) 前者是"喜爱写"，后者是"认真写"。既喜欢动笔，一旦动笔又总是字斟句酌，不肯马虎，这样的习惯养成了当然一辈子受用。至于细说起来，项目就多了。写作前有许多准备工夫，如"在实际生活里养成精密观察仔细认识的习惯，是一种准备工夫"；"在实际生活里养成推理下判断都有条有理的习惯，又是一种准备工夫"；还有，"就是养成正确的语言习惯"。(《拿起笔来之前》) 拿起笔来写的时候，一定要养成"想清楚然后写"的习惯；为了力求"想清楚"，最好要养成"先写提纲"的习惯；在通常情况下，要写的意思巨细无遗事先都想得清清楚楚是很难做到的，因此又必须养成"写完了一篇东西，看几遍，修改修改，然后算数"的好习惯。总之，在写作上，"要养成这么一种习惯，非了解得比较确切不写，非感受得比较深刻不写"，一切"为读者着想"。(《和教师谈写作》)

叶氏所论有关语言运用方面的良好习惯，当然远非上述所举各项。他所提出的这样那样的习惯，都是一些常规要求，这些常规要求，绝不是出于主观臆断，而是总结古往今来在听、说、读、写实践上无数成功经验后得出的结论，其中也包含着自己丰富的经验和深切的感受，因此，看似寻常却奇崛，是经得起实践检验的。

在谈到习惯的养成的时候，叶氏往往要同时谈到"历练"。他认为，要使某种能力成为不期然而然的习惯，必须"督促受教的人多多练习，硬是要按照规格练习"(《改变字风》)，在练习中要求他们"运用自己的心力"，处处严格，事事过细，而绝不被动应付，草率从事。他说："一定要把知识跟实践结合起来，实践越多就知道得越真切，知道得越真切就越能起指导实践的作用。不断学，不断练，才能养成好习惯，才能真正学到本领。"因此，"要学好语文就得下功夫"。（《认真学习语文》）这功夫，就体现在努力使知识转化为能力，并通过历练使能力在身上生根，成为终身以之的习惯。这就是叶氏的结论。

结　　语

以上所论各点，可以概括地称之为"三一贯"思想，即：读书、作文、做人一贯，语言、文字、思想一贯，知识、能力、习惯一贯。这"三一贯"思想，我认为是叶氏语文教育观的精髓。

从这"三一贯"的思想中，我们可以发现叶氏语文教育观的鲜明特色。

第一，对传统的、外来的教育思想采取的不是一概排斥或全盘接受的态度，而是有分析，有鉴别，有批判，有吸收，着眼点是在努力探索符合我国民族心理、民族语文的特点和规律的语文教育革新道路。

第二，不是从概念出发、从理论出发来寻求语文教育的客观规律，而是以古今学者从事语文教育和运用语文工具进行各种创造性活动的无数成功经验为基础来窥探语文实践的奥秘。尤为重要的是其中包含着叶氏自己在从事语文教育、进行文艺创作方面的丰富经验和深切感受。叶氏研究语文教育，在科学方法上更多的是采用归纳法，而不是演绎法。

第三，教材、教法和教师是教育研究的三个基本范畴。叶氏在探索语文教育规律的时候，总是把自己的理论观点具体落实到教材编纂、教法设想和师资培养等方面。并且，他从来不把这三个基本范畴中关涉的问题彼此割裂开来，而是把它们彼此联结起来，贯通起来，使之成为在统一的教育观点支配下相互关联、互相制约的整体。因此，说叶氏的语文教育思想只是一些不成串的珍珠，还没有形成完整的体系，这是缺乏根据的。

第四，叶氏语文教育观的基本精神是一贯的，但其中某些理论观点却是随着时代的不断前进而不断充实，不断完善起来的。特别是在接触了马克思主义哲学和马克思主义语言学等当代最先进的科学理论之后，他都把自己原有的一些观点作了必要的补充和发展，使立论更为周妥、提法更为准确。因此，叶氏的语文教育观尽管在二三十年代已经初步形成，但直到今天 80 年代仍然具有现实指导意义。其不枯不萎的生命力，正来源于此。

（原载于《殷都学刊》1985 年第 4 期）

蔡元培对语文教育革新
的历史贡献

　　蔡元培（1868—1940）作为我国近现代文化教育史上著名的思想家和教育家，曾经对我国现代文化教育事业的发展做出过多方面的重大贡献。他原是清末的一位进士，任翰林院庶吉士，后补编修，因目击戊戌变法中维新派人士"不先培养革新之人才，而欲以少数人攫取政权，排斥顽旧，不能不情见势绌"，所以立志兴办学校以培养革新人才，于1898年辞官南下，任家乡绍兴中西学堂监督。1901年辱国丧权的《辛丑条约》签订，更激起他高涨的爱国热情，是年与章太炎等创立"中国教育会"，提倡反清的民族主义思想；任南洋公学特班教授，鼓吹民权；继任爱国女学校长，倡言革命，提高女权，在社会上扩大了民族民主革命的思想影响。在1902年和1907年，蔡氏先后赴日本和德国游历、学习，广泛接触并研究西方的哲学、美学和心理学，初步形成了一套资产阶级的教育思想。辛亥后，从德国归来，由中山先生任命为临时政府教育总长，决心对中国传统的封建教育进行根本的改革。他把清代学部所制定的"忠君、尊孔、尚公、尚武、尚实"的五项教育宗旨，改为"军国民教育、实利主义、公民道德、世界观、美育"等新的五项教育宗旨；并亲自主持制定、颁布了中国第一个资产阶级性质的、具有反封建意义的教育新制度，即所谓"壬子癸丑学制"，废"通儒院"立"大学院"；废"尊孔"立"自由思想"；废"经科"立"文科"，为建立新的"国民教育"体制开辟了道路。

蔡氏从事初等、中等学校国文教学工作的时间不长，只在南洋公学、爱国女学和当时的译学馆担任过国文科的教员，还亲自编撰过初等小学的国文教科书。以后就一直在教育部和北京大学等高等教育部门担任教育行政领导工作。因此对语文教学的改革并没有发表过多少系统的言论和专门的论著。但是，他既是民国元年以后在文化教育事业方面一位举足轻重的领导者，就不可能在推进语文教学改革过程中不发挥他应有的历史作用（事实上，这种作用不但巨大而且意义深远）。因为，他在教育界锐意革新的年代，正是我国的文化教育事业从旧式的封建主义桎梏中摆脱出来，向着新式的资产阶级性质的革新道路迅猛推进的年代。在这除旧布新的过程中，时代要求蔡氏回答历史所提出的许多迫切需要回答的问题，其中包括对全民族文化素质提高影响至巨的语文教学问题。

首先，蔡氏对我国传统的封建教育作了深刻的批判，为建立新的语文教学体系开辟了道路。

蔡氏早年的经历，使他对中国旧教育的积弊有深切的了解和感受。他 6 岁进家塾，最初读《百家姓》《千字文》《神童诗》，继而读四书五经。在读《左传》《礼记》的时候，便开始学作八股文。在 19 岁和 28 岁时，曾先后担任过塾师。学和教的实践，使他充分了解了旧式私塾学馆里那一套教授的内容和方法。而他自己学业上的长进，主要还是得力于 16 岁中秀才以后，在他叔父茗珊先生指点下的"自由读书"。后来又因在绍兴著名藏书家徐树兰的"古越藏书楼"校书，得以博览群书。"凡关于考据或辞章的书，随意检读。"就在自己的这种特殊的经历中，他从正反两个方面痛感到传统学塾中"读书为应考"、受种种不合理约束的流弊；痛感到旧式学塾死读、硬背养成学生读书不动脑的教法的坏处；至于让少年儿童硬读那些连成年人都"解释不明白"的经书，更必然要"窒碍他们的脑力"。因此，他在弃官南下，任教于新式学堂的时候，就力排旧顽的非议，提倡"自由读书"。这种"自由读书"的新教法，竟然培养出了邵力子、谢无量、李叔同、黄炎培等一批学界的精英。

1918年，北京高等师范附属中学国文教员夏宇众在《教育刊》第一集发表《中学国文科教授之商榷》一文，系统地阐述了他对于中学国文教材教法和学程安排等方面的见解。蔡氏为之作序。在这篇著名的序文中，蔡氏根据他在国外考察所得，结合自己的实践经验，切中要害地指出我国旧式国文教学的种种弊端：

第一，所读的是"不通行于今人喉舌"的"死语"。

第二，没有适当的读本，也没有符合语言运用实际的文法，只凭若干篇"模范文"，一味地读，不管学生是不是真能领悟。

第三，在所谓的"模范文"中，又大都是偏于文学的，且多诗词歌赋之类，很少选用合于论理的实用文章。

第四，不讲究教授法，学生只知其然而不知其所以然，教师只讲其然而不讲其所以然；学生只知泛泛然模仿，教师只知泛泛然评改。

总之，用死的方法去学习死的语言，而学习的目的无非是为了应试科场，以求一官半职，因而读的是圣经贤传，写的是代圣人立言，学习者自己的头脑则完全被禁锢，最终不免成为一块顽石或一段朽木。蔡氏的这种批判，发表于五四新文化运动的前夜，无疑是对新时代语文教学的革新方向指明了道路。

其次，针对旧式国文教学的种种弊端，蔡氏明确地提出了自己关于革新语文教学的一系列重要主张。

第一，他主张根据新的教育方针来革新语文教学，使语文教学成为贯彻新教育方针的一个重要方面。

蔡氏在就任新政府教育总长的时候，就着手草拟新的学校法令。作为这种法令的根本指导思想当然是新的教育方针，即他所倡导的军国民主义、实利主义、公民道德、世界观和美育。主张这五项宗旨"皆今日之教育所不可偏废者"。蔡氏认为，方针既已确定，就得贯彻到各科教学的具体实践中去；只是在贯彻的时候，必须根据各科教学的不同性质和特点，各有侧重，不能强求一律。他主张，在国文国语教学方面，就形式的研究来说，要注意语法文法的教学，这属于智育，是实利主义所要求的；而关于修辞技巧的分析领受，又属于美育，关涉到美感教育。就内容而言，要让各项教育方针在全部课文中按照一定比例分别体现出来。蔡氏的设想是：军国民主义的内容应占 10%，实利主义方面的内容即有关各科知识的内容应占 40%；其余，德育占 20%，美育占 25%，而世界观即哲学思想方面的内容占 5%。（参见《对于教育方针之意见》）

这样，蔡氏就在现代语文教育发展史上，第一次把本学科的教学内容同整个国家和民族的教育方针紧密联系了起来，使语文学科成为贯彻教育方针、实现教育宗旨的一门重要的、独立的基础课程。

第二，针对科举时代"读书为应试""学文为中举"的流弊，提出了读书为应用，学文是为了使人人都能掌握表情达意的工具的主张。

蔡氏认为，语文教学的目的全在于应用，是为了"要全国的人都能写能读"以适应生活、工作、学习的需要，所以应该读"应用文"，掌握适合于应用的语言工具。蔡氏把文章分成两大类，一是应用文，一是美术文。应用文，是指记载或说明的文章。所谓记载，"是要把所见的自然现象或社会经历给别人看"；所谓说明，"是要把所见的真伪善恶美丑的道理与别人讨论"。蔡氏在这里提出的应用文的概念，实际上包含着后来所分的记叙文、说明文、议论文这三类主要文体。梁启超后来就在蔡氏这种分类的基础上把应用文又分成记述文和论辩文两类，然后再往细处划分，形成了现代文章分类学上第一次的理论上的飞跃。美术文，是指诗歌、小说、剧本这三种文学体裁。蔡氏认为，在中学语文科中，读的应该主要是应用文和少量的美术文，至于练习作文则应该全是记载和说明的文字。(参见《国文之将来》)

第三，针对旧式国文教学学的都是与普通现代语很不相同的古代语言的流弊，提出中小学语文教学应该主要学习白话文、学习国语。

蔡氏早在 1912 年就已经提出了国文、国语这两个概念，倡导语、文并重。在"五四"时期更明确提出学校语文科要以教授白话文为要务。其理由，一是认为用白话表情达意明白而直接，用文言表情达意艰涩而间接，于人们的日常交际有便捷和费时之别。二是认为文言不利于教育的普及。过去读书的只是少数人，大都是所谓书香门第的子弟；现在是要人人受教育。读文言要通达，费时多，费力巨，一般平民子弟哪有这么多时间；一般中小学校课程繁多，又哪里有这么多时间来专攻文言？所以一定要改学白话，使内容和传达内容的形式都明白、直接，易于为学习者所掌握。从这些议论中，可以看出，蔡氏力主白话，从教育思想上说，是同他的平民教育观直接联系着的。

第四，针对旧式国文教学一味让学生死读硬背的流弊，提出要"深知儿童心身发达之程序，而择种种适当之方法"，实行新的教授法。

蔡氏认为，教师教书，并不是像注水入瓶一样，注满了就算完事。如果是这样，那对于养成学生健全的人格是十分有害的，因为它窒息了学生的脑力的发展。为此，蔡氏根据当时欧美各国流行的"自动主义"理论，提出"处处要使学生自动"的观点。具体说来，一是要引起学生读书的兴味。学生学习的内容一定要切合学生的生活、年龄、生理、心理等方面的特点和需要，要有吸引力；采用的教法也要符合学生认识事物的规律。二是要引导学生自己去研究，加强自学。主张"教者不宜硬以自己的意思，压到学生身上"，应该"等到学生实在不能用自己的力量了解功课时，才去帮助他"。三是要启发学生能够掌握"公例"，举一反三。"书本不过是给我一个例子，我要从具体的东西内抽出公例来，好应用到别处去"。四是要活用各种教法，以适应学生各种不同的个性特点和智力水平，即所谓"教授术学，两不可呆板"，"与其守成法，毋宁尚自然；与其求划一，毋宁展个性"。（参见《普通教育与职业教育》《新教育与旧教育之歧点》）

蔡氏在语文教学法方面的这些见解，对后世的语文教学革新影响颇为深远，我们从梁启超、黎锦熙、叶圣陶等人的理论观点中分明可以看到他们对蔡氏那些合理主张的吸取和发展。而他的这些主张，固然来自他对旧式教育的深刻认识和亲身体验，同时，也来自当时日本、欧美一些先进教育学说。蔡氏对裴斯泰洛齐、弗罗培尔、卢梭、托尔斯泰以及杜威、蒙台梭利等著名教育家的理论和实践都有颇深的研究，因此受之启示，发为宏论，能新人耳目，在教授法理论上能创立一时之新说。

第五，针对旧式教育"呆读经文"、窒碍脑力的流弊，提出了把美育注入国文教学中去的主张。

蔡氏认为，"美育者，应用美学之理论于教育，以陶养感情为目的者也。"可见，美育与德育是相通的，只是所用的手段、所借的路径是自然界美的景物、社会上美的人事，以此引起人们的美感，进而性情得到感染和陶冶。因此，美育应该也有可能在学校各科教学中得到体现，尤其是国文科，它本身就属于美育范畴，同音乐、美术并列，是美育的最基本的课程。蔡氏指出，在国文科中接触到的一些嘉言懿行固然是美育的好材料，即使是那些旧式五七言律诗与骈文，音调铿锵，合乎调适的原则；对仗工整，合乎均齐的原则，在美学上看也有欣赏的价值，因为"这种句读、音调，是与人类审美的性情相投的"（参见《在国语传习所的演说》）。从中可以窥见，蔡氏要求在国文教学中把教材内容里足以引起美感、激发高尚情操的部分，教材形式上足以引起美感、激发愉悦情趣的部分，统统视为美育的因素，必须充分加以利用，使国文教学在实现其新的教育宗旨方面发挥出更大的作用。

蔡氏教育思想中有唯心主义的糟粕，如他把美育和世界观视为超越政治的教育就是一例。但其顺应时代发展潮流，在语文和语文教学革新运动中所持的基本观点却处处闪耀着唯物主义思想光辉。同时，他在辛亥革命以至五四运动期间，以其先任教育总长、继任北大校长的特殊地位和身份，或议案制令以贯彻其主张，或演讲著文以宣传其观点，在当时以及后世语文教学革新运动中所产生的影响，又是一般学者所难以企及的。

（选自顾黄初著《现代语文教育史札记》，南京出版社 1991 年版）

刘半农的语文教学革新尝试

    刘半农（1890—1934）既是一位新体诗歌的开拓者，又是一位现代语文学早期的著名学者，蔡元培在痛悼刘氏英年早逝的时候，曾这样给予评价："科学家习惯于机械的实验，数字的统计，虽有时亦为大胆的假设，而精神终是收敛的。文学家习惯于高尚的理想，诙诡的寓言，虽有时亦为严格的写实，而精神终是放任的。两种长技，不易并存。培根以科学者，而能为莎士比亚编剧本；歌德以文学者，而于植物学有新发见；张弛自由，至为难得。我们的刘半农先生，就是这一类的典型人物。"（《哀刘半农先生》从刘氏一生的功业看，蔡氏的评价决非过誉。

    谁都知道，刘半农是五四新文化运动激进派的主将之一。早在1916年，年方26岁的刘氏就开始为《新青年》撰稿，1917年5月发表《我之文学改良观》，积极参与了"文学革命"的理论建设；又曾与钱玄同合演了一出"双簧"戏，对僵死的文言、国粹进行了无情的抨击，宏文奇论，所指披靡。然而，他又绝不是一个光会发空论的宣言家，而是一个勇于将自创的理论去做实地试验的实践家。就在发表《我之文学改良观》的同年秋天，刘氏担任北京大学预科国文教员，以教坛为试验场，有意识地对语文教材教法的改革进行了卓有成效的试验。当时，理

论的探讨和改革的试验，成了他倾注心力的两个重要方面。他在主持
《新青年》编务的时候，就明白地宣告："《新青年》同人所主张的"，
"目下还在试验时代，试验的方法，一方面是各就所知，大家把自己的
主张见地，与社外社内的同志，平心静气地讨论，务要找出个'真'
字来；一方面是根据此项主张见地，在教授学生时实事求是地试验，务
要使自己良心上觉得有些是处。这两种试验的结果和经过情形，都随时
在《新青年》上披露。"（《通信》，见《新青年》第 4 卷第 3 期）而在
1918 年 1 月出版的《新青年》第 4 卷第 1 期上发表的《应用文之教授》
一文，正是刘氏把他在北大预科进行语文教改试验的"结果和经过情
形"公之于众的一篇实况记录。自那以后，随着"文学革命"运动的
日益发展和深入，叶圣陶在《新潮》第 1 卷第 1 号上发表了《对于小
学作文教授之意见》（1919 年 1 月），《平民教育》第 6 号开展了"中学
校国文教授的讨论"（1919 年 11 月），陈文华在《平民教育》第 18 号
上报告了《我之改革中学国文教授底试验》（1920 年 2 月），涌起了我国
现代语文教学史上第一股革新浪潮。这股浪潮虽不能说已形成摧枯拉朽
之势，却也确实有力地冲击了千百年来封建文化专制主义控制下陈腐的
语文教学内容和僵化的语文教学方法，与新文学战线相配合，从一个侧
面显示了新文化运动的实绩。

刘氏所写的《应用文之教授》，内容主要分三个部分：先讲教学宗
旨，次讲阅读教学，后讲作文教学。在阅读教学方面，先讲教材，后讲
教法；在作文教学方面，先讲注意事项，再讲命题方式，后讲批改要
求。举凡语文教学中的一些主要问题，刘氏文中大都涉及，并且提出了
不少新鲜的、独到的见解，列出了许多具体的、切实可行的措施。这些
见解和措施，在当时不仅有理论上振聋发聩的作用（蔡元培曾将此文编
入《新文学大系·理论建设集》），而且有实践上开辟新路的意义。

刘氏这篇文章没有用"国文之教授"的标题，却冠以《应用文之

教授》这样一个使人耳目一新的标题，分明显示出了这位激进人物的锋芒和锐气。因为，在过去的封建科举时代，读经习文是晋身官场的必由之路，教授八股文，学写试帖诗，无非是为了对付"三场闱墨"。本世纪之初，科举废、新学兴，然而国文一科，学的依然是被人捧为国粹的历代名文；所谓新编国文教科书，如刘师培编的《中国文学教科书》（1906 年国学保存会印行）、林纾编的《中学国文读本》（1908 年，商务版）、吴曾祺编的《中学国文教科书》（1908 年，商务版）等，也大都沿袭过去旧式选本的老例，不脱选文、评点的窠臼。"民国"以后，随着欧美、日本等国一些先进的社会思潮和科学技术的传入，人们的视野以及人们所需要掌握的知识，也越来越广泛，这时读书习文再也不是为了追求仕途功名，而是为了掌握一种具有传播和吸收功能的语文工具，以满足工作、学习和生活的需要。可是，民国元年之初，新式学校中的国文教学却偏偏仍在"科举的旧轨道中进行"，"换汤不换药"（引自《应用文之教授》，以下引文凡未注明出处者，均引自该文）。有人调当时小学校里的作文题后，指出："《华盛顿论》《王安石论》《爱菊说》《爱竹说》《郭子仪单骑赴会论》《岳武穆奉诏班师论》，以迫各种策论及古奥之说明文等等，竟数见不鲜"（《通信》，见《新青年》第 4 卷第 5 期）。其结果，刘氏说，学生"读书数年，能做'今夫''且夫'，或'天下者天下人之天下也'的滥调文章，而不能写通畅之家信，看普通之报纸杂志文章"；及至踏入社会，"学实业的，往往不能译书；学政法的，往往不能草公事，批案件；学商业的，往往不能订合同，写书信"。总之，这样的国文教学是言文相悖，学用相违，完全脱离了实际。

刘氏针对旧式国文教学严重脱离实际的流弊，在北大预科任教期间就确定以"实事求是"为自己教学的宗旨，以教授"应用文"为自己教学的目标，把自己的全部工作同传统的国文教学严格区别开来。他在《应用文之教授》一文的"开宗明义第一"里写道："我在教授之前，即抱定一个极简单的宗旨，曰：不好高骛远，不讲派别门户；只求在短时期内，使学生人人能看通人应看之书，及其职业上所必看之书；人人能作通人应作之文，及其职业上所必作之文。更作一简括之语曰：'实事求是'。"刘氏在这里高高树起了"实事求是"的大纛，这正是"五四"时代科学精神的具体反映；他所提出的教学目标，也正是"五四"时代要求人人都能成为健全公民的民主精神的具体体现。刘氏鲜明地指出：新时的国文教学绝不是要教学生读写充满八股文陈腐气息、严重脱离实际的所谓"文学文"，而是要教学生读写为实际工作和生活所需要的"应用文"。而所谓"应用文"，蔡元培已有明确的解释："应用文，不过记载与说明两种作用。前者是要把所见的自然现象或社会经历给别人看。后者是要把所见的真伪善恶美丑的道理与别人讨论。都只要明白与确实，不必加别的色彩"（《国文之将来》）。刘氏把蔡元培的观点切切实实地来加以实行，加以试验，这正显示了他激进派中的实干家的本色。

本着上述的宗旨和目标，刘氏在应用文的教材教法上提出了一系列的"标准"。

首先是阅读中的选材标准。一共规定了12条，其中有："凡骈俪文及堆砌典故者，不选"；"凡违逆一时代文笔之趋势，而极意模仿古人者——如韩愈《平淮西碑》之类——不选"；"凡思想过于顽固，不合现代生活，或迷信鬼神，不脱神权时代之习气者，均不选"；此外，那些"卑鄙龌龊的应酬文、干禄文"以及"谀墓文"等也"一概不选"。他所要选的是"文笔自然，与语言之辞气相近者"，"思想学说，适于现代生活，或能与西哲学说互相参证者"以及"文章内容与学生专习之科目有关系者"。刘氏认定，选讲的文章犹如"蚕吃的桑叶，吃不着它，固然要饿死；吃了坏的，也要害瘟病"。那些思想陈腐、形式僵死的文章，不但无应用的价值，而且读了要"害瘟病"；只有内容和形式适合于时代进步潮流的文章，才能适于应用，读了才真正有益。此外，在作文教学方面，他也规定了 12 条，其中特别强调："要以记事明畅，说理透彻为习文第一趣旨"，并规定作文要"勿落前人窠臼，勿主一家言，勿作道学语及禅语"；"勿用古字僻字"；"不避俗字俗语，即全用白话亦可"；"勿打滥调，勿作无谓之套语……凡古文家、四六家、八股家之恶习，宜一概避去"。用蔡元培的话说，写应用文求"明白与确实"而已。总之，刘氏在读文、作文两方面所确立的"标准"，贯彻的是同样的精神，这种精神同他在《新青年》上鼓吹西哲的进步学说，反对腐败文风，宣传无神论，倡导白话文等等的精神是完全一致的。

刘氏的应用文教授，侧重点在"作"。他说："研究应用文，着手第一步，便抱定了'要能作应用文'的目的……选讲两方面，其实都是个'作'字的预备而已。"这种观点，在"五四"时期语文教育界一些新派人物中具有普遍性。梁启超把自己关于中学语文教学的见解作了系统的整理，其中有论"读"的，也有论"作"的，可是文稿却题为《中学以上作文教学法》，就是一个例证。正因为刘氏视写作为教学的重点，所以在作文教学方面他倾注的心力也更多。过去旧式的国文教学，沿袭传统老例，学生开笔就是命题作文，而且所命之题大都出自四书、五经或古代人事（前引小学校种种作文命题，可见一斑）。面对这样的命题，学生是有本固然照套，无病也得呻吟，而于实际应用却全无裨益。刘氏则一反过去的陈腐老套，从日常工作和生活的多种需要着眼，设计和安排了许多不同的应用文写作训练内容，现引述于下（每项后面方括号内的提示，为笔者所加）：

1. 出一记事文或论文题目，由学生自由作文（这是老法）。〔传统命题作文，但行文强调"自由"，不在写法上加以限制〕

2. 说一段文字，令学生笔述，不许增损原文。〔听写，兼有听力训练〕

3. 译白话文为文言，或译文言为白话。〔翻译，语体比较的语言训练〕

4. 化韵文为散文（如古诗及白香山纪事诗，均可改作散文，兼采辞曲）。〔改写、文体比较的语言训练〕

5. 以"讲的方面"第六条（指选文的内容分析研究）研究之结果，令学生撰写为论文或笔记。〔听讲或阅读心得，读写结合〕

6. 以一段长冗之文字，令学生删繁就简，作一短文，其字数至多不得逾原文三分之一。〔缩写，文字繁简比较的语言训练〕

7. 就其专习之科目，出种种应用题目，令学生实地研习（如记载实验、解析学理、辩论、批牍、商业通信、订立合同等，各视所专习之科目定之）。〔实用文习作，延伸到其他各科学习的实用性语言训练〕

8. 以一段文字，抽去紧要虚字，令学生填补之。〔填写，写中包含阅读训练因素〕

9. 以一篇不通之文字——或文理不通而意义尚佳之小说杂记等——令学生细心改订，不许搀入己意。〔修改文章字句，写中包含阅读训练因素〕

10. 以一篇文字，颠倒其段落字句，令学生校订之。〔整理文章脉络，写中包含阅读训练因素〕

11. 以一段简短之文字，令学生演绎成篇。〔扩写，写中包含联想想象能力训练因素〕

12. 预先指定一书，或一书之一部分——其篇幅以一万字至三万字为限，且文义不宜高深，要以学生能自行阅看，全无窒碍为度——令学生阅看，即提纲挈领，作一笔记，或加以论断，字数不得逾千。〔读书笔记、书评，与专书阅读结合〕

这 12 种训练内容，几乎包容了学生出校以后在实际工作和生活中可能碰到的运用语文工具的主要方式，同时也相当全面地囊括了人们驾驭语言文字以表情达意的多方面的技能技巧。如果能够循序渐进作合理的安排，无疑是有利于促进作文教学的科学化的。"五四"以后，在中国教育会联合会新学制课程标准起草委员会制订国文国语课程标准时，作文教学部分相当数量的项目就是参照刘氏的试验来编列的，可见其影响之深远。

刘氏的应用文教授，还充分体现了教学民主的精神。例如在"授课的第一日"，他就把字法、句法、章法等三个方面，"昔之所重而今当痛改者"和"昔之所轻而今当注重者"，分别列出一个表来，并"一一举例证明之"，使学生在开始学习之前，对于新旧文体、文风的鉴别，就有一个鲜明而确定的标尺，便于今后在学习中自行评断。在开笔作文之前，他还拟订了12条注意事项，要求学生每次作文都拿出来阅读一遍，使自己从构思到落笔不致离谱脱轨，完卷以后还要一一加以对照。在教学过程中，刘氏十分重视引导学生去独立分析、独立研究问题，并鼓励学生责疑问难。例如在他提出的十条讲课要求中，首先强调的是学生的"预习"，"每讲一文，先命学生自行预备"，许多问题让学生通过预习自行解决。在讲课时，又注意引导学生作比较的研究，第六条："所讲之文，如与学生专习之科目有关，则命学生自为比较的研究；如与西哲学说——普通的而非专门的——可以互相参证或攻辩，则兼述西哲学说之大要，命学生为比较的研究。"第七条："前后所讲各文，有内容上性质上文体上之类似或反对，一一比较研究之。"这种种连类而及的比较研究，既是极有价值的思维训练，又有利于学生举一反三，触类旁通，提高独立分析能力。在作文教学方面，他设计了"二次批改，一次讨论"的新的批改方式，具体过程是："一、初次批改，只用种种记号，将文中'毛病'，逐一指出［刘氏创造的记号凡24种，此处从略。符号批改法，以刘氏的创造为滥觞，大致近似］；二、初次批改后，以原卷发还学生，令其互相研究，自行改正；有不能改，或虽有符号，指出其毛病而仍不能知其所以然者，许其详细质问；三、学生自行改订后，另卷誊真，乃为第二次之批改，此次不用记号，竟为涂抹添削，至评判分数，则折衷于初二次之间；四、第二次批改后，学生有不明了处，仍准质问。"这种批改方法，在今天真能坚持做的，为数恐也不多；至于在60年前，在封建教育的漆黑铁屋子里才透进一丝民主曙光的时代，无疑是一种充分体现了民主精神的大胆的革新尝试。

刘氏在语文教学改革方面的试验，持续时间不长，不久他就赴欧洲留学，1925年回国后，任北大教授，潜心于语音、文法和音韵的研究，几乎消尽了当年战斗者的锐利锋芒。然而，他在《应用文之教授》一文中所提供的试验记录，却在现代语文教学发展史上永远闪耀不灭的光辉。

（原载于《语文学习》1989年第10期）

胡适与语文教育革新运动

　　五四时期，我国中小学的国文科，从教学目的、教学内容到教材教法，都经历着重大的历史性变革。在这场革新运动中，胡适的影响至巨，研究现代语文教育发展史的人，不能不正视这一历史事实。

　　当时国文科的革新，从教学内容说主要体现在两个方面，一方面是语文形式，即语体和文体的革新；另一方面是思想内容，即教材所反映的思想观念的革新。五四新文化运动，在语文形式上反对言文脱节，主张言文一致和国语统一，即提倡白话文，推行普通话（国语），这对传统国文教学只教文言文致使言文脱节是一个巨大的冲击；在思想观念上反对陈腐的封建伦理道德和专制主义，主张科学和民主，提倡个性解放，这对传统国文教学一味崇尚圣经贤传、颂扬封建伦常也是一个巨大的冲击。从这个意义上说，作为五四新文化运动的重要推动者之一的胡适，他的一些言论和行动当然对国文教学的革新会产生重大影响。

　　胡适是提倡白话文的早期代表人物之一。清朝末年，各地出了不少白话报纸，如《中国白话报》《杭州白话报》《安徽俗话报》《宁波白话报》以及《国民白话日报》《安徽白话报》等等，1906 年一些"清国留学生"在上海创办中国公学，自编《竞业旬报》，也全部刊载白话文章。胡适在中国公学读书期间，就为《竞业旬报》第 1 期撰写了纯粹白话的《地理学》，同时还为《安徽白话报》等提供用白话写的稿件。当时，他还不过是个 15 岁的少年。1910 年，他赴美留学，在弃农从文以后，更竭力倡导白话创作，自己首先尝试着用白话写诗，后来把这些诗稿结集成我国第一部白话诗集《尝试集》。过去，林琴南翻译外国小说，全用文言，影响极大；胡适第一个尝试着用白话来翻译法国都德的著名小说《最后一课》和《柏林之围》，那是 1912 年前后的事。这两篇著名译作，后来都被选作国文科的教材。1919 年，胡适又把自己用英文写的独幕剧《终身大事》翻译成中文，这便是我国新文学史上第一个白话散文剧本。1918 年，他冲破了历来用文言文写学术著作的传统老例，尝试着用白话文写哲学研究论著，出版了我国第一部白话学术著作《中国哲学史大纲》。可见，胡适不但在著名的《新青年》杂志上，同陈独秀、钱玄同等人大力提倡白话文，而且用自己的写作实践有力地向人们证明，白话文不仅可以写文，而且可以写诗、写剧，不仅可以进行文学创作，而且可以从事翻译和发表学术论著。他的理论呼吁和实践尝试，在当时确实为白话文冲破文言文一统天下的局面、牢固地占领宣传舆论阵地做出了贡献。

采用新式的标点符号，是五四新文化运动在语文形式改革方面又一重要内容，对国文教学也曾有重要影响。早在 1915 年 6 月，胡适为《科学》杂志写过一篇题为《论句读及文字符号》的专论，指出历来中国文字不加文字符号（即标点符号）的弊害有三：一为意义不能确定，容易误解；二为无以表示文法上的关系；三为教育不能普及。为消除此三大弊害，他设计并提出了十种标点符号。在 1915 年 7 月 2 日的日记中他说："吾之有意于句读及符号之学也久矣。此文乃数年来关于此问题之思想结晶而成者，初非一时兴到之作也。后此文中，当用此制。"从此，他每有所作，都坚持用自拟的各式标点，使时人耳目为之一新。

　　推行国语，也是五四新文化运动的重大业绩之一，胡适对此也积极鼓吹，不遗余力。早年胡适就读的中国公学，是在上海第一个用普通话进行教学的学校。在这所学校里，胡适接受了国语的初步训练，并在《竞业旬报》上大力宣传国语统一的必要。1920 年，教育部在北京开办了一个国语讲习所，胡适出席讲演十多次，对教育部命令全国各国民学校一、二年级都改用国语教授，表示赞赏，并认为"这个命令是几十年来第一件大事""这一道命令把中国教育的革新至少提早了 20 年"（引自《国语讲习所同学录·序》）。

　　至于思想观念的变革，更是五四新文化运动的不可磨灭的历史功绩。在"五四"当时，以陈独秀、李大钊等为首的《新青年》同人，在抨击腐朽的封建传统观念、传播民主主义新思潮方面，高举义旗，振臂呐喊，立下了不朽的功勋。其中，胡适也是赢得广泛的社会声誉的一员。他翻译《最后一课》和《柏林之围》，宣传爱国思想；翻译易卜生的《娜拉》、为不幸女子李超作传，鼓吹妇女的解放和独立人格；撰文盛赞孙中山的《建国方略》，在道义上积极支持孙中山的建国宏图；倡导整理国故，为运用新观念、新方法批判继承祖国历史文化遗产指明方向。所有这些，都直接或间接地影响到国文教学在观念上的更新。胡适的思想，特别是政治思想，尽管从 20 年代后半期起发生严重的逆转和退化，成为历史发展的一种阻力，然而在"五四"的前后，他在一般新派人物的心目中却还是新思潮的突出代表之一。

　　当然，五四新文化运动在语文形式和思想观念等方面的变革对国文教学产生积极影响，绝非胡适一人之功；而且，在改革的彻底性方面，他还远不能与陈独秀、李大钊、鲁迅等人相比拟。然而，在改革的广泛性方面，在直接关涉到国文教学的学科建设和教法改革等领域里面，胡适的贡献却又有其独特之处。

　　说来也奇怪，胡适对于文言文与白话文的历史性思考，竟是从"如何教授文言文"这个教学法问题开始的。也就是说，胡适对于语文形式的思考，从一开始就着眼于教学。早在美国留学期间，他曾与赵元任在中国学生会成立的"文学科学研究部"的分股讨论会上，分别写过两篇供讨论的论文。赵元任写的是《吾国文字能否用字母制，及其进行方法》；胡适写的是《如何可使吾国文言易于教授》。胡适在这篇早期论述文言文教授的文章中，指出了历来文言文教授在教法上的四大弊端：一是"以为徒事朗诵，可得字义"，忽视了译释字义的重要；二是教者不懂文字学，不知推究字源；三是忽视文法探讨；四是不讲究句读、标点，致使文法不易解，字义不易定。胡适认为，文言文乃是"半死之文字"，教法上应当与教外国文字略相似，"须用翻译之法"；文言文"是视官的文字，非听官的文字"，所以应当重视字源学的教学，以比较今字与古字的差异；文言文有自己的文法，教文言文应当重文法分析；文言文向来不用标点符号，所以文句难断、文意难明，教文言文应当重视句读和标点。胡适这篇文章对文言文的特点作了正确的分析，并针对历来文言文教授的弊端，提出了改革教法的四点设想。后来，黎锦熙和吕叔湘等人，在讨论到文言文教学的时候，都提到教文言文应该采用近似外国语的教法，应该重视古今字义、古今句法的比较分析，可见胡适早年的见解绝非妄言，他确实道出了文言文教学的特点和规律，而他提出这些见解却远远早于黎、吕二氏。

如果说上述诸端还只是国文教学革新的某些局部问题，那么胡适在1920年和1922年所作的两次讲演，却是对中学国文教学整体改革的全局性的构想，在中学国文科的课程建设史上具有开创性的意义。

"五四"以后不久，在新文化、新思潮的热浪冲击下，教育部已开始下令将国民学校的国文科改为国语科，而在初级中学里面，要求将国文科改为国语科的呼声也日益高涨，国语、国文并存已成为历史发展的必然。在这种形势之下，重新构建语文学科的课程纲要已受到人们的普遍关注。1920 年 3 月 24 日，胡适应北京高师附属中学国文研究部之邀发表了演讲，题为《中学国文的教授》，记录稿最初刊载于《教育丛刊》第 2 集，后来经修改编入《胡适文存》卷一。这是"五四"以后，就中学国文科课程建设系统地发表个人见解的第一篇重要文字。演讲内容共七个部分：一、中学国文的目的是什么；二、假定的中学国文课程；三、国语文的教材与教授法；四、演说与辩论；五、古文的教材与教授法；六、文法与作文；七、结论。1922 年 10 月，中华教育改进社在山东济南召开第一届年会，18 个省区的 366 位代表参加会议，会上由梁启超、黄炎培、麦柯尔、邓萃英、推士、蒋梦麟、张默君、胡适等八人分作专题演讲。胡适讲题为《中学的国文教学》，内容与第一次演讲基本相同，只对某些问题作了进一步的修正与补充，所以记录稿在编入《胡适文存二集》时改题为《再论中学的国文教学》（以下，前文简称《一论》，后文简称《再论》），内容共四个部分：一、假定的"中学国文标准"；二、假定的"中学国文课程"；三、国语文的教材和教授法；四、古文的教材和教授法。

胡适在这两篇重要文字中对中学国文科的教学目的、课程设置、教材内容和教学方法作了全面的论述。其所论各点，就胡适本人而言，是他以往所持的一系列见解的综合反映；就语文学科的发展而言，是后来新学制课程标准起草委员会拟制中学国文科课程标准的重要基础。

胡适立论是针对民国元年以来颁布的"中学校令施行规则"而发的，为的是能从比较对照中推陈出新，重新建构中学国文科的课程纲要。首先是关于教学目的。民国元年"中学校令施行规则"第三条规定："国文要旨在通解普通语言文字，能自由发表思想，并使略解高深文字，涵养文学之兴趣，兼以启发智德。"胡适认为，这条"要旨"本身是属于"理想的"，内容并无大错；但考察八年来教学的实况，却不能不说是"完全失败"。其原因"并不在理想太高，实在是因为方法大错"，因为目标是要"通解普通语言文字"，教的却并不是普通的语言文字，而是少数文人用的文字，至于"语言"更用不着说；目标是"能自由发表思想"，教的时候却不许学生自由发表思想，"硬要他们用千百年前的人的文字，学古人的声调文体，说古人的话"。"事实上的方法和理想上的标准相差这样远，怪不得要失败了。"找到了问题的症结所在，胡适在《一论》中就自拟了一个"中学国文的理想标准"，共四条：

（1）人人能用国语（白话）自由发表思想——作文，演说，谈话——都能明白通畅，没有文法上的错误。

（2）人人能看平易的古文书籍，如《二十四史》《资治通鉴》之类。

（3）人人能作文法通顺的古文。

（4）人人有懂得一点古文文学的机会。

在《再论》中，胡适对上述四条又作了几点补充说明。第一，他认为国语是一个中学生"自由发表思想的工具"，必须首先掌握好，所以"能作国语文"应是"第一个标准"。第二，要待"国语文通顺之后，方可添授古文，使学生渐渐能看古书，能用古书"，而且也只有"先学习国语到了明白通顺的程度，然后再去学习古文，所谓事半功倍，自然是容易得多"。第三，"作古体文但看作实习文法的工具，不看作中学国文的目的。因为在短时期内，难望学生能作长篇的古文；即使能作，也没有什么用处"，所以他同意黎锦熙的意见："中学作文仍应以国语文为主"。这是对《一论》中第三条标准的重要修正。胡适所定的这四条"理想的标准"，固然还有偏重于"古文"的倾向，但他强调了国语的突出地位，把民国元年颁行《中学校令施行规则》从"理想的"变为"可行的"，而且用浅明的国语分项列出，便于检测，无疑是一大进步。

其次是关于课程设置。原来的《中学校令施行规则》规定中学四年学习的课目是讲读、作文、习字、文字源流、文法要略、文学史，一共六门。胡适的构想是把讲读分为"国语文"和"古文"，将"国语文"独立出来与"古文"并行；此外，为了强化国语训练，在高年级开设"演说"和"辩论"。至于习字、文字源流、文法要略、文学史等四门，一律删去，原因是：习字，要靠平时历练，每周单设一小时练字，是练不好的；现有的《文法要略》《文字源流》，胡适认为"都是不通文法和不懂文字学的人编的，读了无益"，而且他说："以后中学堂的国文教员应该有文法学的知识，不懂文法的，绝不配做国文教员。所以我把文法与作文并归一个人教授"；读文学史，首先必须读过一定数量的文学作品，否则，光"记得许多李益、李欣、老杜、小杜的名字，却不知道他们的著作，有什么用处?"所以，胡适拟定的课程如下表：

年一：国语文1，古文3，语法与作文1　共5

年二：国语文1，古文3，文法与作文1　共5

年三：演说1，古文3，文法与作文1　共5

年四：辩论1，古文3，文法与作文1　共5

在《再论》中，胡适对上述课程设置又作了重要修正，即把一种统一的课程设置划分为两种不同的课程设置：

一、在小学未受过充分的国语教育的，应该注意下列三项：

（一）宜先求国语文的知识与能力。

（二）继续授国语文至二、三学年，第三、四学年内，始得兼授古文，但钟点不得过多。

（三）四学年内，作文均应以国语文为主。

二、国语文已通畅的，也分为下列三项：

　　（一）宜注重国语文学与国语文法学。

　　（二）古文钟点可稍加多，但不得过全数三分之二。

　　（三）作文则仍应以国语文为主。

　　胡适这种根据小学毕业生的实际程度，在中学施行"两类教学计划"的设想，无疑是相当高明的，它为以后实施分科制、选科制提供了一种重要的思路。

　　再次是关于国语文的教材和教法。过去的国文科教的全是文言文，教材不成问题；现在新设国语文，该选什么材料供学生习读，这是一个新的课题。胡适提出五种材料作为国语文的教材：（1）小说；（2）戏剧与诗歌；（3）长篇议论文与学术文；（4）古白话文学选本；（5）国语文的文法。在《再论》里，胡适首次提出了这样的观点："白话文非少数人提倡来的，乃是千余年演化的结果。我们追溯上去，自现在以至于古代，各个时代都有各个时代很好的白话文，都可供我们的选择。有许多作品，如宋人的白话小词，元人的白话小令，明清人的白话小说，都是绝好的文学读物。"并根据这一观点，开列出《水浒传》《红楼梦》《西游记》《儒林外史》《镜花缘》等十余部白话小说，认为这些都应该是国语文的绝好教材。这一见解，为国文科的教材建设开辟出了一个全新的天地。至于白话戏剧和白话诗歌，胡适认为"此时还不多，将来一定会多的"，也应该列为教材。白话的散文作品，短小浅显的，应作为小学国语科的教材，在中学里"只教长篇的议论文与学术文"，旨在探究这类文章的"思想条理"，借以培养中学生的逻辑思维能力。胡适还认为，国语文的文法也应该列为国语文的教材，只是当时坊间还没有够格的国语文法书可采用，应尽快着手编撰。为此，他亲自动手编写了《国语文法概论》(1921年亚东图书馆版)，以供教学之需。在国语文的教法上，胡适主张实行"教员指定分量—学生自己阅看—课堂组织讨论"的三步教学法，在课堂讨论中，教员除了要引导学生研究教材的思想内容外，还要"点出布局，描写的技术，文章的体裁"等等；戏剧，"可选精彩的部分令学生分任戏里的人物，高声演读"；长篇议论文和学术文，要注重结构层次的分析、材料安排的探究和行文思路的把握。至于国语文法，当与国语文的写作紧密配合，注重实际的应用。在国语文刚刚开始列入中学国文科、教员对国语文的教法还茫然不知所措的时候，胡适提示的教法给人们提供了一条崭新的路子。后来浙江一师的同人实验的白话文的教学，就是依循着胡适提示的路子来的。

与国语文的教学直接有关的是演说与辩论。胡适认为演说与辩论"是国语与国语文的实用教法"。因为"国语文既是一种活的文字，就应当用活的语言作活的教授法。演说、辩论……都是活的教授法，都能帮助国语教学的"。在胡适看来，"凡能演说、能辩论的人，没有不会做国语文的。做文章的第一个条件只是思想有条理，有层次。演说辩论最能帮助学生养成有条理系统的思想能力"，因此，进行演说和辩论的训练，应是中学高年级国语文教学的延伸和发展。在国文科中列入国语文的教学内容，固然是历史的一大进步；在国语文中又特别突出了演说和辩论的训练，并认为这是国语文的活的教授法，更是见前人所未见，发前人所未发。胡适的这一构想，曾被后来历次制定的课程标准所采纳；可惜大都只是堂而皇之地写在纸上，真正认真去贯彻的，为数寥寥；以致到数十年后的今天，演说与辩论的训练仍不被多数学校所重视，这在中学语文教育发展史上不能不说是一大憾事。

此外是关于古文的教材与教法。胡适对古文教材的处理，有两点特别值得重视：一是主张"第一年专读近人的文章"，包括梁启超、康有为、严复、章太炎、蔡元培、李大钊等人的散文以及林琴南译的小说等，借以熟悉文言文的特点；"后三年应该多读古人的古文"，借以明白文言文的发展、演变。二是主张在后三年将精读选本与自修古书二者结合起来。选本依时代的先后编排，"每一个时代文体上的重要变迁，都应该有代表"，这样，读完选本也就等于读完一部"最切实的中国文学史""此外中学堂用不着什么中国文学史了"。古书的自修，在胡适看来是"最重要的"一环，应该开列书目供学生选读，并加以指导；否则，单靠选本上有限的篇章，是学不好古文的。胡适的这一构想，就为以后把讲读分为"精读"和"略读"二目奠定了基础。在古文的教法上，胡适提倡"用'看书'来代替'讲读'"，即废弃传统的逐字逐句串讲法，而多让学生自己预习、自己翻查工具书、自己加句读、自己试行分章分节。上课时，只做三件事："（1）学生质问疑难，请教员帮助解释；教员可先问本班学生有能解释的没有？如没有人能解释，教员方可替他们解释。（2）大家讨论所读的书的内容。教师提出论点，引起大家讨论；教员不当把一点钟的时间占据去，教员的职务在于指点出讨论的错误或不相干的讨论。（3）教员可以随时加入一些参考资料。"为了实行这样的新的教法，胡适主张对古书要进行整理，因为"古书不经过新式的整理，是不适宜于自修的"。所谓"新式的整理"，胡适认为至少有下列七项工作要做：（1）加标点符号；（2）分段；（3）删去繁重的、迂谬的、不必有的旧注；（4）酌量加入必不可少的新注；（5）校勘；（6）考订其假；（7）作介绍及批评的序跋。在《再论》中，胡适列举了《诗经》《左传》等数十部古书为例，并说："有了这几十部或几百部整理过的古书，中学古文的教授便没有困难了。教材有了，自修是可能的了，教员与学生的参考资料也都有了。教员可以自由指定材料，而学生自修也就有乐无苦了。到了这个时候，我可以断定中学生的古文程度比现在大学生还要高些！大家如不相信，请努力多活几年，让我们实验给你们看！"胡适的自信如此，其实验的决心也如此。在20年代，他一方面编著《国语文法概论》和《白话文学史》，为国语文教学提供教材；一方面提倡"整理国故"，希望中国能有一套"中学国故丛书"；所有这些，在一定意义上都可以说是他对中学国文教学革新进行大胆假设以后的实地试验。

　　《一论》和《再论》是胡适对中学国文教学革新所持的观点的全面阐述，发表以后所产生的直接结果是关于中学国文课程建设的一场大讨论，以及随之而来的新学制中学国文课程标准的拟定和颁布。1923 年，全国教育会联合会新学制课程标准起草委员会在拟定中学国文课程标准时，就委派胡适主持其事；1929 年重新修订课程标准时，胡适仍为主持者之一。由此可见，胡适的一套构想，在当时影响极为深远。至于因胡适、陶行知、蔡元培的邀请与组织，国外一些资产阶级教育家如杜威、孟禄、麦柯尔等人，在 20 年代纷纷来华调查、讲学，使那些带有民主主义色彩的教育学说得以在中国传播，使中国传统的封建教育思想遭到猛烈冲击，许多新的教育制度和教学方法被人们热心推行，以致给国文教学带来蓬勃生机，那已经是属于胡适等人为中学国文教学革新所提供的外部条件了。

　　（选自顾黄初著《现代语文教育史札记》，南京出版社 1991 年版，原题为《胡适与国文教学革新运动》）

梁启超国文读写教学构想

一

蔡元培批评戊戌变法中的维新派不重视培养革新人才，所以招致失败；这其实是不完全公正的。维新派的失败，自有种种主观上和客观上的原因；至于培养人才，他们中间的一些主要人物倒是自始至终十分重视的。康、梁、严、谭，无不如此。

梁启超（1873—1929）一生活动，大致可以分为三个阶段：1898年百日维新之前，是他积极从事变法维新的舆论宣传和实际运动的阶段。在这个阶段中，他从其师康有为那里学得了较为通达先进的治学方法，接触了当时译出的许多西书，形成了"强国必先强人，强人必先强学；变法必先变人，变人必先变科举制为学校制"的坚定信念。他在主编《时务报》（1895）时宣传这样的思想，在主持长沙时务学堂（1897）时亲自实践这样的思想，最后在戊戌变法运动中企图借助朝廷之力把这种思想向更广的范围内扩展。1898年维新运动失败，他逃亡日本，一直到五四运动前夕，是他进一步从西方资产阶级政治思想中汲取养料，坚定了自己改良主义的思想立场，并积极宣扬资产阶级新的政治体制和新的教育学说的阶段。这个时期，他承袭昔日坚信"教育为立国之本"的观念，向国人介绍欧美以及日本正在施行的一些新的教育制度、教育设施；甚至还详尽地介绍和引进了日本学者当时译著的许多人文科学方面的教材。五四运动前后，是他开始从无望的政治活动旋涡中解脱出来，专心从事于著述和讲学的阶段。梁氏一生，在学术方面著述千余万言，而在这一阶段留下的成果却有几百万言，其中重点内容之一仍在教育教学方面。有关国文读写教学的论著（讲演），也都发表在这个时期。

梁氏在学校亲自任教的时间是很短的，在中学堂任教的时间则更短（据他自述，约有半年），那么他对中学国文科读写教学的一些见解，何以能使当时及后世许多学者所推崇、所折服呢？

原来梁氏本人是个天赋极高的人物，他 8 岁能作诗文，10 岁考中秀才，12 岁应试学院，补博士弟子员，15 岁专攻训诂词章，17 岁（1889）得中举人，18 岁开始就广泛涉猎上海制造局译出的各种西书。这样一个人，通过自己的广泛阅读，到晚年确已达到了常人无法企及的博古通今、学贯中西的境地。此外，他的文才也极高，一支笔先是以雄健古雅的古文为人称道，继而又以流畅而笔端饱蘸感情的报章体文言称著于世。"五四"以后，他写的语体文也达到了当时一般新派作家所能达到的水平。他的著述宏富，语体各不相同，文体多姿多彩，一概都写得极有说服力和感染力。加之，他又善于从西方资产阶级著名政治家、思想家和科学文化巨匠那里汲取有益的东西来分析研究自己所要解决的问题，所以在治学上掌握的是比较先进的方法论。凭着这么一些条件，他对本国语文的读写规律自有其深切而独到的体验，发为宏论，自易切中肯綮。

梁氏全面探讨中学国文读写教学问题的专著题名《中学以上作文教学法》（1925 年中华版）。该书原为梁氏 1922 年在南京高等师范（1923

年后改名为东南大学）所作专题讲演的记录，最初发表于《改造》第4卷第9号，后收入《饮冰室合集》，收入时，内容上稍有增补。中华书局出单行本时，内容又有重要修改。因此，同题的三种资料，内容大同而有小异，而以中华单行本为善、以《改造》刊发稿为早。此书内容，除小引外，主要分两大部分，前论作文法，后论教授法，研究的重点在文言文的读写教学。因为梁氏主张国文一科，小学应读写语体文，解决语体文的应用问题；中学以上（包括大学预科）学校应读写文言文，重点解决文言文的应用问题；同时，他还认为"读"的目的主要是为了提高"写"的水平，"读"的注意中心就该在"写"的规律和法则上，因此他把自己的讲演稿题名为《中学以上作文教学法》。

二

梁氏关于作文教学的构想，值得后人继承和发展的重要内容大致有如下各点：

作文教学要重在"应用"。这一点，差不多是当时一般革新派人物的共识，蔡元培这样主张，刘半农也这样主张。梁氏把文章分成三大类，一记载之文，二论辩之文，三情感之文。他说："作文教学法本来三种都应教，都应学。但第三种情感之文，美术性含得格外多，算是专门文学家所当有的事。中学学生以会作应用之文为最要，这一种（指情感之文——笔者注）不必人人皆学。"（引自《中学以上作文教学法)，以下引文凡未注明出处者，均引自该书）很显然，梁氏主张在中等以上学校里，作文教学应重于指导学生写作记载文和论辩文这两类实用价值最大的文章。梁氏在批评民国元年以后学校教育的弊病时曾经指出，"学问不求实用"是当时的一大积弊。他说："学问可分为二类：一为纸的学问，一为事的学问。所谓纸的学问者，即书面上的学问，所谓纸上谈兵是也。事的学问，乃可以应用，可以作事之学问也。"学而不能应用于世，无论如何勤学，终是纸的学问，其结果纸仍纸，我仍我，社会仍社会，无一毫益处也。"（见《中国教育之前途与教育家之自觉》，1917 年）这种视作文为应世之需，因而教学内容要重在"应用"的观点，正是对封建传统教育的一种强有力的否定。

作文教学要先明"规矩"。梁氏认为，作文教学要取得好的效果，师生双方都得首先明白作文的规矩，即作文法。他的《中学以上作文教学法》，大部分篇幅讲的是文章作法，原因就在于此。梁氏把作文法分为两个层次。第一个层次，即写任何种类的文章都必须恪守的基本准则，"就是怎样的结构成一篇妥当文章的规矩"。这规矩的最低限度的要求是："该说的话——或要说的话不多不少照原样说出，令读者完全了解我的意思"。所谓"该说的话"，就是构成文章的必要的原料。话有该说的和不该说的，原料有必要的和并非必要的，确定的标准是：①"时候如何"，②"作者地位如何"，③"读者地位如何"。同样一个题目，时间场合不同，作者意图不同，读者对象不同，该说的话也不同。梁氏的这一观点完全符合现代应用语言学强调语言运用必须重视社会交际环境的适应性的理论。所谓"照原样说出"，就是把观察到的（客观的）或感受到的（主观的），毫不走样地说出。这里的关键是：①"把思想理出个系统来"，"然后将材料分种类分层次"地配搭得宜；②"提清主从关系"，"常常顾着主眼所在"。所谓"令读者完全了解"，就是要求表达平易浅明，思路顺畅通达，反对"谬为高古"，力戒违背逻辑原理。作文法的第二个层次，即各类不同体裁文章的不同的作法，也就是写不同体裁文章的特殊规矩。梁氏讲演稿的主要内容就是详尽地阐述这方面的"规矩"的。梁氏认为，指导学生作文必须让学生真切地明白这些规矩。他说："文章做得好不好，属于巧拙问题，巧拙关乎天才，不是可以教得来的。如何才能做成一篇文章，这是规矩范围内事，规矩是可以教可以学的"，而"懂了规矩之后，便有巧的可能性"，所以教作文实际上是教作文的种种规矩而已。

作文教学要求学生作的篇数要少，用的功夫要细。梁氏在作文教学的训练上是主张重质的，他反对只讲"多写"而不讲"实效"，认为在篇数上，与其做得多而草率应付，倒不如少做几篇，抓细抓实，让学生做一篇有一篇的收获。他说："我主张每学期少则两篇，多则三篇，每一篇要让他充分的预备，使他在堂下做。看题目难易，限他一星期或两星期交卷。"可见，梁氏所强调的是，每作一篇，都要扎扎实实地抓好作前的"预备"工作和作后的修改工作，决不轻率从事，篇篇都讲求实效。此外，他还主张"让学生在课外随意做笔记"，即现今所说的"自由练笔"，以此作为课内作文的必要补充。因此，严格地说，梁氏对作文训练量的要求是：重点作文少，反复琢磨认真写；随感笔记多，养成习惯经常写；使二者互相配合，相辅相成。

作文教学要重视取材方法的指导或直接提供材料，反对凭空瞎想。梁氏认为，出个题目让学生凭空去瞎想，是作文教学的大忌，因为瞎想的结果必然是胡编乱造，而胡编乱造成了习惯，于学生害处极大。他主张学生作文一要"求真"，二要"求达"。求真，是第一位的。他甚至认为，"凡作一篇记载之文，便要预备传到后来作可靠的史料，一面对于事实负严正责任，一面对于读者负严正责任，学生初学作文时，给他这种观念，不惟把'文德'的基础立得巩固，即以文体论也免了许多枝叶葛藤"。巧妇难为无米之炊，写文章先在存"米"、找"米"上下功夫，这才是正道。"米"从哪里来？梁氏认为，凡是学生直接能接触到的人事景物，通过"普遍而精密"的观察得来，在这种情况下，教师的责任在指点取材的方法，主要是观察方法和取舍方法；凡是学生不能直接接触到的人事景物，通过"提供材料"让学生切实掌握，"提供"的方法，一是供给，即直接印发资料；二是口授，即口述资料；三是指定文件，即指定阅读材料。总之，学生在提笔作文之前，不在"苦思冥索"上花时间，而要在"搜集材料"上下功夫。例如，要学生学习用分类法写记事文，可以结合学生在其他课程中所学到的知识作详密的分类，学生就不愁没有材料，而且使作文与别科互相联系，可以"两面受益"。又如，要学生写《赤壁之战始末记》，这是历史事件，可以先指定学生看《三国志》中的《周瑜传》《鲁肃传》《孙权传》《诸葛亮传》，将关于赤壁之战的事摘出，然后考虑该如何去取材料，该如何安排材料。这样，不但材料丰富，拓宽了学生的阅读面，而且也同历史科联络了起来。梁氏所构想的这种"择取实际材料来作文"的做法，决不单纯是一个教法问题，实际上已涉及到文风、文德的培养，涉及到国文科与其他各科的联络和与实际生活的联络，意义是十分深刻的。

作文教学要与思维训练紧密结合。综观梁氏有关作文教学的构想，其核心在指导学生学会恰当地、条贯地"整理思想"。这"整理思想"的过程，实际上也就是思维训练的过程。首先，梁氏强调在给学生提供材料的时候，固然应以必要的材料为主，但不必要的也不妨列出，以便"试验学生的选择力如何"；"材料都摆在那里，令他们细细地裁量、驾驭、排列"，这就是极好的思维训练。其次，梁氏还主张"一题可做数次"，同一个题目可以从不同角度、用不同观点写成几篇文章，使学生对于一个题目的方方面面都能了解、都能想到。再次，他主张教学生写论辩文，"断不许违背思辨学的法则"，要做到"辞与辞相待，句与句相复，段与段相衔，中间不漏出破绽"，这就是要求思维的严密和合乎逻辑；尤其驳诘的文章，题目最好能彼此都似乎"有理"，彼此都能"反对"，构成"问题"，这才有利于锻炼学生的思维能力，否则，正确的结论在题目上明摆着，就不宜做论题。此外，梁氏还认为"教人作文当以结构为主"，所以评改学生作文特别要注意的是"思想清不清，组织对不对"；至于"字句不妥当"学生固然要注意，但毕竟属于"末节"。忽视字句的妥帖与否，不免是偏颇之词；但梁氏对文章的思路脉络、组织结构特别注重，自有其合理因素，因为文脉、章法直接关涉到文章作者的思维品质，关涉到文章的全局。

上述五项，是梁氏关于作文教学构想的主要内容。梁氏自称这是"创作"，因为"以前的人没有这样的研究过"，他的目的是想"打开"一条"新路"，并希望人们在这条"新路"上继续有所开拓。

三

梁氏曾经这样感叹："在今日学校各项课程之中，最为重要者固属国文，而教授最感困难，教师最感缺乏，学生除有生性特别嗜好外，最感觉干燥而无生趣者，亦惟国文。"国文教学"难"在何处？要而言之，一是论文选文缺乏深浅、是非的标准；二是旧论新说，孰优孰劣，莫衷一是；三是人人可以凭一己之偏见而抹煞其他；四是"国文"本身，界说不清；五是名为一科，实际上内部头绪纷繁、内容庞杂；六是文海浩瀚，去芜存精，非有"伟大学力"者不足以胜任。这就是梁氏的国文教学"六难"说（《中学国文教学概要·序》）。梁氏说的"六难"，关键却只在二难，即：宗旨难明，标准难定。国文教学之所以呈现出严重的混乱，根源就在于此。怎样解决这些"难"处？梁氏开了一张处方："欲减轻此六种困难与弊端，其法固非止一项，然最大之点，当为经验，有经验，则可随时处变，加以调剂"。一句话，凭教者的读写经验来斟长酌短，凭教者的教学经验来就利去弊。梁氏对国文科讲读教学的革新构想，正是凭着他的丰富经验而来的。

梁氏早在1896年就书院课程改革问题发表过这样的意见："学非一业，期于致用，言非一端，贵于可行。"强调学习任何课程，都必须重在"用"，贵在"行"（《上南皮张尚书论改革书院课程书》）。国文一科当然也不例外。梁氏一生博览群书，可谓蓄积宏丰，可是这种蓄积如果只存之于内，那至多也只是个庞大的"活书橱"而已；必得应时世之需，发之于外，或著书立说，或践履躬行，或演讲呼号，这才能使内在的蓄积成为于国于民有利的精神财富。因此，凭"经验"，梁氏肯定国文教学的宗旨在"应用"，为了蓄积而进行的"读"目的就是为了表达的需要，为了丰富表达的内容、提高表达的水平。这是梁氏讲读教学全部构想的基点。

从吸收是为了表达、读是为了写这样一个基点出发，梁氏为讲读教学构想了一种教学体系。据他在《中学以上作文教学法》中分析，当时的中学里，教国文有这样两种"体系"：一种是按时代顺序，由近而远，逆溯而上，先教近代文，再教明元、宋唐，一直到上古；另一种是按教员的需要与可能，东选一篇西选一篇，任意编排。这些做法，梁氏认为都不可取，都不能构成科学的体系。他提出了一个分类、分期、分组进行教学的体系，认为这个体系足以裨补当时讲读教学的某些缺陷。

什么是他构想的分类、分期、分组的所谓三"分"教学体系呢？要点是：

> "我主张一学年有两学期。一学期教记述文。一学期教论辩文。由简单而复杂。记述文先静后动。论辩文先说谕倡导，而后对辩，论小事的在先，论大事的在后。"

> "不能篇篇文章讲，须一组一组的讲……选文并不要依时代的次序，要分组选。十篇之中一篇是《左传》，一篇是《史记》，一篇是新文字……都不妨事。"

梁氏的这一构想，文字提炼得简要，内涵却很丰富，很值得咀嚼。

在这一构想中，梁氏第一次从教学的需要出发，对古今文章重新进行了分类。

在我国，文章分类学的研究，源远流长。自《诗经》分诗体为风、雅、颂三类，《尚书》分官家公文为典、谟、训、诰、誓、命六类，及至三国魏曹丕著《典论·论文》、西晋陆机著《文赋》、南朝梁任昉著

《文章缘起》、南朝梁刘勰著《文心雕龙》，文章分类学的研究成了古代文论中的一个极其重要的方面，并且成果丰硕。一些学者，为了给弟子提供习读材料，根据文章分类研究的已有成果，选辑范本，早有南朝梁萧统辑《昭明文选》，后有清储欣辑《唐宋十大家类选》、清姚鼐辑《古文辞类纂》、清曾国藩辑《经史百家杂钞》等，惠及后学，影响至巨。不过，古代这种文章分类学的研究成果和依据这些成果而选辑的读本，毕竟是封建等级制和封建科举制的产物，时代发展到 20 世纪，新的思想文化潮流和新的教育教学制度已经对文章的内容和形式提出了新的要求和新的标准，应新式国文教学之需，更必须按这种新要求和新标准对古今文章进行重新分类。梁氏的讲读教学构想，首先在文章分类上为时代提供了新的成果，这成果甚至可以名为"文章教学分类学"，即从教学之需着眼来对文章进行分类。

梁氏的分类标准有二，一是文章的功能，二是文章内容的繁简难易。他把一般文章分成三类：记述文（即记载文）、论辩文和情感文。他认为，从教学的观点看，学校国文科应以讲授记述文和论辩文为主。理由已如前述。但是这样简单地来划分，还不能满足教学的需要，所以他又按照由简到繁、由浅入深的原则，分析了各类文章在内容上和写法上的繁简难易，做了分类列序的工作。他把记述文分成四类：（1）记物件之内容或状态。这一类主要是作提要、题画记、说实质、记特征等，属静态记述。（2）记地方之形势或风景。这一类所记范围有所扩大，但比较还属固定，可以按空间划出界限，逐步记述，仍属静态。（3）记个人之言论行事及性格。这一类便较难了，因为人的言行有时间空间上的变化发展，人的性格也有内在外在的不同表现，属动态，要记述得恰好，便不容易。（4）记事件之原委因果。这一类就更难些，因为事件牵涉到的人总不止一个，它的发生发展和结局也总有个过程，要在动态记述中顾及各个方面，就非大大地费一番观察、分析和组织工夫不可。这是记述文的分类列序。论辩文，梁氏分为五类：（1）说谕。即对特定的对象发表一种意见，劝其信从，如命令布告，公私短函之类，最为简易。（2）倡导。标举一种主张或见解，扼要申述理由，以供研究讨论，如一般倡议之类，稍难。（3）剖释。对某种事理或倡导之说，进行较为详密的分析论证，又稍难些。（4）质驳。据理反驳他人的说谕倡导或剖释，要讲究驳诘问难的充分根据，当然更难。（5）批评。有破有立，在批评中彰显自己的是非观，是上述各类的综合运用。这是论辩文的分类列序。梁氏的这种文章分类法，更多的也是凭借他的丰富的读写经验而来，虽然粗略，但也持之有故，言之有理，在当时中学以上的国文教学研究中具有开创意义，它毕竟为设计出合理的、符合教学原则的教学体系，提供了一种现实的可能性。

在梁氏构想的讲读教学体系中，他坚持记述、论辩两类文章要分期集中讲授，使二者交叉配合，形成循环加深的格局。

梁氏认为，东一榔头西一棒，零打碎敲，什么都接触一点的讲法，是什么也不能真正学懂、学通的。他说："须将各类文分期讲授"，"最好每年前学期授记述文，后学期授论辩文，年年相间"。其所以要这样做，一是因为各类文章有各类文章的特点和读写要求，总要让学生在一个相对集中的时间里专攻一类文章（或一类文章中的某些具有共性特点的样式），在这基础上，"打通一关再进一关"，而不要浮光掠影，浅尝辄止，这才容易收事半功倍之效；二是师生在一段时间里，共同把精力集中在突破某类文章的某些特点上，探讨必然更为深刻、切实。梁氏的这一见解对后来中学语文教学的体系建设，影响很大。所谓"初一以记叙文为主，初二以说明文为主，初三以议论文为主"的思路，很大程度上是承袭梁氏的构想而逐步形成的。根据集中力量攻其一点，务使真正有所得益的原则来衡量，梁氏的构想，对提高国文教学的效果无疑是有益的。

梁氏为求得讲读教学的目标尽可能的集中、明确，他竭力反对就一篇篇范文进行逐字逐句的讲解，而主张采用分组选文、比较分析的新的教法。

梁氏说：讲读教学"不能篇篇文章讲，须一组一组讲。讲文时不以钟点为单位，而以星期为单位。两星期教一组，或三星期教一组，要通盘打算。"这种构想当然是借鉴当时欧美和日本通行的"单元教学法"而来的，教学的着眼点不在单篇文章而在一组文章，无论是教学内容还是教学方法，都要从一组文章出发来"通盘打算"。而梁氏的组元原则明确单一，即各类文章的不同组织、不同作法。每组选这么十来篇文章，只要在组织上、作法上可资比较的，无论古今中外的名篇佳作，都可以同列一组。讲授时，以一篇或几篇为主，带起其他各篇。这样，学了一组文章，就对某类文章的特点，从纵的方面和横的方面都加深了印象。

以上就是梁氏构想的分类、分期、分组的三"分"教学体系的基本轮廓。

这样一种新的教学体系，必然要求在课堂教学的组织上也要相应地有所变革。

首先是讲读教学的原则问题。在讲读教学中，教者应该给学生什么？是给学生现成的知识和最终的结论吗？不。梁氏提出的原则是："教员不是拿所得的结果教人，最要紧的是拿怎样得着结果的方法教人。"也就是说，"善于教人者是教人以研究的方法"。讲读教学的根本目的是为了教给学生阅读各类文章的方法，指点学生从一些范文中探求事理、探求立意谋篇规律的门径。因此，研究的重点不在文章的字句而在文章的组织，不在文章的枝节而在文章的整体。

其次是讲读教学的程序问题。梁氏根据自己构想的教学体系，为课堂教学设计了这样的程序：

第一步是课前讲授。为了给学生提供阅读某类文章的一把钥匙，梁氏主张"每一个学期开始之时，先要有一两堂讲演式的教授，把本学期讲那类文章作法的重要原则简单说明，令学生得着个概念来做自习的预备"。这种课前（实际是学期之初）讲述理论要点的设想是一种很新鲜的设想，它完全符合梁氏对于国文教学整个体系的构想。因为按照他的体系，要求每一学期集中研读一类文章（实际上是某类文体中的某些样式），这就有可能在新学期一开始就为学生勾勒出这类文章的基本特点，提示研读这类文章的基本要领，以便学生"得着个概念"（即明白了一些理论要点）去独立研究一组组具体作品。如果再缩小范围，在讲一组选文之前，似乎也可仿照办理，先把这组选文的主要特点和可资比较之处作个概述，然后让学生自己去研读。目的都是为了事先指点门径，以利于学生在教师指点下自为研索，登堂入室。梁氏的这一设计思想，与当代著名教育家赞可夫提出的"理论知识起主导作用的原则"，在基本精神上不谋而合，因此不但有实践意义，而且有理论研究的价值。

第二步是课外预习。不预习就不讲授，这是梁氏的不二信条。他要学生在课外预先把要研讨的一组范文，按教师指点的门径去自行阅读，"看每篇作法的要点在哪里，各篇比较异同何在"，通过自学，"令学生知同是一类的文，有如此种种的不同；或同一类的题目，必须如此做法"等等。他认为这种课外预习要在自修室里进行，在时间分配上，"自修室的用功时间最少要与讲堂时间平分"。可见他对于这一步工作的重视程度。这对中学生特别是高中学生不算苛求，否则，很难设想会有效地提高学生独立阅读的能力。

第三步是课内讨论。梁氏认为，对于一般中学生来说，字面上把选文读懂并不困难，所以"把他们已懂得的还刺刺不休来讲，徒令他们生厌，而且时间也不太经济"。他主张在课堂上采用讨论式的教授，即在预习的基础上，"令学生各人把自己所见到的说出"；在讨论中，"学生看错的或看不到的，教师随时指导"；最后，"教师把全组各篇综合讲一次，说明自己的观点，便算讲完"。年级低一点的，教师指点和诱导多一点；年级高一点的，应给学生以更多的独立发表见解的机会；这样做，不但学生的心力得到充分的锻炼，而且还可以收"教学相长"之效。

梁氏这种设计的要旨，就在于把教者的精力主要用在组织和指导学生自学上面，而一扫以往旧式学塾中教者一味喋喋不休的陋习。40年代，叶圣陶概括阅读课的教学过程为预习——报告和讨论——练习这样三个阶段，其与梁氏设计的承继脉络是显而易见的。

（选自顾黄初著《现代语文教育史札记》，南京出版社1991年版，略有删改）

黎锦熙的中学语文教学改革方案

  黎锦熙（1890—1978）是我国第一代研究现代汉语语法的著名语言学家。他在汉语语法学上的突出贡献，已为人们所熟知，比如首创"图解法"、建立"句本位"学说（"凡词，依句辨品，离句无品"）、提出"特别介词"的概念（"把""将""对于""连""并"之类的"提宾介词"）等等。他的早期汉语语音、语法专著有《国语学讲义》（1919）、《新著国语学概说》（1922）、《新著国语文法》（1924）、《比较文法》（1933）等，在汉语研究史上具有重要影响。黎氏作为一个毕生致力于语文革新运动的卓越的语言学家，对我国中小学语文教学的改革，也做出过重要的贡献。

  黎氏在语文教学领域里的探索、耕耘，主要体现在教材和教法两个方面。早在五四运动以前，他就以封建文化的叛逆者的姿态在语文教科书的编纂上进行了大胆的改革。他在湖南省立编译局从事小学教科书编辑工作时，就把著名古典小说《西游记》的某些回目选作教材，在当时的教育界引起过巨大的震动。1914年任教于湖南长沙第一师范，与杨怀中、徐特立诸友人创办宏文图书编译社，除了积极译介欧美新著外，还尝试着用白话文编写教科书，并在书中特意编进了自然科学方面的知识短文作为语文教材。这在清末民初新旧思潮激烈冲突的时代条件下，无疑是具有创新开拓意义的行动。当时，黎氏还只是一个 20 多岁的青年。民国成立后不久，新任教育总长的蔡元培，对这位湖南青年的才学和胆识大为赞赏，特聘黎氏任教育部教科书特约编纂员。在任期间，黎氏参加了以蔡元培为会长的国语研究会，积极提倡"言文一致"和"国语统一"，并与国语研究会成员一起，呼吁教育当局下令把学校的国文科改名为国语科，为此还同林纾、胡玉缙等顽固守旧派展开了针锋相对的论辩。可见，在语文教育革新运动的最初年代，对于教科书的编写，无论在思想内容方面，还是在语文形式方面，黎氏都曾以自己的慧眼和才具提出过新人耳目的创见，进行过意义深远的探索。到了 30 年代末，为了给中学语文教材改革提供一种翔实可靠的历史性资料，黎氏又与王恩华合作，编制了《中等学校国文选本书目提要》，收集自 1908 年至 1937 年这 30 年间全国 60 余种课本，一一作了提纲挈领的介绍。这本资料，对于当时中学语文教科书的改革，具有重要的参考和借鉴意义，对于后世语文教材史的研究，也具有重要的史料价值。

在民国元年之初，当教材中还充斥着陈腐的封建的内容，课文还全是佶屈聱牙的文言文的时候，语文教育革新运动的主要矛头所向当然应该是教材问题。有了教材的新生才可能有教法的新生，教材教法的新生才能促使整个语文教学的改造。所以，到了五四运动以后，特别是 1923 年新学制中小学各科课程标准颁布以后，黎氏的注意力就开始从教材的改革转向教法的改革。在他看来，当时新式的语文教科书，在坊间已经纷纷出版，尽管良莠不齐，优劣殊异，但毕竟品类众多，教者不妨凭经验择善而用，而在选定课本之后，教学效果的好坏相当程度上就取决于教学的方法了。1920 年以后，黎氏先后发表了《中等学校的国文科要根本改造》(《国语月刊》1 卷 2 期)、《国语的作文教学法》(《教育杂志》16 卷 1 期) 和专著《新著国语教学法》(1924 年，商务版) 等论著，就语文教学的方法提出了自己的革新主张，1947年，《国文月刊》组织关于中学语文教学问题的讨论，黎氏连续发表了他设计的两个教学改革方案，一是《中等学校国文讲读教学改革案述要》（见该刊第51期），一是《各级学校作文教学改革案》（见该刊第52期），用"方案"的形式全面地表述了他历来对语文教学方法改革的一系列见解。这两份材料，应该是研究黎氏语文教育思想的重要资料。从中，我们不但可以看到黎氏一贯坚持的那种力主改革的革新精神，更可以窥见一个卓越的语言学家对于语文教学的某些独特的构想。

黎氏讲读教学改革案的一个重要思想是教学必须有合理的程序。

黎氏在1924年出版的《新著国语教学法》中，曾把讲读教学程序设计为三段六步，即：

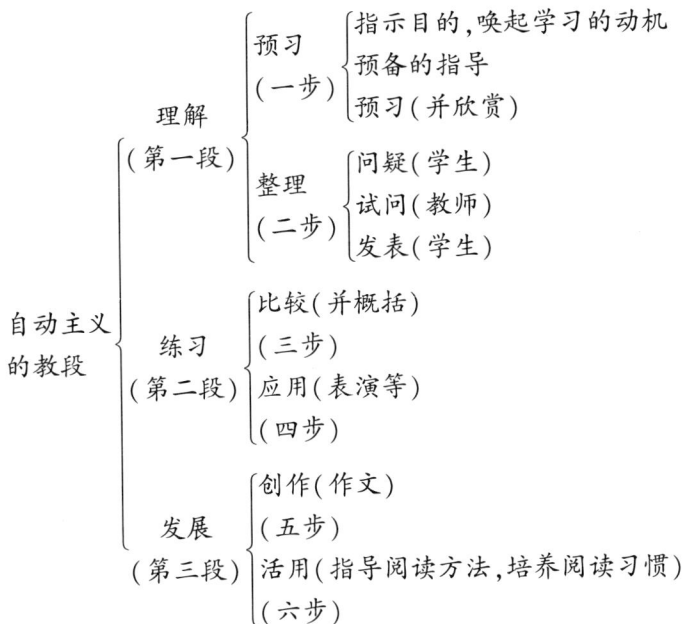

```
                              ┌ 指示目的,唤起学习的动机
                   ┌ 预习     │
                   │ (一步)   ┤ 预备的指导
         ┌ 理解    │          └ 预习(并欣赏)
         │(第一段) ┤          ┌ 问疑(学生)
         │         │ 整理     │
         │         └ (二步)   ┤ 试问(教师)
自动主义 │                    └ 发表(学生)
的教段   ┤         ┌ 练习     ┌ 比较(并概括)
         │         │ (第二段) │ (三步)
         │(第二段) ┤          ┤ 应用(表演等)
         │         └          └ (四步)
         │         ┌ 发展     ┌ 创作(作文)
         └         │ (第三段) │ (五步)
                   └          ┤ 活用(指导阅读方法,培养阅读习惯)
                              └ (六步)
```

在1947年发表的《述要》中，黎氏把上述的三段六步进一步合并为四段，即把"整理"单独列为一段，形成一预习、二整理、三练习、四发展的讲读教学程序。以自动主义为出发点，设计阅读教学的科学程序，在我国现代语文教育史上黎氏当为先驱者之一。

黎氏讲读教学改革案的又一个重要思想是要求严格地区分白话文和文言文的不同教法。他在《述要》的导语中尖锐地指出，历来语文教学的成绩不佳，其症结"就在教学讲读时，不知道把白话文的教材与文言文的教材分别处理，而只知道笼统地用一种大概相同的教法"。因此，他的改革方案就在全力探索这两种不同语体的文章的不同教法。

早年，浙江一师的沈仲九等人曾经对白话文的教法进行过革新尝试。不过，黎氏的见解又有其独到之处。黎氏认为，语文是所谓口耳之学，学语文不能不讲究诵读。所以，他的改革案中，特别重视各类文章的诵读。黎氏对于"读"曾提出过三种要求，或者说是三种境界：第一种叫作"疏解的读法"，即指预习阶段的读，旨在初步读懂文章，领会文章中某些句段的含义和情味，要求达到流利；第二种叫作"论理的读法"，指整理阶段的读，旨在读出词语、句读间的逻辑停顿和逻辑重音，恰当地表达出声音和意义的结合；第三种叫作"审美的读法"，旨在读出文学的意味和情趣，要求达到铿锵悦耳，声情并茂。这三种读法，无论是教白话文，还是教文言文，都需要逐步培养并切实掌握。但鉴于白话和文言同人们日常口语的距离有近有远，所以在具体处理的方法上应有严格的区别。

黎氏改革案首先用"两纲四目"来概括他全部主张的要点：

一纲：白话文须与语言训练相联系——

一目：先须"耳治"（初讲时，学生不可看本文）

二目：注重"朗读"（须用美的说话式，并随时矫正字音、语调和语气）

二纲：文言文须与外国语同比例

三目：必须"背诵"（预习时，即宜熟读；已读者，分期背默）

四目：彻底"翻译"（逐字逐句，译成白话，确依
文法，勿稍含糊）

在黎氏看来，白话文接近口语，读出来的句子同平常人们说出来的话几乎一致，学生看得懂也念得顺；只是课文中所用的口语是加过工的，是美化、净化了的，所以学生需要学习，而这种学习必得与语言训练相联系，在听和说上下功夫，使课文中那些美化、净化了的口语逐步影响学生习用的原始状态的口语，这才算是真正发挥了白话文教材的作用。文言文就不同，许多实词古今意义差别很大，不少虚词的语法功能也往往同现代语不一样，由此而构成的一些文言句式也就具有不同于现代语的特点，让使用现代语的学生去研读那些日常生活中不说也不用的古代语，就势必要采用中国人学习外国语的某些方法，要更多地在记诵和翻译上下功夫。

在处理白话文教材的读法时，黎氏提出了"三绝对"的要求。在预习以后，进入"整理"阶段。这一阶段的第一项工作是学生作"预习报告"。就白话文来说，主要是"报告全篇大意及分段要点"。一个学生在报告（即复述），其余的学生一概用耳细听，这时"绝对不可对看本文"。这是一个"绝对"。第二项是教员"范读课文"，范读时必兼"表演"风味，这时学生仍然只用耳听，目视教员，"绝对不可对看本文"。这是第二个"绝对"。第三项是学生"齐读课文"，所谓"齐读"就是跟着教员循声诵读一遍，教员怎么读学生就跟着怎么读，这时仍"绝对不可对看本文"。以上三步，是学生对白话文教材的初步接触，基本上处于感知阶段，黎氏认为这时最忌离开语音、语调所反映的意义和情味而专以"目治"；相反，必须强调"耳治"，重在听，所以"绝对不可对看本文"。黎氏恳切地说："是名'三绝对'，即纯以'耳'治，乃本改革案的精要处，请特予注意！若不如此，此三项教学手续即完全失去效力。"其重视程度于此可见。这个"三绝对"，其奥秘在哪

里？试行之后实效怎样？黎氏自己固然未作充分阐发，也未列出证实的数据；当时和后来的语文教育界似乎也未能给予必要的理论说明和进行必要的实践试验。不过，从语言训练的角度看（要知道，黎氏是语言学家），教白话文强调听和说相互促进、相互制约的作用，这无疑是正确的。教文言文就不同，黎氏特别强调要熟读成诵，而无论是听读或自读，都必须"对看本文"，认真揣摩如何断句，如何处理音节的轻重疾徐，如何表达出文章所蕴含的思想和感情，进而达到字字句句"如出己之口"的境界。总之，黎氏的基本观点是："白话文以'耳'治始，以'目'治终，其成绩之表现则全在'口'，口自与'手'相应，而白话文之写作进步矣。文言则始终以'目'治为主，口治之极，自能影响'目'与'心'，若一霎时之'眼到'与偶然间之'心到'，而'口'则长期不'到'，如今学生之听讲文言文者，则其效果必等于零无疑也。"

黎氏讲读教学改革案的另一个重要思想是重视讲读中的图解法。后世的板书设计当以黎氏的倡导为嚆矢。谁都知道，图解法是黎氏借以解析语言现象的一种创造。在语文教学中，他也主张用图解法来解剖课文的句法和章法，以清眉目。不过，在白话文和文言文的教学中，图解法的使用范围和使用目的也有明显的区别。

黎氏改革案是把"图解"列为"练习阶段"的一项主要工作的。所谓"图解"，在形式方面，主要是指"篇章词句之文法总图解"；在内容方面，主要是列出"全篇主旨及每段大意之标题"（相当于现在习用的内容提纲）。对于白话文，黎氏主张应以内容的分段标题为主，至于形式方面则重在篇章结构的图示，个别繁复的难句可以作文法的图解，其余一概从略。这样做，目的主要是理清文脉，以便确切地掌握文章的内容。对于文言文，则正好相反，主张应以形式方面的词句分析及篇章组织之总图解为主；至于全文主旨及分段标题只需列出，不必作过细的深究。这样做，主要目的是求得对文言文章法特别是句法的精确把握，以加深对古今语异同的理解，便于进行"彻底的翻译"。黎氏所谓"彻底的翻译"，就是指严格按照词位和句式的图解来进行翻译。他说："若无总图解，而但以对译为作文题，则非'彻底'研究，而不属于讲读范围内之练习工作矣。"文言文教学"须与外国语同比例"，这就是一个重要方面。

综观黎氏的讲读教学改革案，其核心就在设想如何有效地指导学生掌握汉语汉文的运用规律。因为白话、文言各有自身的特点，在日常应用中又各有不同的地位，所以强调要采用不同的方法进行教学，这才可望收事半功倍之效。而在黎氏看来，所谓语言运用主要又是指写作实践，所以就特别重视语言的规范化，用图解法剖析各种语言现象正是他设想的达到语言规范化的一种有效途径。

黎氏的作文教学改革案是以他提出的语文教学"三原则"为根本指导思想的。这"三原则"是：一、写作重于讲读；二、改错先于求美；三、日札优于作文。

黎氏认为中学生语言能力的提高主要应该凭借各种形式的写作练习。光靠讲读，学生对于语言运用的优劣得失的感受不可能十分深切，所谓"眼高手低"，就是这样产生的。学生只有通过自己的写作，通过写作过程中的思索、推敲、揣摩、修改等等，才能真正领略到语言运用的规律以及其中的甘苦。这就是"写作重于讲读"的根据。

黎氏把作文训练分成两个阶段：先是求"通"，再是求"美"。求通就要设法纠正各种不通的说法，这就是"改错"。改正错误而求得大体通达，这是写文章的基础功夫；由此再跨步，就是求美，求得文章的富有美感，富有吸引力。所以，作为基础，黎氏十分重视"改错"工作。在实践中，他主张采用符号批改法，教员在有错的地方加上各种符号，由学生根据符号所示的错失自行改正。此外，教员还要布置学生制作"错误订正表"四种：一、字体错误表；二、文法错误表；三、事实错误表；四、思想错误表。学生在自行改错的同时，把各种错误及其订正办法，分类记载于表内。教员收齐后，再进行归类统计，择其有代表性的病例向全班学生公布。用这样的办法，力求各种常见错误能改正一次减少一批；许多病例，也可望从理论上加以解释而因此找到病根，以利于彻底纠正。

除了一般的作文以外，黎氏竭力主张要养成学生写"修养日记"和"读书札记"的能力和习惯，并认为在培养写作能力方面后者的效能要大于前者，即所谓"日札优于作文"。"修养日记"记自己生活中的点滴感受和兴会；"读书札记"记自己听讲或阅读中的体会和心得。关于"读书札记"，黎氏强调要随手笔录，一事一条，长短不论，贵在坚持；每条的眉端应标上分类序号，以便日后使用（黎氏规定的分类序号为："0"总部，"一"哲学，"二"宗教，"三"社会科学，"四"语文学，"五"自然科学，"六"应用科学，"七"艺术，"八"文学，"九"史地）。黎氏说："札记届满一学期或一学年，即可按标类之数码，检集同类各条，组成单篇，分标题目：积久即为各种专题研究论文之资料。"这就把阅读、写作和积累资料三者有机地结合在一起，使这种札记能够成为学生今后治用的一种有用工具，其作用就大大超乎一般作文之上了。

有人说，文学家、文章家、语言学家和心理学家，在设想语文教学改革方向的时候，往往会溶进自己因专业特点或专业偏爱而产生的某些特殊见解。这话的确不无道理。黎锦熙先生作为一个杰出的语言学家，更多地具备着那些严谨治学的科学家的品格，所以在他所设计的改革方案中，我们可以分明地看出，他除了特别关注青年学生对于汉民族语言的运用规律的掌握以外，似乎还在有意识地注重培养青年一代独立进行科学研究的能力和习惯。可惜的是，无论是在 20 年代，还是在 40 年代，黎氏改革语文教学的设想都未能引起语文教育界足够的重视，依此去身体力行者，更是为数寥寥。今天重温黎氏的两个改革方案，从中汲取有益的养料，应该是我们当今改革者的愿望。

（选自顾黄初著《现代语文教育史札记》，南京出版社 1991 年版）

夏丏尊与语文教育

夏丏尊（1885—1946）是我国现代文化史上著名的文章家、出版家和语文教育家，他从"五四"时期起，直到抗战胜利、含愤谢世为止，在语文教育领域苦斗了将近 20 年，在旧时代曾被誉为"始终献身于教育、献身于教育的理想"的"诲人不倦"的教育家。

夏氏在现代语文教育史上的卓越贡献，主要体现在两个方面：一是观念上的，二是实践上的；而实践上的贡献正导源于观念上的一系列创见。

早在"五四"时期，他从日本留学回国，任教于浙江两级师范、湖南长沙第一师范、浙江春晖中学的时候，就力排被动主义的学校教育而积极倡导以学生为主体的自动主义。他在 1924 年《春晖》第 28 期上发表《近事杂感》，总结自己从教的感受，说："学问要学生自求，人要学生自做。我们以前种种替学生谋便利的方案，都可以说是强牛饮水的愚举。最要紧的就是促醒学生自觉。学生一日不自觉，什么都是空的。"这种感受，与其说是来自他从教的经验，倒不如说是来自他自身求学的实际体验。

夏氏接受学校教育的时间很短，他没有在任何学校毕过业，所以也没有领过一张毕业文凭。他的道德文章，素为世人称道，却都是从自励自学中得来。他出生于浙江上虞一个衰败了商人家庭，只因他自小聪颖，家里勉力让他读书，先从塾师读经书、习八股，16 岁便考中了秀才。不久，八股被废，改为"以策论取士"，便在家中自学，把家藏的《史记》《前后汉书》《韩昌黎集》《唐诗三百首》《通鉴纲目》《文选》《聊斋》《红楼》《西厢》《经策通纂》《皇清经解》等书，终日拿来诵读。这样地过了不到一年，便从乡间出来，到上海进了"读外国书"的中西学院，但终因家贫，读了半年便中途辍学。在家居中，因偶然的机会，读到了严复翻译的《原富》《天演论》以及《新民丛报》等进步书刊。18 岁进绍兴府学堂习读，亲聆革命志士徐锡麟的授课，更多地接触了民主主义的新思潮。半年后又因故停学，回家代父亲坐馆教书。后向亲友借贷，赴日留学，攻染织工业。在日不到一年，又因学费无着而被迫离校回国。从 16 岁中秀才，到 21 岁留日回国，四五年间，他不断寻求学习之路，无论是在校，还是在家居，发愤读书，如饥若渴，为他日后的事业奠定了雄厚的旧学和新学的基础。"学问要学生自求，人要学生自做"，这正是夏氏半生奋斗的信条。

夏氏从日本回国，先在浙江两级师范（后改名浙江一师）为日籍教员当翻译，兼任舍监，不久就担任国文教员。此后，就一直从事中等学校的语文教学工作。他基于自动主义的教育思想，结合国文科的教学状况，总感到这门学科的教学收效甚微，非彻底加以改革不可。1923年，他以春晖中学为基地，进行了国文科的教学改革。改革的指导思想有两条：一是"劝学生不要只从国文去学国文"；二是"劝学生不要只将国文当国文学"（见《教学小品文的一个尝试》，《学生杂志》第 10 卷第 11 期）这两句话，虽然表述得十分朴素，却深刻地揭示了教语文和学语文的客观规律，是对语文教学的传统观念的革新，在当时的革新派中间引起了普遍的共鸣。

"只从国文去学国文"，这是传统的国文教学的弊病之一。其表现有两端：一是只封闭在国文科的课堂里面学国文，二是只局限在国文科的课本里面学国文。师生双方都有一种错觉，以为只有在国文课堂里面才是学国文，只有在国文课本里面才能学到国文。正因为这样，所以结果是，"学生读了几篇选文，依样模仿，以为记了几句文句或几段大意，作文时可以用的，于是作出文来，就满纸陈言，千篇一例"。其实，语文是人们在实际生活中广泛运用着的一种交际、交流的工具，只有联系实际生活来学语文，才是根本，才能把语文学好、学活。夏氏根据这个更新了的观念，在认真改进课堂教学的同时，注意引导学生去观察自己周围的生活，用"小品文"的形式（即随笔、杂感一类的短小文字）随时记录自己在"实生活"中的所见、所闻、所感，一方面增加课外练笔的机会，借以熟练自己的手腕；一方面增加课外观察生活的机会，借以锻炼自己的眼力。这样，把国文科教学的触角广泛地延伸到生活中去，变死学为活学，学生的学习兴味大增，学习效果自然也就大大提高。

"只将国文当国文学"，这是传统的国文教学的又一弊病。传统的国文教学，只要求学生学文章的八股程式，学文章的起承转合，学文章的铿锵声调；至于文章的内容，文章的理路，可以不必深究，因为旧时的文章无非代圣人立言，一派陈词滥调而已。这样教学的结果，学生尽管可以写"且夫天下之人……"的滥调文章，自己的头脑则始终是一片空虚。如今新时代的国文教学，正如夏氏所说，选读的范文"并不是像以前的只是空洞的文章，或是含着什么问题，或是记着什么事理，内容很复杂的"，对于这样的选文，"如果学生只当作国文去读，必至徒记诵着外面的文字，而于重要的内容不去玩索，结果于思想推理方面毫无补益，头脑仍然空虚"。所以，学国文必须要同时学思想推理，学文章的作者通过语言文字所传达出来的丰富的思想和感情，从而使自己的头脑逐渐充实起来。只有把内容和形式结合起来，在学习语文形式的同时不断充实自己的生活，不断充实自己的头脑，这才能切实提高语文学习的效率。

　　由学校的国文科推广开来，夏氏提出了一个著名的论断，即：学生在校学习，主要任务不在"受教材"而在"受教育"。他在 1930 年所写的《受教育与受教材》一文中恳切地向广大中学生指出："诸君在中学校里，目的应是受教育，不应是受教材。重视书册，求教师多发讲义，囫囵吞枣似地但知受教材，究是'买椟还珠'的愚笨办法。"那么，何谓"受教育"呢？就是养成一种生活必备的"实力"。夏氏说："我的谈话的对手是中学生，所谓实力，当然不是什么财力、权力、武力，也并不是学士或博士的专门学力，乃是普通一般的身心上的能力。例如健康力、想象力、判断力、记忆力、思考力、忍耐力、鉴赏力、道德力、读书力、发表力、社交力等就是。"可见，在夏氏看来，基础教育阶段的各门课程，其根本任务主要在于发展青年学生的智力、体魄和道德修养，使之成为身心健全的合格公民。因此，所谓发挥学生学习的主动性、自觉性，根本之点乃是要引导学生主动地、自觉地去接受教育，培养自己适应现代生活的种种"实力"。

　　用这样的观点来考察当时的学校教育，其中包括国文科的教学，夏氏当然感到极不满意，因此想从学校以外更广阔的天地里为青少年提供更多的"受教育"的条件，以弥补学校教育的欠缺。1928 年，他进开明书店，任编译所所长，邀约一批志趣相投的伙伴，创办《中学生》杂志，编纂各科教科书，出版各种适应中学生需要的丛书、丛刊，为广大青少年开辟校外广阔的"受教育"的渠道，形成了被后人称为"开明派"的一支文教战线上生气勃勃的新军。以《中学生》杂志为例，夏氏在亲自撰写的《发刊辞》里明确宣告刊物的使命是："替中学生诸君补校课的不足；供给多方的趣味与知识；指导前途；解答疑问；且作便利的发表机会。"他把这份杂志办成了近乎小型百科全书，除语文读写的辅导文章以外，政治、时事、国际见闻、社会风习、天文地理、数理生化、绘画摄影、英语讲座、文艺园地，可谓五光十色，应有尽有。

为了开拓学生的视野，丰富和充实学生的精神生活，他除了努力做好各科教科书的编辑工作以外，还广泛组织各种适合中学生课外阅读的书稿，出版"开明青年丛书"，其中有丰子恺谈建筑、音乐和绘画的，有朱光潜谈美学和变态心理学的，有刘薰宇谈趣味数学的，有贾祖璋谈猪龟蝉蝶、周建人谈花鸟虫鱼的，都成了当时青年学生手边案头的不出声的良师益友。对于开明书店的"开明"二字，朱光潜先生曾作过解释，说"开明"就是启蒙的意思，对象是成长中的中学生。那么，在夏氏的心目中，开明书店的任务就在于给中学生以启蒙，为中学生提供开明益智的阵地。联系夏氏对国文科教学所持的观点以及他对教育事业的深刻理解，他在开明期间所进行的编著实践，其良苦用心，世人不难洞察。

学校所设各门课程，其共同的任务是在养成青少年身心健康发展的各种"实力"，这已如上述；但各门课程的本身却还有自己特有的任务，它们在养成"实力"的过程中有自己独特的途径和功能。忽视共性，固然不当；漠视个性，也属大谬。在 30 年代，夏氏议论的重心逐渐转向国文科的个性特征。他在 1936 年所作的著名讲演《学习国文的着眼点》中指出："国文科是语言文字的学科，和别的科目性质不同"，"国文科的学习工作，不在从内容上去深究探讨，倒在从文字的形式上去获得理解和发表的能力。凡是文字，都是作者的表现。不管所表现的是一桩事情、一种道理、一件东西或一片情感，总之逃不了是表现。我们学习国文，所当注重的并不是事情、道理、东西或情感本身，应该是各种表现方式和法则。"夏氏的这番议论，粗看起来，仿佛跟过去他所持的观点（如"不要只将国文当国文学"之类）有悖；其实，基本精神是一贯的，只是立论的角度不同而已。在这里，他所阐发的是关于国文这个具体科目的特有功能和作用。因为学校里设置国文一科其宗旨不在让学生了解教科书中大量选文的驳杂而无序的内容，而在让学生学习选文的作者在表现各种内容时所采用的种种方式和法则。这是国文科里读文章和在日常生活中读文章不同的地方。在日常生活中读文章，因文章内容的不同，或兴奋，或流泪，或厌倦，都是情理中的事；可是，在国文科里读文章，固然会兴奋、流泪或厌倦，但"在兴奋、流泪或厌倦之后"，还得"用冷静的头脑去再读再看，从文字的种种方面去追求，去发掘"，因为"你的目的不在兴奋，不在流泪，不在厌倦，在学习文字"。而在这一点上，无论是旧派人物，还是新派人物，观念上都还有偏向，他们或是从宣扬封建的旧思想、旧道德着眼，或是从鼓吹民主的新思想、新道德着眼，都把国文科的选文内容看得过重，而把文字的表现方式和法则看得无足轻重，其结果，国文科几乎成了修身科和公民科，学生国文程度的低落也就不足为怪的了。

根据上述见解，为充分发挥国文科的特有功能，夏氏十分专注于文章学的研究。早在 1919 年，他在长沙一师任教的时候，就参考当时国外的资料编写了各文体作法的讲义，专门讲授文章法则；1922 年在春晖中学执教，又进一步充实了讲义的内容。后来，这部讲义经刘薰宇修改补充，二人联名发表，书名《文章作法》。在我国，这是现代文章学的一部早期专著，对国文科的教学影响至巨。在 30 年代，夏氏对文章作法的一些重要方面又作了进一步的研究，从总体上揭示了文章这个特殊事物的许多内在规律，写成了《句读和段落》《句子的安排》《文章的省略》《文章中的会话》《文章的静境》《文章的动态》等九篇论文，连同叶圣陶的《开头和结尾》，合编成《文章讲话》一书。与此同时，夏氏还就国文科的阅读问题，作过几次重要的讲演，如《阅读什么》《怎样阅读》《学习国文的着眼点》等。这些讲演稿，讲的是读文章的规律，深入浅出，言简意赅，随处可见来自于他长期读写实践的深切体会，可以看作是现代阅读学研究的较早的劳绩，具有一定的历史价值。后来，这些讲稿，同叶圣陶几篇同类性质的讲稿和论文合在一起，编成一书，题名《阅读与写作》，作为"开明青年丛书"之一出版。以上这些文章学的研究成果，在当时，都曾作为国文科的教材被一些中学所采用，在国文科的教学改革中发挥过积极作用。

语文教科书，在任何情况下，都应该是在校学生学习语文知识、锻炼语文能力的最重要的凭借物。基于对国文科的特性的深刻理解，夏氏对历来的国文教科书多有不满。因此，从 30 年代中期开始，他就在国文教科书的编制上进行了具有开创意义的探索。夏氏认为，世间文章千姿百态，浩如烟海，数也数不清，读更读不尽。编制教科书的重要工作就是从无限的书海中选出有限的文篇来。文篇怎么选？是选历朝历代的名人佳作吗？国文科并非文学史科，似无必要。是按内容的价值来选吗？以为青年应该孝父母、爱国家，应该交友有信，应该办事有恒，于是选几篇孝子的传记，选几篇忠臣烈士的故事，编凑成书吗？国文科并非修身科，也属不当。夏氏认为，天下文章尽管汗牛充栋，但构成文章的基本格式以及运用语言的基本法则却是有限的。编制国文教科书，一要明白国文科的特性和功能，即教学的需要；二要顾及教学时间的限制，即教学的可能。国文科既非文学史科，也非修身科，它要学习的是关于语言文字的表现形式和运用规律；而语言文字的表现形式和运用规律是有限的，可以在较短的时间内去学习并掌握的。因此，编制国文教科书，选择文篇的依据应该是文章的基本格式和语言运用的基本法则；所谓循序渐进，也只有依据文章的基本格式和语言运用的基本法则才有可能。作为这种见解的第一次实践尝试，夏氏在 1934 年同叶圣陶、宋云彬、陈望道等人合编了一套《开明国文讲义》。这套教科书共三册，第一、二两册注重在文章的类别和写作的技术方面，第三册注重文学史的了解方面，学生读了这三册书，"可以得到关于国文科的全部知识"。这些"知识"，分别以"文话""文学史话""文法""修辞"等项目写成一篇篇短文，有机地穿插编排在相关的选文之后，形成了语文基础知识为贯穿线索、精选文篇为印证材料，二者相互配合的格局。这套教科书的编制方法，体现了夏氏对国文科基本特性的独到见解，并为不久以后著名教科书《国文百八课》编制出版奠定了基础。

在国文教学观念更新方面，夏氏的又一贡献是"语感"问题的提出。夏氏曾经坚信，作为学校教育中设置的一门重要课程，国文科一定要激发起学生主动地、自觉地学习的积极性，并以此来充实学生的头脑，培养学生的品性和智力；同时也坚信，作为学校教育中设置的一门特殊课程，国文科应肩负起自己特有的任务，即致力于引导并帮助学生对各体文章作形式上的探究，以便切实提高运用祖国语文的能力。根据这样的信念，他在实践上也作了多方探索和辛勤劳作。然而，结果呢？正如他自己所说："无论如何设法，学生的国文成绩总不见有显著的进步。"重视了语法和作文法的讲授，"学生文字在结构上形式上，虽已大概勉强通得过去，但内容总仍是简单空虚"；奖励课外读书，或是在读法上多选内容充实的材料，"结果往往使学生徒增加了若干一知半解的知识，思想愈无头绪，文字反益玄虚"。就在这山重水复疑无路的情形下，夏氏从自己重温旧籍的过程中忽然悟到了一种契机，那就是培养语感的重要。他说："无论是语是句，凡是文字都不过是一种寄托某若干意义的符号。这符号因读者的经验能力的程度，感受不同：有的所感受的只是其百分之一二，有的或者能感受得更多一点，要能感受全体那是难有的事。普通学生在读解正课以及课外读书中，对于一句或一语的误解不必说了，即使正解，也绝非全解，其所感受到的程度必是很浅。收得既浅，所发表的也自然不能不简单空虚。这在学生实在是可同情的事。"这种对文字符号所表达的内容的灵敏的感觉，夏氏名之为"语感"。夏氏认为，比较起来，教师由于经验能力程度一般总在学生之上，所以对于文字的感觉必然要比学生正确得多、丰富得多，也灵敏得多，因此教师的任务就在"自己努力修养，对于文字，在知的方面，情的方面，各具有强烈锐敏的语感，使学生传染了，也感得相当的印象"，以此作为"理解一切文字的基础"。"教师所能援助学生的，只此一事。"（以上引文均见《我在国文科教授上最近的一个信念——传染语感于学生》，《文章作法·附录三》）夏氏的这一感悟，在国文教学观念更新上影响深远，后来叶圣陶专门著文阐发了这一观点，并充分论证了在阅读中"训练语感"的重要性及其训练方法，为国文教学的改革在方法论上开拓出一片新的天地。

夏丏尊在旧时代为教育青少年呕心沥血度过了严肃的、清贫的一生。他仿佛一头牛，自己东觅西寻可食的草料，自己反刍咀嚼，自己把它消化而成乳汁，再无保留地把全部乳汁贡献给祖国的未来——年青的一代。可是，黑暗的社会给予他的却是贫困、战乱、拘禁以及无穷无尽的忧患。他在抗日战争最初的日子里，曾殷殷期待抗日的胜利、中华的复兴，所以在 1938 年编集出版《文章讲话》一书的时候，他向读者倾诉心声说："我虽垂老，饱经忧患，也还勉强活着；愿以余年继续文章学研究的工作。只待局面好转了，《中学生》复刊了，本书一定还会有续编的，敢在这儿向读者先作下一个预约。"谁知到 1946 年，"胜利"固然是盼来了，"胜利"后国统区的状况却使他陷入了失望的深渊。在当年大革命失败、蒋介石血腥屠杀革命青年的时候，夏氏因目睹自己亲身教育过的青年竟带领刽子手去搜捕自己的同窗学友，曾悲愤地写过一副著名的联语"宁可早死，莫作先生"，这八个字饱含着一个教育工作者的无比痛苦。在抗战胜利、蒋介石攫取胜利成果变本加厉地戕害人民的时候，他贫病交加，忧愤交进，弥留中喊出了："胜利，到底是啥人胜利——无从说起！"夏氏是被旧世界摧残而死的；但由于他毕生所从事的教育工作是向着青少年、向着祖国的未来的，所以他留给后人的业绩，包括语文教育领域的贡献，却是永存的。

（选自顾黄初著《现代语文教育史札记》，南京出版社 1991 年版）

朱自清的语文教育观

　　朱自清（1898—1948）是现代著名的诗人和散文家，又是在古典文学领域广泛涉猎、治学严谨的学者，同时还是把毕生心血无私地奉献给万千莘莘学子的语文教育家。

　　朱氏自 1920 年在北京大学哲学系毕业以后，直到 1925 年暑假，曾先后在杭州第一师范（1920）、扬州第八中学（1921）、吴淞中国公学（1921）、台州浙江第六师范（1922）、温州浙江第十中学（1923）、宁波浙江第四中学（1924）、浙江白马湖春晖中学（1924、1925）等校从事中学国文教学工作长达五年之久。在这从教的五年间，朱氏不但与同事舒新城、俞平伯、夏丏尊、叶圣陶等人朝夕切磋语文教育问题，而且广泛研读国内学者的论著，并结合自身的实践加以思考和抉择。他在 1925 年发表的第一篇语文教育研究论文《中等学校国文教学的几个问题》，就是在分析研究当时胡适、穆济波、孙俍工、欧济甫、夏丏尊等人的各种理论观点的基础上，对中学国文教学问题所作的系统的总结。

　　作为一位蜚声文坛的著名作家和大学教授，朱氏的难能可贵之处就在于他始终把语文普及工作和提高青年语文素养的工作放在十分重要的位置上。1925 年暑假以后，朱氏赴北京任清华大学教授。他初进清华园，除了开设"古今诗选""中国新文学研究""歌谣"等专门课程外，还主讲"普通国文"；后来担任了国文系主任，他仍然亲自担任"大一国文"课程，并对这门课程的教学目的、教材编选以及讲授方法等等方面进行了系统的研究。可以这样说，我国高等学校自开设"大一国文"课程以来，朱氏是主讲这门课程时间最长、在学科建设上贡献最大的著名教授之一。由于长期主讲"大一国文"，朱氏对中小学生的国文程度和中小学的国文教学自然是倍加关切。在抗日战争的艰苦岁月里，他在后方西南联大师范部国文系主持教务，倡议创办《国文月刊》，为研究中等学校的语文教育开辟了一个阵地，吸引诸多学者悉心探讨，同时亲自撰写论文，为推动语文教育研究竭尽心力。他曾与叶圣陶合著《国文教学》《精读指导举隅》《略读指导举隅》，又为开明书店编纂国文教科书，为改进中学国文的教材教法做出了贡献。直到1948年，贫与病已经耗尽了他的全部精力，可他还在为中学的师生演讲，为开明的国文教本作选注。朱氏关心语文教育，可谓矢志不渝。

关于现代教育的宗旨，早在19世纪末，王国维就根据当时西方先进教育学说提出过施行德育、智育、体育"三育并重"的主张。辛亥以后，蔡元培又把这"三育"理论发展为"军国民主义、实利主义、德育主义、世界观、美育主义"的所谓"五主义"教育方针。要而言之，这些近现代著名教育家都把教育的宗旨确认为"造就完美的人格"。这对我国封建传统教育意在培养官僚和奴仆的宗旨是一个猛烈的冲击和彻底的否定。朱自清在从事语文教育的理论研究和实践探索的过程中，始终把语文教育看作是整个教育事业的一个重要组成部分，其根本目的在于使受教育者的人格得到完美的训练。

语文科是整个学校教育中的一门具体学科。人们在研究这门学科的教学规律的时候，多半着眼在学科本身的教材和教法上面。朱氏却在20年代就深刻意识到，语文教学要求得理想的效果，就绝不能把眼光仅仅注视在课堂里面，仅仅注视在教材教法上面，而应当牢牢抓住"训育"这个环节，注意整个学校对于学生的"人格影响"。否则，"教而不育"，一切都将落空。他在《中等学校国文教学的几个问题》中精辟地论述了"教学与训育"的关系，指出"训育"是学校各科教学的"联络中心"，失去了这个"联络中心"，各科教学势难收到圆满的效果。他在文章中向国文教师严峻地提出了一系列问题："你上课时，个个学生是注意听讲么？有人谈话么？有人在桌子底下偷看别的书么？最要紧的，你能断定没有一个人想着别的事么？——今日讲的，他们曾如你所嘱地预习过了么？昨日讲的，他们上自修班时曾复习过了么？"朱氏认为，这些问题的答案如何，"固然要看你的教法如何，但更要看你的人格影响如何；更要看你的校长和同事们的人格影响如何；换言之，你们平日怎样实施你们的教育宗旨，怎样实施训育，上课时便是怎样的气象"（《教育杂志》第17卷第7期）。这里朱氏接触到了教育工作中的一个十分重要的问题，即教育者对于受教育者如何施加人格影响，从而使受教育者的品行得以端正、人格得以发展。这是各科教学——包括语文教学——能否收到实效的关键。这种人格影响，当然不仅体现在上课的几小时内，更重要的是体现在平时与学生的交往接触之中，体现在整个学校所形成的环境和校风之中。

朱氏从发展学生完美人格出发，强调语文教育要重视文艺教育。他在《中学生与文艺》一文中指出："文艺增进对于人生的理解，指示人生的道路，教读者渐渐悟得做人的道理。这就是教育上的价值。文艺又是精选的语言，读者可以学习怎样运用语言来表现和批评人生。国文科是语文教学，目的在培养和增进了解、欣赏与表现的能力，文艺是主要的教材。"（《中学生》第187期）朱氏重视文艺教育，是因为在他看来语言文字只是一种了解和表现人生的工具和媒介，学生接受语文教育同时也是在接受生活的教育、接受做人的教育。语文教育与做人教育之间，文艺起着最好的沟通作用。他十分重视诗歌教学，认为诗歌不仅有优美的意境，而且"诗里含着高尚的感情"，它往往能够"暗示人生"，具有深刻的"言外之意"，吟诵优秀的古今诗篇，人的精神世界可以得到美化和净化。（见《怎样学习国文》，载《国文杂志》1944 年第 3 卷第 3 期）他也十分重视小说教学，认为"小说增加人的经验，提示种种生活的样式，又有趣味，最是文学入门的捷径"（见《论中国文学选本与专籍》，载《中学生》1930 年第 10 号）。他在 30 年代还专门为朱文叔所编初中国文读本（中华版）撰写了散文《春》，文中名句："春天像落地的娃娃，从头到脚都是新的，它生长着。春天像小姑娘，花枝招展的，笑着，走着。春天像健壮的青年，有铁一般的胳膊和腰脚，领着我们上前去。"曾经给广大青少年以无穷的希望和力量。

朱氏从发展学生完美人格出发，还强调语文教育要重视经典训练。在"五四"以后的一个相当长的时间里，对于文言文的学习，尤其是对于古代经典的学习，曾是教育界反复争论的热门话题，许多激进人士反对封建主义，同时也反对那通行于封建时代的文言文，更反对现代人去接触反映封建时代社会风貌、伦理观念等等的古代典籍。朱氏对此却别有见解。他说："由于文言文在日常应用上渐渐地失去效用，我们对于过去用文言文写的典籍，便漠不关心，这是错误的思想。因为我们过去的典籍，我们阅读它，研究它，可以得到古代的学术思想，了解古代的生活状况，这便是中国人对于中国历史认识的任务"（《怎样学习国文》）。所以他主张："中学生应该诵读相当分量的文言文，特别是所谓古文，乃至古书。这是古典的训练，文化的教育。一个受教育的中国人，至少必得经过这种古典的训练，才成其为一个受教育的中国人。"（见《再论中学生的国文程度》，载《国文教学》）由此可见，朱氏强调的经典训练与那些封建复古派的鼓吹"读经"是有本质区别的。这种区别主要表现在"读经派"旨在通过读经向青年灌输封建伦理思想和封建道德观念，朱氏的经典训练则旨在进行文化教育，使受教育的中国人真正能认识中国的历史；"读经派"旨在宣扬古代经典中一切有利于维护封建伦常的东西，朱氏的经典训练则旨在"培养欣赏力"，同时也"培养批判力"，即"知己知彼""批判的接受"（见《古文学的欣赏》，载《文学杂志》1947 年复刊号）。为了实践自己的主张，朱氏在 40 年代编撰了一部《经典常谈》，共 13 篇，以《说文解字》起首，对《周易》、《尚书》、《诗经》、三礼、春秋三传、《四书》、《战国策》、《史记》、《汉书》、诸子、辞赋、诗、文等若干种古书和古文体作了精要的分析讲解。

从发展学生完美的人格出发，朱氏还强调语文教育要重视表情达意的"至诚"。朱氏在《说话》一文中说："至诚的君子，人格的力量照彻一切的阴暗，用不着多说话，说话也无须乎修饰。只知讲究修饰，嘴边天花乱坠，腹中矛戟森然，那是所谓小人；他太会修饰了，倒教人不信了。"（见《说话》，载《语文影及其他》，中国文联出版公司 1985 年版）语文教育当然要教会学生说话和作文，但说话和作文应当说的是至诚的话，作的是至诚的文，这就关涉到做人的态度问题，关涉到人格了。1933 年清华大学举行入学考试，作文试卷出题为《苦热》《晓行》《夜》《灯》《路》等五题，考生中选《苦热》《晓行》《夜》等题者为多。出题人的用意原在测查考生们观察和描写的能力，谁知阅卷时发现大多数考生"自己似乎并没有说话"，只是发一通"恨富怜穷"的议论，说大篇流行的、时髦的套话。朱氏对此深感忧虑。他认为这种一味"追时代潮流"的门面话，其实本非考生们的真实思想，他们不过是从报章杂志上捡来这些套话，搬到自己笔下而已。朱氏因此感慨说，对于实际的生活，"看起来大部分的考生似乎是既不自己张开眼看，也不自己按下心想的。而他们都是高中毕业生。因此我们不能不疑惑高中的教师真个尽了他们的责任"。那么怎样才算是尽了责任呢？朱氏认为：

"理想的教师不但想到学生的耳朵，还想到他们的脑子""教学生能自己观察，自己思想""养成他们自己的判断力"；只有这样，学生才不至于言不由衷，满足于"追时代潮流"，写"洋八股"的文章。（见《高中毕业生国文程度的一斑》，载《独立评论》1933 年第 65 号）

总之，在朱氏看来，语文教育的成败得失固然与教材教法有关，但更为重要的是与执教者能否重视学生的人格培养有关。从事语文教育的人，不独要为"经师"，更要为"人师"，且所谓"人师"，"用不着满口仁义道德，道貌岸然，也用不着一手摊经，一手握剑，只要认真而亲切的服务，就是人师"。（见《论青年》，载《语文影及其他》）

在旧中国制定的国文课程标准里，总记载着这样的条文："养成阅读书籍之习惯与欣赏文艺之兴趣"（初中），"培养学生读解古书，欣赏中国文学名著之能力"（高中）等等。在阅读方面，无论初中还是高中，课程标准中都离不开"欣赏"二字。至于这"欣赏"，实际指的是什么；这种"欣赏"能力的养成得靠怎样的功夫、得有怎样的基础，许多人往往不去深入理会。朱自清却凭着自己对语文教育性质的深刻理解和对阅读欣赏规律的实际体验，在"欣赏"问题上提出了许多切中肯綮的观点，形成了他对阅读教学的一系列精辟见解。

朱氏首先确认培养和增进学生的欣赏能力是语文教学的重要目的之一。而所谓"欣赏"，对作者而言，关键在于能够"设身处地"，明白作者为什么这样写，体会作者为什么只能这样写；对作品而言，关键在于能够"感情移入"，能够深入作品创设的情景，深入作品内在的思路，从而产生感情上的共鸣。（见《古文学的欣赏》）这种欣赏能力，靠摆弄一些抽象的、多义的形容性词语，是无法真正显示出来的。朱氏说："欣赏并不是给课文加上'好''美''雅''神妙''精致''豪放''婉约''温柔敦厚''典丽矞皇'一类抽象的、多义的评语，就算数的；得从词汇和比喻的选择，章句和全篇的组织，以及作者着意和用力的地方，找出那创新的或变古的，独特的东西，去体会，去领会，才是切实的受用。"（见《再论中学生的国文程度》）这就涉及欣赏与了解之间的关系了。许多人常把欣赏和了解误认为是两件事：说"了解"，仿佛是低层次的；说"欣赏"，则是高层次的。其实，欣赏和了解是紧密联系着的，欣赏是透彻的了解，了解是切实的欣赏。

这"透彻的了解"，就需凭借对语言文字的分析功夫。语文课上读讲课文，其主要工作就在于对语言文字的分析咀嚼。朱氏反对"好读书，不求甚解"，反对一般学生读书抱"大而化之"的态度，他主张教师和学生都要在语言文字的分析咀嚼上多下苦功。他在议论诗歌欣赏的时候曾说："诗是精粹的语言。因为是'精粹的'，便比散文需要更多的思索，更多的吟味；许多人觉得诗难懂，便是为此。但诗究竟是'语言'，并没有真的神秘；语言，包括说的和写的，是可以分析的；诗也是可以分析的。只有分析，才可以得到透彻的了解；散文如此，诗也如此。"（见《古诗十九首释前言》，载《国文杂志》1941 年第 1 卷第 6 期）从语文教育的立场上看，对于一切文艺作品的阅读欣赏都必须取分析的态度，否则混同于一般人完全为消遣、为自娱而阅读，就失去了语文教育的意义和价值；又必须把分析咀嚼的功夫花在语言文字上，否则混同于一般评论家只是按照文艺批评原理粗线条地勾勒作品大意，也就失去了语文教育的意义和价值。

既然语文教学要注重语言文字的分析功夫，那就不能笼统地反对教师的"讲解"。在这个问题上，朱氏的观点是辩证的。他认为教师的"讲解"如果用力在语言文字的分析咀嚼上，那就不该反对，因为正是这种示范性的分析会给学生以了解与欣赏的门径，会改变学生"不求甚解"的态度。但是仅凭教师的"讲解"又是不够的，语文教学还必须让学生接受充分的训练，因此他说："多讲闲话少讲课文的教师，固然不称职；就是孜孜矻矻地预备课文，详详细细地演释课文的，也还不算好教师。中学生需要充分的练习。"（见《再论中学生的国文程度》）这样就形成了朱氏所一贯坚持并身体力行的阅读教学模式。在 20 年代，他就设计了这样的"五步教学法"：（1）课前学生预习；（2）课上学生报告预习结果；（3）令学生分述各段大意及全篇大意；（4）师生共同研究篇中的情思与文笔；（5）一篇教完，行口问或笔试。教师的必要的讲解，贯串在课堂上的几个环节之中，或详或略，相机处理。（见《中等学校国文教学的几个问题》）到 40 年代，他把这一模式简化为三步，即预习、讨论、复习。在"讨论"这个环节中，朱氏认为教师的工作大致有三个方面：一是帮助学生解决已经发现却不能自行解决的问题；二是提供学生所没有注意到的重要问题，引起讨论；三是提出可资比较的材料，引起讨论的兴趣，推动讨论的深入。而在所有这些环节中，既给予学生以充分的训练，又始终穿插着教师示范性的启发讲解，形成了师生共同研究、玩味语言文字的氛围，从而达到对课文语言文字的透彻的了解和切实的欣赏。（见《再论中学生的国文程度》）

对于语言文字的分析咀嚼是重要的，但这种分析咀嚼往往侧重在意蕴上、理念上；而语言文字本身还具有声调、节奏乃至韵律，因此要达到"透彻的了解"，还必须注重诵读。朱氏把一般的诵读法，细分为三类。第一类是"吟"。对于古代的诗文，朱氏主张要"吟"。"五四"以来，新派人物都嘲笑那些"迷恋骸骨"者摇头摆尾地吟诵古诗文的丑态，致使一般青年国文教师都不敢或不愿再讲究吟诵。朱氏认为"这也是教学上一个大损失"，因为"古文和旧诗、词等都不是自然的语言，非看不能知道它们的意义，非吟不能体会它们的口气——不像白话诗文有时只听人家读或说就能了解欣赏，用不着看。吟好像电影里的'慢镜头'，将那些不自然的语言的口气慢慢显示出来，让人们好捉摸着"（见《论朗读》，载《国文教学》）。尤其是古典诗词，只有按平仄、韵律反复地吟，才能领略其声调的好处，才能熟悉其用句、句法、章法，才能揣摩其表现的技巧。至于古文，朱氏认为桐城派的"因声求气说"有一定的道理，因此，尽管当今的中学生不必写作文言，但为了要真正透彻地了解古文，真正切实地欣赏古文，还是非学会"吟"不可。第二类是"读"，对于某些应用的文言和一般白话诗文，朱氏主张用"读"法。朱氏认为，某些应用的文言固然与常人说话不一致，就是一般的白话诗文，尽管本于口语，但毕竟与口语不能完全一致，何况其中还往往夹入欧化的成分，所以适宜用"读"，用"从前宣读诏书，现在法庭里宣读判词"的这种腔调"读"。朱氏说："读注重意义，注重清楚，要如朱子所谓'舒缓不迫，字字分明'。不管文言、白话，都用差不多的腔调。这面也有抑扬顿挫，也有口气，但不显著，每字都该给予相当分量，不宜滑过去。整个的效果是郑重，是平静。"第三类是"说"，对于用纯粹口语来写的作品，朱氏主张用"说"的方法正确地传达出语言中的情味来。例如老舍的一些作品，朱氏认为"富于幽默的成分，'说'起来极有趣味"。朱氏自己曾经做过几回试验，一次是在清华大学的某个集会上，他用"说"的口气说完浑家先生的《奉劝大爷》；一次是在清华诵读会上"说"自己的作品《给亡妇》。前者幽默，后者凝重，都取得了比较好的效果。在这三类读法中，朱氏说："读的用处最大，语文教学上应该特别注重它。"至于从小学、中学、大学分别列论，朱氏主张："小学的国语教学应该废诵重读，兼学吟和说；大中学也该重读，恢复吟，兼学说。"（见《论朗读》）

朱氏竭力主张诵读，除了因为诵读有助于人们对文章的了解和欣赏以外，还有一个重要原因，就是诵读有助于学生理顺自己的"语脉"，并进而推动"文学的国语"的形成。黎锦熙曾经指出"现在中学生作文与说话失去了联系，文字和语言脱了节。文字本来是统一的，语言一向是纷歧的。拿纷歧的语言来写统一的文字，自然发生这种畸形的病象。因此训练白话文的基本技术，应有统一的语言，使纷歧的个别的语言先加以统一的技术训练"。因此他强调要重视"诵读教学"。朱氏认为黎氏的这个观点很值得人们注意，因为学生作文往往一味地依照自己的"纷歧的个别的语言"，而不顾到"统一的文字"，因此"语脉"总是不清不顺。朱氏说："这些学生该让他们多多用心诵读各家各派的文字，获得那'统一的文字'的调子或语脉——叫文脉也成。"（见《诵读教学》，载北平 1946 年 12 月 2 日《新生报·语言与文学》）此外，欧化成分的渗入，使许多人感到不顺口，不上口。其实，朱氏认为："从语言的成长而论，尤其从我们的'文学的国语'的成长而论，这个'上口'或'顺口'的标准却应该活用；有些新的词汇新的语式得给予时间让它们或教它们上口。这些新的词汇和语式，给予了充足的时间，自然就会上口；可是如果加以诵读教学的帮助，需要的时间会少些，也许会少得多。"（见《诵读教学与"文学的国语"》，载北平 1946 年 12 月 16 日《新生报·语言与文学》）青年学生阅读那些夹入欧化成分的白话文，看得多了，笔底自然也就受到影响；如果再加上诵读，他们的"文学的国语"将自然地活跃到口头；这样，"文学的国语"就首先在学生的笔底和口头生了根，从而也就必然影响并扩大到社会。这意义就十分深远的了

朱自清对于写作教学的见解，更多的是着眼于应用。他说："中学生作文课，该以广义的应用文为主，因为作文课主要是技能的训练，艺术自当居次位"，因为"中学生如果只爱文艺，阅读的是它，练习的是它，却又没有明锐的辨别力，就很容易滥用文艺的笔调。他们不能清楚地辨别文艺和普通文字（就是广义的应用文）的不同，他们只会那一套。因此写起普通文字来，浮文多，要紧话少，而那几句要紧话又说不透。这就不能应用。"（见《中学生与文艺》）

写作训练着眼于应用，这就势必要推导出另一个问题，即训练方法如何切近"应用"。在过去封建科举时代，学文是为了写文，写文是为

了应付科举考试，以便进学或中举。当时读书人练习写文章，眼前悬着个明确的目标，心目中也有个"假想的读者"，这"读者"就是各级考官。五四以后，在一个相当长的时间里，学生练习作文，又多半以"创作"为目标，这些学生心目中也或隐或显地有个"假想的读者"，那就是社会上的一般知识阶层。在校学生对教师布置的作文题，如果不带点创作意味，就不感兴趣；于是在课外自找题目去写诗，写散文，写小说。其中终于也涌现出了相当一批文才颇为可观的人物。由此可见，在写作训练中给学生悬出一个明确的目标，并让学生在提笔作文时心目中有个"假想的读者"，这是使训练切近"应用"，并进而激发兴趣的重要方法。朱氏说："写作练习大部分是拿假想的读者作对象，并非拿实际的读者作对象。假想的读者除了父兄、教师、亲近的同学或朋友外，还有全体同学、全体中学生、一般青年人、本地人士、各社团、政府、政府领袖、一般社会以及其他没数到的。"（见《论教本与写作》）着眼于"应用"的写作练习就该以社会各个方面的人作为"假想的读者"。只有经过这样的多角度的训练，学生将来无论升入高一级学校或步入社会参加实际工作，就能运用文字工具来应付各种生活需要和社会需要。为在实际生活中，写作总是"有所为"的，因而也总是有实际的读者对象的。在校期间，就应该培养学生按照实际需要，针对一定的读者对象来进行写作的能力和习惯。

以这样广泛的"假想的读者"作对象来进行写作训练，应该给学生悬一个怎样的目标呢？朱氏的设想是拿"报刊文字"作为目标。他认为拿创作做写作目标，假想的读者是一般社会，但是只知道一种假想的读者而不知道此外的种种，还是不能有辨别力，一旦需要实际应用，写出文章来往往还是不合式。所以他说："我觉得现在的中学生的写作训练该拿报纸上和一般杂志上的文字作切近的目标，特别是报纸上的文字。报纸上的文字不但指报纸本身的新闻和评论，并包括报纸上登载的一切文件——连广告在内——而言。"这样做，朱氏认为有三种好处："第一，切用，而且有发展；第二，应用的文字差不多各体都有；第三，容易意识到各种文字的各种读者。……因为报纸上登载着各方面的文件，对象或宽或窄，各有不同，口气和体裁也不一样，学生常常比较着看，便容易见出读者和文字的关系是很大的，他们写作时也便渐渐会留心他们的假想的读者。"（见《论教本与写作》）

为了贯彻上述主张，朱氏提倡办班级壁报。他说："说起壁报，那倒是鼓励学生写作的一个好法子。因为只指出假想的读者的存在，而实际的读者老是那几个人，好像支票不能兑现，也还是不大成。总得多来些实际的读者才好，从前我教中学国文，有时选些学生的文课张贴在教室墙壁上，似乎很能引起全班的注意，他们都去读一下，壁报的办法自然更有效力，门类多，回数多。写作者有了较广大的读者群，阅读者也可以时常观摩。一面又可以使一般学生对于拿报纸上和一般杂志上文字做写作目标有更亲切的印象。这是一个值得采取的写作设计。"（见《论教本与写作》）学生在学校中练习写作，无论从需要和场合看，还是从读者的对象看，多半都带有"假定性"，从"假定性"到"现实性"，中间需要架设一条桥梁，办壁报之类，就是具有这种性质的"桥梁"。

朱自清先生在从教的最初年代，就竭力主张任何教育教学理论都应当切合实际，经得起实践的检验。他在 20 年代遍读了当时许多语文教育研究论文以后，曾感慨地说："照他们的论文所说，真是条理井然，圆满而且周到，真是理想的好系统！而事实却总是参差错综，绝没有那样整齐……那些论文里的详明的计划，到了教室里，至少要打个五折！……这可见理论与实际相差之远了！"（见《中等学校国文教学的几个问题》）在 40 年代，他更明确地指出："我们现在所需要的，是切实的、有恒的施行；理论无论如何好，不施行总还是个白费！"（见

《再论中学生的国文程度》）所以，朱氏既十分着重理论，更十分强调"切实的、有恒的施行"。他在中学教过五年国文，试行各种教法，虽调迁数校，所到各校，都受到学生的欢迎和敬重。担任大学国文教授后，坚持主讲大一国文；与叶圣陶合著《精读指导举隅》和《略读指导举隅》，独自编写《古诗十九首释》等，给国文教师和一般中学生具体指示读诗读文的方法；又为《国文月刊》写专栏文章《文病类例》，详明地评析学生作文中普遍存在的种种"文病"；完成专著《经典常谈》，给中学生切实进行经典训练指示门径；亲自参加编纂大一国文教材和中学国文教材，努力把自己在国文教材建设方面的种种设想付诸实施，做出实绩。朱氏这种不尚空言、事事躬行的严谨踏实的治学态度，足以为一切语文教育研究工作者的楷模。

（选自顾黄初著《现代语文教育史札记》，南京出版社 1991 年版）

顾黄初著述年表

1955 年

1.《从第一次观摩教学谈我在语文教学上的体会》,《苏农速中》(内部资料)第 2 期。

1959 年

2.《"目的"和"手段"》,《文汇报》6 月 25 日。

1963 年

3.《把握学生的思想线索》,《江苏教育》第 3 期。

1977 年

4.《浅谈经典著作教学在中学语文教学中的地位、作用和要求》,扬州师范学院中文系编:《语文函授》第 5 期。

5.《鲁迅——中国文化革命的主将》(执笔一章),南京:江苏人民出版社。

6.《青年不能一概而论》,《人民日报》9 月,署名杨思中。

7.《险恶的陷沙鬼 卑劣的教唆犯》,《扬州师院学报》第 9 期,署名杨思中。

1978 年

8.《记叙文的语言及其教学》，扬州师范学院南通分院中文系编：《教学与研究》第 2 期。

9.《要重视词汇教学》，杭州大学中文系编：《语文战线》第 5 期。

1979 年

10.《必须重视思维能力的培养》，南通师专中文科编：《教学与研究》第 2 期。

11.《谈〈普通劳动者〉的情节结构》，扬州师范学院中文系编：《语文函授》第 2 期。

12.《读写训练的一种趋势》，扬州师范学院中文系编：《语文函授》第 3 期。

13.《语文教改史上一份珍贵的记录》，《语文教学通讯》第 3 期。

14.《新的探索——简评于在春〈文言散文的普通话翻译〉》，《语文学习》第 5 期。

15.《饱含深情的故事——郭沫若〈山中杂记·芭蕉花〉读后》，扬州师范学院中文系编：《语文函授》第 6 期。

16.《万花筒的启示》，《语文学习》第 7 期。

1980 年

17.《作文教学讲话（连载)》，《语文教学研究》，内部资料。

18.《两种笔墨 各尽其妙〈梁生宝买稻种〉和〈分马〉怎样写人物》，江西师院中文系编：《语文教学》第 2 期。

19.《〈龙须沟〉分析》，南通师专中文科编：《教学与研究》第 2 期。

20.《生活·借鉴·创造——评〈于无声处〉》，《扬州师院学报》第 2 期。

21.《〈路标〉教案》，收录于扬州师院中文系编：《高中语文备课手册·第 1 册》。

22.《言简意赅 纸短情长——读郭老〈鲁迅诗稿·序〉》，杭州大学中文系编：《语文战线》第 5 期。

23.《改革中学语文教材之我见》，《扬州师院学报（社会科学版)》第 4 期。

24.《〈甲申三百年祭〉教案》，收录于扬州师院中文系编：《高中语文备课手册·第 4 册》。

25.《卷头语 1—6》，扬州师范学院中文系编：《语文函授》第 1—6 期。

26.《略论造句训练》，《语文教学通讯》第 7 期。

27.《游踪·风貌·观感——怎样读游记》，《语文学习》第 9 期。

28.《发议论与释概念》，杭州大学中文系编：《语文战线》第 9 期。

29.《说明与分类》，杭州大学中文系编：《语文战线》第 11 期。

30.《〈蚕和蚂蚁〉教案》，收录于扬州地区教师进修学院编：《初中语文教案》。

31.《〈梁生宝买稻种〉教案》，收录于扬州地区教师进修学院编：《初中语文教案》。

32.《〈宇宙里有些什么〉教案》，收录于扬州地区教师进修学院编：《初中语文教案》。

33.《〈鞠躬尽瘁〉教案》，收录于扬州地区教师进修学院编：《初中语文教案》。

34.《〈石湖〉教案》，收录于扬州地区教师进修学院编：《初中语文教案》。

35.《〈新手表〉教案》，收录于扬州地区教师进修学院编：《初中语文教案》。

36.《〈散文重要〉教案》，收录于扬州地区教师进修学院编：《初中语文教案》。

1981 年

37.《试论叶圣陶的语文教学思想》，郑州市教育局教研室编：《教学通讯》第 1 期。

38.《〈眼睛和仿生学〉教案》，江苏省扬州师范学院编：《高中语文教案》1 月版。

39.《〈野草·雪〉分析》，《扬州师院学报》第 1 期。

40.《现代戏剧发展概述》，收录于江苏省教育厅编：《现代文选·第二分册》。

41.《〈澜沧江边的蝴蝶会〉琐议》，镇江师专编：《教学与进修》第 2 期。

42.《谈中学作文教学中几个值得探讨的问题》，《江苏省教育学会通讯》第 4 期。

43.《谈谈议论能力的培养》，《上海教育》第 5 期。

44.《略谈推理的基础训练》，南通师专中文科编：《教学与研究》第 5、6 期合刊。

45.《〈现代自然科学中的基础学科〉教案》，收录于江苏师院编：《中学语文教案·高中第 1 册》。

46.《我们对发展智能问题的看法——第一届"西湖笔会"讨论纪要》，杭州大学中文系编：《语文战线》第 8 期。

47.《提倡读点整本的书——叶圣陶语文教学思想研究》，《语文学习》第 8 期。

48.《〈祖冲之〉教案》，《语文教学论丛》9 月号。

49.《诗二首》，收录于扬州师范学院中文系现代文学教研室编：《中学语文·现代文学作品分析》，南京：江苏人民出版社。

50.《屈原》，收录于扬州师范学院中文系现代文学教研室编：《中学语文·现代文学作品分析》，南京：江苏人民出版社。

51.《在烈日和暴雨下》，收录于扬州师范学院中文系现代文学教研室编：《中学语文·现代文学作品分析》，南京：江苏人民出版社。

52.《白毛女》，收录于扬州师范学院中文系现代文学教研室编：《中学语文·现代文学作品分析》，南京：江苏人民出版社。

53.《王贵和李香香》，收录于扬州师范学院中文系现代文学教研室编：《中学语文·现代文学作品分析》，南京：江苏人民出版社。

1982 年

54.《〈谈骨气〉》，《语文教学论丛》1 月号。

55.《疲于奔命不如抓细抓实》，《语文教学与研究》第 1 期。

56.《议论与思辨——略论"议论能力"的培养》，《扬州师院学报》第 1 期。

57.《〈澜沧江边的蝴蝶会〉教案》，《语文教学论丛》第 4 期专辑。

58.《试谈初中议论文写作训练的"序"》，《语文教学通讯》第 3 期。

59.《〈蚕和蚂蚁〉主题质疑》，郑州市教育局教研室编：《教学通讯》第 3 期。

60.《叶圣陶语文教育活动七十年》，《扬州师院学报》第 3、4 期合刊。

61.《梁启超讲读教学设想》，郑州市教育局教研室编：《教学通讯》第 4 期。

62.《说话训练的总枢纽——叶圣陶语文教学思想研究》，《中学语文教学》第 4 期。

63.《"多读多写"辨析》，《语文教学与研究》第 5 期。

64.《〈谈骨气〉琐议》，《中学语文教学》第 6 期。

65.《〈琐忆〉教学谈》，《中学语文教学》第 8 期。

66.《开源·疏导·引渡》，《语文学习》第 10 期。

67.《语文界一项重要而迫切的任务——论学习和研究叶圣陶语文教育思想》，杭州大学中文系编：《语文战线》第 10 期。

68.《〈蝉〉教案》，《语文新圃》10 月号。

69. 顾黄初、张泽民主编：《中学作文教学设计》（初中第一、二、三册），扬州师范学院中文系所编内部资料。

1983 年

70. 顾黄初、张泽民编：《中学作文教学设计·高中综合训练专辑》，《语文教学通讯》增刊。

71.《试论叶圣陶语文教育的理论和实践》，《现代语文论坛》第 1 期。

72.《发展学生的理论思维——兼谈加强经典著作教学的现实意义》，《上海教育》第 1 期。

73.《认真学习叶圣陶语文教育思想 探索语文教学民族化科学化的道路》，《语文教学通讯》第 1 期，署名本刊评论员。

74.《记叙与体验——从〈小麻雀〉的记叙艺术谈起》，郑州市教育局教研室编：《教学通讯》第 2 期。

75.《〈威尼斯商人〉简评》，《语文新圃》2 月号。

76.《现状与设想——谈语文教学法课程的教学》，《扬州师院学报》第 2 期。

77.《语言·文字·思想》，南通师专中文科编：《教学与研究》第 4 期。

78.《"出路"在于改革——致郑天任同志》，《扬州师院学报》第 4 期。

79.《对于阅读教学的思考》，《课程·教材·教法》第 5 期。

80.《且看前辈留下的脚印——介绍几部早期的〈中学语文教学法〉教材》，安徽省语文教学法研究会第二次年会会刊。

81.《着眼于培养能力并形成习惯》,《语文教学通讯》第 6 期。

82.《着力于语文能力的全面训练》,《语文教学通讯》第 7 期。

83.《教材无非是例子》,《语文教学通讯》第 8 期。

84.《引读教例选评》(与洪宗礼、程良方、柳印生合作),杭州大学中文系编:《语文战线》第 8 期。

85.《三读三问〈雷电颂〉》,郑州市教育局教研室编:《教学通讯》第 8 期。

86.《预习——训练阅读的最重要的阶段》,《语文教学通讯》第 9 期。

87.《注重作文的全程训练》,《中学语文教学》第 10 期。

88.《命题作文与情景设计》,《江苏教育》第 10 期。

89.《讨论——上课活动最主要的方式》,《语文教学通讯》第 10 期。

90.《〈我国古代的车马〉教案》,《语文新圃》10 月版。

91.《语文教育理论研究的新开端——叶圣陶语文教育思想讨论会侧记》,杭州大学中文系编:《语文战线》第 11 期,署名李成。

92.《精读、略读与参读的相互配合》,《语文教学通讯》第 11 期。

93.《读〈雪〉》,收录于《〈野草〉赏析》,福州:福建人民出版社。

94.《读〈淡淡的血痕中〉》,收录于《〈野草〉赏析》,福州:福建人民出版社。

1984 年

95.《泛论高师"中学语文教育"课程结构》(顾黄初、李杏保),上海师院分院编:《教学与研究》第 1 期。

96.《中学作文教学法概要》,收录于扬州教院编:《初中语文教材教法进修丛书》。

97.《让叶圣陶教育思想放射光彩》,《江苏教育》第 2 期。

98.《一代宗师叶圣陶》,《师范教育》第 2 期。

99.《夏丏尊与语文教育》,《语文教学论坛》第 2 期。

100.《试论中学作文教学的几个问题》,《扬州师院学报（社会科学版)》第 4 期。

101.《学习叶老的教育思想》,《民进》第 4 期。

102.《学用结合 以实为主》,《山西教育》第 6 期。

103.《〈蝉〉教案》,收录于《高中语文教案·第 1 册》,北京:北京师范大学出版社。

104.《学习叶圣陶语文教育思想大力改进中学语文教学》,安徽省语文教学法研究会第三次年会会刊 8 月版。

105.《关键在于提高教师的素养》,郑州市教育局教研室编:《教学通讯》第 9 期。

106.《为什么考和怎样考》,郑州市教育局教研室编:《教学通讯》第 11 期。

107.《注意"环境"的影响——学生语文能力形成和发展的条件之一》,盐城教育局编:《教研通讯报》第 14 期。

1985 年

108.《对写作教学科学化的追求》,《语文导报》第 1 期。

109.《教学也要松绑》,《江苏教育》第 2 期。

110.《〈雷雨〉教案》,收录于《中学语文参考教案》,昆明:云南人民出版社。

111.《〈诗词八首〉教案》,收录于《中学语文参考教案》,昆明:云南人民出版社。

112.《让笔底透出感情》,《中学生读写通讯》第 3 期。

113.《试论叶圣陶的语文教育观》,《殷都学刊》第 4 期。

114.《〈灌园叟晚逢仙女〉教案》,收录于《高中语文教案·第 6 册》,北京:北京师范大学出版社。

115.《语文教育发展史》，杭州大学中文系编：《语文战线》增刊 7 月版。

116.《让思想冲破牢笼——语文教育开拓者的赞歌》，《语文导报》第 8 期。

117.《〈我的叔叔于勒〉教案》，收录于《优秀初中语文教案》，武汉：湖北教育出版社。

118.《在思考中走向成熟——从〈牛年，牛耕！牛思?〉想到的》，《语文学习》第 10 期。

119.《今年高考作文试题给我们提供了怎样的信息》，《江苏教育》第 11 期。

120.《要教会学生自己读书——读〈叶圣陶语文教育论集〉一得》，收录于黄岳洲编：《中学语文参考教案》，昆明：云南教育出版社。

1986 年

121. 顾黄初、张泽民主编：《初中作文教学设计》，北京：北京师范大学出版社。

122.《阅读中的吸收和倾吐》，《扬州教育学院学报》第 1 期。

123.《论语文教育研究的三个面向》，《殷都学刊》第 2 期。

124.《语文教师应该具备的智能素养》，收录于《中学语文教学中的智力开发》，成都：四川教育出版社。

125.《传统，需要科学的反思》，《语文学习》第 9 期。

126.《舒展自如 聚散得宜》，收录于《台港澳中学生作文选评》，成都：四川少儿出版社。

127.《善于"发现"》，收录于《台港澳中学生作文选评》，成都：四川少儿出版社。

1987 年

128.《叶圣陶教育理论及其形成和发展》，《扬州师院学报》第 2 期。

129.《希望见效于"大面积"》，《江苏教育》第 3 期。

130.《贵在脚踏实地》，烟台师院编：《语文教学》第 3 期。

131.《浅谈教学目的的确定》，《师范教育》第 7 期。

132.《敏于思考 勤于探索——江苏省中学语文特级教师教改实践述评》，《语文学习》第 11 期。

133.《工笔重彩画离情——读何其芳〈秋海棠〉》，《语文学习》第 12 期。

134.《中学生思维训练·序》，收录于洪宗礼、程良方著：《中学生思维训练》，昆明：云南教育出版社。

135.《四十年代的语文教育》，收录于《中国现代语文教育发展史》，昆明：云南出版社。

1988 年

136.《语文教学要贴近生活》，南通教育学院编：《教学与研究》第 1 期。

137.《略论朱自清的语文教育思想》，《扬州师院学报》第 3 期。

138.《叶圣老最后留下的》，《语文教学通讯》第 3 期。

139.《用正确的教育思想指导教学》，《师范教育》第 7 期。

140.《明天将更美好——省中学语文优秀课评选活动述评》，《江苏教育》第 7、8 期合刊。

1989 年

141. 顾黄初、于满川、杨履武编：《语文教学论》，南京：南京大学出版社。

142.《试论语体学与语文教学》，《扬州师院学报》第 3 期。

143.《试论语文教学活动中的主体问题》，《扬州师院学报》第 3 期，署名陈景贤。

144.《介绍一套初中语文实验课本》，《中学语文教学》第 3 期。

145.《新编课本怎样才有竞争力》，《语文学习》第 4 期。

146.《语文教育研究的理论跋涉——就新时期语文教育理论研究答编辑部问》，《中学语文教学参考》第 4 期。

147.《各类课文的分析研究》，收录于《初中语文教材分析和研究》，北京：人民教育出版社。

148.《读和写是一对"连体婴儿"》，《中学课程辅导·名师百人谈》7 月刊。

149.《语文教学发展的历史轨迹》，《语文学习》第 9 期。

150.《新编中学语文教案·序》，收录于黄岳洲著：《新编中学语文教案》，西安：陕西人民出版社。

151.《刘半农的语文教学革新尝试》，《语文学习》第 10 期。

1990 年

152. 顾黄初编：《中小学生学习方法指导丛书》，南京：南京出版社。

153.《一套重在体系改革的初中语文实验课本》，《江苏教育研究》第 1 期。

154.《一种优化课堂教学结构的新思路》，《扬州教育学院学报》第 2 期。

155.《五四时期程序教学研究的勃兴》，《语文学习》第 2 期。

156.《设计教学法在语文科中的尝试》，《语文学习》第 2 期，署名维扬。

157.《试论语文教育家叶圣陶》，收录于《叶圣陶语文教育思想研究》，南京：江苏教育出版社。

158.《于无声处听惊雷——茅盾的〈雷雨前〉》，收录于《现代抒情散文选讲》，南京：江苏教育出版社。

159.《灵犀一点见深情——叶绍钧的〈与佩弦〉》，收录于《现代抒情散文选讲》，南京：江苏教育出版社。

160.《自然美的发现和再现——巴金的〈鸟的天堂〉》，收录于《现代抒情散文选讲》，南京：江苏教育出版社。

161.《工笔重彩画离情——何其芳的〈秋海棠〉》，收录于《现代抒情散文选讲》，南京：江苏教育出版社。

162.《黎锦熙的中学语文教学改革方案》，《语文学习》第4期。

163.《语文新教材知识点拨与能力训练·序》，收录于王斌著：《语文新教材知识点拨与能力训练》，南京：东南大学出版社。

164.《新星在闪耀》，《江苏教育》第6期。

165.《在语文科中的道尔顿制实验》，《语文学习》第8期。

166.《叶圣陶与汉语文课程建设》，《课程·教材·教法》第10期。

167.《梁启超国文阅读教学构想》，《语文学习》第11期。

1991 年

168. 顾黄初著：《现代语文教育史札记》，南京：南京出版社。

169. 顾黄初、李杏保编：《二十世纪前期中国语文教育论集》，成都：四川教育出版社。

170.《"导儿学步"的真谛》，《江苏教育》第1期。

171.《语文教育辞典》(撰写97条)，延边：延边人民出版社。

172.《要重视说话训练——写在〈初中口语〉出版之前》，收录于罗世杰、蒋清和编：《初中口语》，北京：中国国际广播出版社。

173.《文章的"比较研究法"》,《江苏教育》第 3 期。

174.《论汉语文教材的优选、组合和延展》(与朱川彬、洪宗礼合写),《教育评论》第 3 期。

175.《初中语文单元提要与训练·序》,收录于庄雨青著:《初中语文单元提要与训练》;青海:青海人民出版社。

176.《学好语文的目的和途径·序》,收录于陈大庆等著:《学好语文的目的和途径》,南京:江苏教育出版社。

177.《爱我扬州·编者的话》,收录于《爱我扬州》,南京:江苏教育出版社。

178.《梁启超作文教学四原则》,《江苏教育》第 7、8 期合刊。

179.《先试新梢几缕黄——第一届"西湖笔会"记盛》,杭州大学《语文战线》第 8 期,署名江南春。

180.《叶圣陶先生与汉语文课程建设》,收录于《叶圣陶研究论文集》,北京:开明出版社。

181.《爱我扬州·中学语文乡土教材》,收录于《爱我扬州》,南京:江苏教育出版社。

182.《阅读中的吸收与倾吐》,《中学生阅读》10 月号。

1992 年

183.《语文与人才素质》,南京师范大学编:《语文之友》第 1 期。

184.《新苗带来温馨的梦》,江苏省扬州中学编:《新苗》第 1 期。

185.《大语文教学法·序》,收录于姚竹青著:《大语文教学法》,北京:北京教育出版社。

186.《语文教学研究的多向探索》,《扬州师院学报》第 3 期。

187.《寄语〈中语参〉》,《中学语文教学参考》第 3 期。

188.《当我第四次躺上手术台》,《江苏人大》第 3 期。

189.《小议"人民代表"的知和行》,《扬州人大通讯》第 6 期。

190.《语文教学的辩证艺术·序》，收录于柳印生著：《语文教学的辩证艺术》，南京：江苏教育出版社。

191.《马迹山诗词选注·序》，收录于史国君著：《马迹山诗词选注》，北京：华夏出版社。

192.《语言教学与训练·序》，收录于林润昌著：《语言教学与训练》，南京：江苏少年儿童出版社。

193.《源于传统 汇为新流——读〈张隆华中国语文教育史纲〉引起的思考》，《中学语文教学参考》第9期。

194.《完善课程结构突显教材个性——关于语文教育学课程教材建设》，《扬州大学学报（高教研究版）》第11期。

195.《实用文写作导引·序》，收录于周裕国等著：《实用文写作导引》，南京：南京出版社。

196.《阅读教育学·序》，收录于王松泉著：《阅读教育学》，沈阳：辽宁大学出版社。

1993 年

197. 顾黄初编：《语文大世界》，南京：江苏教育出版社。

198. 顾黄初编：《教你说和写》，南京：江苏人民出版社。

199.《对语文教学自身的再认识》，《江苏教育》第1期。

200.《语文教学应有规律可循——张志公先生的说和做》，《河北师院学报》第1期。

201.《这意味着一种责任》，《江苏人大》第2期。

202.《从比较中引出的分析与思考——读〈九年义务教育初中语文教学大纲〉》，收录于《语文教学大纲·学习指导》，北京：人民教育出版社。

203.《高中议论文写作与思维训练·序》，收录于蒋念祖著：《高中议论文写作与思维训练》，成都：四川教育出版社。

204.《培养议论能力的有益尝试》,《江苏教育》第 4 期。

205.《语文教苑一枝秀——浙江省新编〈初中语文〉教科书读后》,《语文教研》第 5 期。

206.《教学艺术论·序》,收录于杨青松著:《教学艺术论》,成都:四川教育出版社

207.《发刊词》,《教育理论与实践》5 月刊,内部资料。

208.《语文基本课文精读·序》,收录于徐祥玉、鲍存根著:《语文基本课文精读》,成都:成都科技大学出版社。

209.《要经受得住两种检验——与中学生谈写作训练》,《现代写作报》第 17 期。

210.《浅谈教学目的的确定》,收录于杨九俊主编《小学语文备课大全·第 1 册》。

211.《初中语文精彩语段导析·序》,收录于邢江中学编:《初中语文精彩语段导析》。

212.《93 高考作文试卷分类选析·序》,收录于叶平衡等著:《93 高考作文试卷分类选析》,南京:南京大学出版社。

213.《教师职业基本技能训练·序》,收录于刘化众著:《教师职业基本技能训练》,合肥:安徽教育出版社。

214.《九寨沟风情》,《扬州日报》10 月 13 日。

215.《"似懂非懂"不要紧》,《阅读报》10 月 15 日。

1994 年

216. 顾黄初著:《叶圣陶语文教育思想讲话》,北京:开明出版社。

217. 顾黄初、华耀祥著:《板桥家书译注》,北京:人民文学出版社。

218. 顾黄初、钱梦龙、徐振维、欧阳代娜、张鸿苓、章熊编:《〈九年义务教育初级中学语文教学大纲〉能力训练内容指要》,成都:四川教育出版社。

219.《高中语段阅读技能训练精编·序》，收录于郭玉和著：《高中语段阅读技能训练精编》，北京：语文出版社。

220.《三明治与饭盒子》，《扬州人大》第 1 期。

221.《台湾美文评点〈花香〉》，《中学生阅读》第 3 期。

222.《一本别有情趣的书——读郑万钟〈漫说红楼话教育〉》，《江苏教育报》3 月 9 日。

223.《"出"自"红楼""入"于教育》，《扬州日报》3 月 29 日。

224.《扭亏断想》，《扬州人大》第 5 期。

225.《古诗词导读·序》，收录于曹凤亮著：《古诗词导读》，南京：南京出版社。

226.《叶圣陶语文教育言论摘编·序》，收录于智仁勇、贡泽培、杨缓著：《叶圣陶语文教育言论摘编》，天津：天津古籍出版社。

227.《花季之歌·序》，收录于孔繁秋著：《花季之歌》，南京：江苏文艺出版社。

228.《喜看清泉入万家——水乡沈高行》，《扬州日报》9 月 29 日。

229.《贴近生活：语文教学改革的一种趋势》，《中学语文教学参考》第 10 期。

230.《学习叶圣陶　发展叶圣陶》，《语文学习》，第 10 期。

231.《择校小议》，《扬州日报》10 月 18 日，署名达人。

232.《语文教学艺术论·序》，收录于杨九俊著《语文教学艺术论》，南京：江苏教育出版社。

1995 年

233. 顾黄初、刘国正、章熊主编：《中国语文教育丛书·中国古代语文教育史》(张隆华等著)，成都：四川教育出版社。

234. 顾黄初、刘国正、章熊主编：《中国语文教育丛书·中国当代写作与阅读测试》(章熊著)，成都：四川教育出版社。

235. 顾黄初、刘国正、章熊主编：《中国语文教育丛书·结构思想和语文教学改革》(方骏著)，南京：江苏教育出版社。

236. 顾黄初著：《语文教育论稿》，北京：人民教育出版社。

237.《200期赞》，《语文教学通讯》第5期。

238.《关于民主的制度化法律化》，《扬州人大》第5期。

239.《第二章 中学语文学科的教学大纲与教材》，收录于王世堪主编：《中学语文教学法》，北京：高等教育出版社。

240.《携手十年民进路》，《扬州政协》第6期。

241.《说"包装"》，《扬州日报》7月28日，署名达人。

242.《教育投资也要讲效益——写在〈教育法〉颁布之际》，《扬州日报》7月29日。

243.《莫让文化久寂寥》，《扬州日报》7月30日，署名达人。

244.《把握游记散文的三要素》，收录于马春暄主编：《名师帮你学》，南宁：广西师范大学出版社。

245.《国耻与国威》，《扬州日报》8月29日，署名达人。

246.《增强"依法治教"意识——学习〈中华人民共和国教育法〉的一点体会》，《师范教育》第7、8期合刊。

247.《"学"风挡不住》，《扬州日报》9月12日，署名达人。

248.《育人以法宜趁早》，《扬州日报》9月30日，署名达人。

249.《洪宗礼语文教学论集·序》(顾黄初与刘国正合著，顾黄初执笔)，收录于洪宗礼著：《洪宗礼语文教学论集》，南京：江苏教育出版社。

250.《勇闯高中语文教改新路》，《现代写作报》12月15日。

1996年

251. 顾黄初、顾振彪著：《语文教材的编制与使用》，南京：江苏教育出版社。

252. 顾黄初编：《中国语文教师高级进修丛书》，南京：江苏教育出版社。

253.《语文教学法新论·序》，收录于徐林祥等著：《语文教学法新论》，北京：华夏出版社。

254.《青春年华需勤读》，《中学语文教学》第 1 期。

255.《从"一个违法者讲的故事"说开去》，《扬州日报》1 月 2 日，署名达人。

256.《文化与经济小议》，《扬州日报》1 月 25 日，署名达人。

257.《好花报春来》，《扬州日报》1 月 30 日，署名达人。

258.《东瀛拾穗》，《扬州人大》第 2 期。

259.《开拓"语文教育史"研究之路》，收录于《进取的十五年——中国教育学会语文教学法研究会成立十五周年纪念》，长春：东北师大出版社。

260.《关于语文教育研究》，《扬州师院学报》第 3 期。

261.《目标：提高 45 分钟课堂教学效率（上）》，《江苏教育报》3 月 4 日。

262.《目标：提高 45 分钟课堂教学效率（下）》，《江苏教育报》4 月 1 日。

263.《语文素质教育的基本要求》，《上海师专学报》第 5 期。

264.《高中语文教学指导·高一分册·序》，收录于秦兆基著：《高中语文教学指导·高一分册》，苏州：苏州大学出版社。

265.《手段与目的——有关课堂教学的一个认识问题》，《江苏教育报》6 月 24 日。

266.《重在建设贵在实效——学习中共十四届六中全会决议的一点体会》，《扬州政协》第 6 期。

267.《语文教材建设的新尝试》,《语文学习》第 6 期。

268.《安居乐教知党恩》,《扬州日报》7 月 2 日,署名达人。

269.《从"改水"到"改厕"》,《扬州日报》7 月 7 日,署名达人。

270.《初中语文备课大全·第 1 册·序》,收录于蒋念祖著:《初中语文备课大全·第 1 册》,南京:江苏教育出版社。

271.《进和退的辩证法》,《江苏教育报》9 月 30 日。

272.《全国青年教师中学语文论集·序》,收录于李震编:《全国青年教师中学语文论集》,北京:语文出版社。

273.《三年硕果送来春消息——在江苏省中小学语文教学改革成果汇报会上的讲话》,收录于《中小学教学改革成果汇报会·资料汇编》,南京:江苏教育出版社。

274.《教给学生科学的思维方法》,《江苏教育报》12 月 2 日。

275.《以党为师立会为公》,《江苏统战》第 12 期。

1997 年

276. 顾黄初、李杏保著:《中国现代语文教育史》,成都:四川教育出版社。

277.《花季拾萃·序》,收录于王岫庐著:《花季拾萃》,南京:江苏教育出版社。

278.《议论文写作十法·序》,收录于柳印生著:《议论文写作十法》,南京:江苏教育出版社。

279.《让学生学会在阅读中思考》,《江苏教育报》1 月 14 日。

280.《语文学科性质之我见》,《语文学习》第 1 期。

281.《语文素质教育研究·序》,收录于陈学法著:《语文素质教育研究》,大连:大连理工大学出版社。

282.《找准两个文明建设的结合点》,《扬州日报》3 月 24 日,署名达人。

283.《语文学科教育改革刍议》,《学科教育与探索》第 4 期。

284.《知有不言 言有不尽》,《江苏教育报》4 月 15 日。

285.《大兴艰苦奋斗之风》,《扬州日报》4 月 27 日,署名达人。

286.《春到人间草木知》,《扬州日报》6 月 23 日,署名达人。

287.《掌声在人民大会堂回响》,《扬州日报》6 月 26 日。

288.《当代中国语文教育研究的新成果——读江苏教育出版社〈中国著名特级教师教学思想录〉中学语文卷和小学语文卷》,《中国教育报》6 月 20 日。

289.《也谈"一杯水"与"一桶水"》,《江苏教育报》7 月 22 日。

290.《教育美学·序》,收录于高贵喜著:《教育美学》,南京:江苏人民出版社。

291.《亚举赛与语言文字》,《扬州日报》8 月 4 日,署名达人。

292.《语文教学与素质教育》,《语文教学与研究》第 9 期。

293.《关于语文素质教育的思考》,《中学语文》第 9 期。

294.《时代要求加强教师队伍建设》,《扬州日报》9 月 5 日,署名达人。

295.《提倡健康文明的生活方式》,《扬州日报》10 月 3 日,署名达人。

296.《投好神圣的一票》,《扬州日报》11 月 14 日,署名达人。

297.《祝贺与希望》,收录于洪宗礼著:《洪宗礼初中语文教材研究荟萃》,南京:江苏教育出版社。

298.《人生的选择》,收录于《江苏学人随笔》,南京:南京大学出版社。

1998 年

299. 顾黄初、刘国正、章熊编:《中国语文教育丛书》,成都:四川教育出版社。

300.《切入口与切入法》，《江苏教育报》1 月 13 日。

301.《请别全怪教师》，《江苏教育报》3 月 10 日。

302.《语文学科教育的百年步履》，《中学语文教学参考》第 1、2 期

303.《要学会说点新鲜话》，《作文选读》第 4 期。

304.《语文教学研究文集·序》，收录于陈良琨、陈良璜著：《语文教学研究文集》，北京：兵器工业出版社。

305.《难忘"西湖笔会"》，《语文学习》第 4 期。

306.《开启心扉，导夫先路——学习〈吕叔湘论语文教育〉》，《江苏教育研究》第 6 期。

307.《高中语文阅读规范讲习·序》，收录于郭玉和著：《高中语文阅读规范讲习》，南京：江苏教育出版社。

308.《继承与创新相结合的可贵探索——学习蔡澄清中学语文"点拨教学法"》，《中学语文教学》第 7 期。

309.《培养创新能力初探》，《江苏教育报》7 月 21 日。

310.《叶圣陶语文教育思想概论·序》，董菊初著：《叶圣陶语文教育思想概论》，北京：开明出版社。

311.《教后须反思》，《江苏教育报》10 月 13 日。

312.《减负增效关键在教师——读〈邓小平教育理论学习纲要〉》，《江苏教育报》11 月 24 日。

313.《为推进语文教学科学化和民族化鞠躬尽瘁》，收录于《张志公先生纪念文集》，北京：北京大学出版社。

314.《语文教苑一枝秀》，收录于《世纪之交的探索与实践》，杭州：浙江教育出版社。

1999 年

315. 顾黄初主审：《语文·实验本第 2 册》，北京：高等教育出版社。

316.《为跨世纪的语文教材建设奉献精品——在苏教版初中语文教材工作会议上的讲话》,《语文教苑》第1期。

317.《学生背诵古诗一百首·序》,收录于姚敏勇著:《学生背诵古诗一百首》,哈尔滨:黑龙江少儿出版社。

318.《喜迎国庆话当年》,《江苏民进》第3期。

319.《学贵有疑,教贵激疑》,《江苏教育报》4月2日。

320.《一份建议三件答复引出的思考》,《扬州人大》第5期。

321.《语文教学导向》,收录于《语文教学概论》,北京:高等教育出版社。

322.《语文活动课方案选粹·序》,收录于孙汉洲著:《语文活动课方案选粹》,徐州:中国矿业大学出版社。

323.《三校生文化素质教育助读丛书·序》,收录于《三校生文化素质教育助读丛书》,上海:上海大学出版社。

324.《选准突破口·序》,收录于戈玉华著:《选准突破口》,北京:海潮出版社。

325.《教育科研三戒》,《江苏教育报》9月7日。

326.《世纪之交的探索与思考——全国中专语文教学改革论文集萃·序》,收录于《世纪之交的探索与思考——全国中专语文教学改革论文集萃》,北京:高等教育出版社。

2000 年

327. 顾黄初主审:《语文·实验本第3册》,北京:高等教育出版社。

328. 顾黄初、李杏保编:《二十世纪后期中国语文教育论集》,成都:四川教育出版社。

329. 顾黄初编:《中国现代语文教育百年事典》,上海:上海教育出版社。

330.《现实的困惑和历史的使命——语文学科课程改革的背景研究》,《中学语文》第 1 期。

331.《苏州处处新》,《苏州日报》3 月 12 日。

332.《语文学科课程改革的价值与趋势》,《中学语文》第 9 期。

333.《关于中国语文教育史研究的对话》(刘正伟、顾黄初),《中学语文教学》第 10 期。

334.《阅读学研究的新成果——读曾祥芹主编的〈阅读学新论〉》,《课程·教材·教法》第 10 期。

335.《在继承中求创新(摘要)》,《语文学习》第 11 期。

336.《在继承中求创新》,《语文学习》第 11 期。

337.《二维知识模式与课堂教学策略》(顾黄初、张悦群),《成才导报》12 月 13 日。

338.《语文学习方法论·序》,收录于陈东著:《语文学习方法论》,北京:新华出版社。

339.《中国语文教育的讨论与改革思路》,收录于江明主编:《问题与对策——也谈中国语文教育》,北京:教育科学出版社。

2001 年

340. 顾黄初、谢海泉编:《中职语文(提高版)·第一册》,北京:高等教育出版社。

341. 顾黄初、顾振彪著:《语文课程与语文教材》,北京:社会科学文献出版社。

342. 顾黄初编:《21 世纪语文教育文库·教师继续教育系列》,北京:社会科学文献出版社。

343.《增加点难度 提高点速度》,《中学语文教学》第 1 期。

344.《新世纪的语文教育革新之路——学习张志公先生语文教育思想》,收录于王本华编:《纪念张志公学术文集》,北京:人民教育出版社。

345.《在继承中求创新——学习刘国正语文教育思想一得》,《课程·教材·教法》第 2 期。

346.《新视角·新观点·新风范——谈语文教育研究》,《中学语文》第 3 期。

347.《以党为师循党之路》,《扬州日报》6 月 29 日。

348.《关于语文学科课程改革的一些设想》,《教学月刊 (中学文科版)》第 7 期。

349.《结构不良领域与随机进入教学》(顾黄初、张悦群合写),《上海教育科研》第 11 期。

350.《文言、白话之争》,《语文教学通讯》第 1 期,署名雨辰。

351.《语文学科名称之变》,《语文教学通讯》第 2 期,署名雨辰。

352.《语文课程之探讨》,《语文教学通讯》第 3 期,署名雨辰。

353.《中外母语教材内容的比较研究》,收录于柳士镇、洪宗礼主编:《中外母语教材比较研究论集》,南京:江苏教育出版社。

354.《鸟言兽语之争》,《语文教学通讯》第 6 期,署名雨辰。

355.《小学新启蒙教程·语文·序》,收录于徐冬梅著:《小学新启蒙教程·语文》,北京:知识出版社。

356.《语文教育的心理学原理·序》,收录于韩雪屏著:《语文教育的心理学原理》,上海:上海教育出版社。

357.《中学语文教科书体例之变》,《语文教学通讯》第 7 期,署名雨辰。

358.《从"暂拟系统"到"系统提要"》,《语文教学通讯》第 8 期,署名雨辰。

359.《中学生国文程度之辩》《语文教学通讯》第 9 期,署名雨辰。

360.《〈红领巾〉观摩教学的讨论》,《语文教学通讯》第 10 期,署名雨辰。

361.《语文学科特征之辩》,《语文教学通讯》第 11 期,署名雨辰。

362.《关于汉语语法问题的论争》,《语文教学通讯》第 12 期,署名雨辰。

363.《汉语·文学分科教学试验的讨论》,《语文教学通讯》第 13—15 期,署名雨辰。

364.《关于"文道之争"》,《语文教学通讯》第 14—16 期,署名雨辰。

365.《语文教科书编制之分合》,《语文教学通讯》第 17 期,署名雨辰。

366.《对于"爱的教育"思想的讨论》,《语文教学通讯》第 19 期,署名雨辰。

367.《现代化和民族化之辩》,《语文教学通讯》第 21 期,署名雨辰。

368.《教材编审制度之变》,《语文教学通讯》第 22 期,署名雨辰。

369.《语海泛舟·序》,收录于姚敏勇著:《语海泛舟》,南京:江苏古籍出版社。

2002 年

370. 顾黄初、谢海泉编:《中职语文(提高版)·第三册》,北京:高等教育出版社。

371. 顾黄初著:《顾黄初语文教育文集》(上、下),北京:人民教育出版社。

372. 顾黄初、谢海泉编:《中职语文(提高版)·第四册》,北京:高等教育出版社。

373.《坚持执政为民是贯彻"三个代表"的本质要求》,《扬州大学学报(人文社科版)》第 4 期。

374.《〈事典〉成书始末》,《语文学习》第 9 期。

375.《适当调整税收政策，大力扶持传统工艺美术生产》，《人民与权力》第 10 期。

2003 年

376.《语文教育漫论·序》，收录于曹洪顺著：《语文教育漫论》，青岛：中国海洋大学出版社。

377.《教海拾贝·序》，收录于朱再铭著：《教海拾贝》，北京：光明日报出版社。

2004 年

378.《语文教材研究的又一个新视角——读 ［日］ 藤井省三〈鲁迅《故乡》阅读史〉》，《课程·教材·教法》第 1 期。

379.《教会学校与近代中国职业教育的萌生》(顾黄初、顾定红)，《教育史研究》第 3 期。

380.《谈"书"——"文化扬州"絮谈之一》，《扬州晚报·绿杨风》6 月 5 日。

381.《谈"艺"——"文化扬州"絮谈之二》，《扬州晚报·绿杨风》6 月 19 日。

382.《谈"诚"——"文化扬州"絮谈之三》，《扬州晚报·绿杨风》7 月 3 日。

2005 年

383.《"墨池水暖"永相随》，《中学语文教学》第 1 期。

384.《中国传统教育与美学》，《东南大学学报（哲学社会科学版)》第 7 卷第 2 期。

385.《先秦至两汉：我国古代职业技术教育的奠基期》(顾黄初、顾定红)，《江阴职业技术学院学报》第 6 期。

386.《亲近母语 走近经典——说说"亲近母语"课题组的"理想国"》，《新语文学习·中学教师》第 7—9 期。

2006 年

387.《生命·生活·生态——我的语文教育观》,《湖南教育·语文教师》第 8 期。

388.《吁请重视当代语文教育史研究—— 一次学术年会上的发言提纲》,《中学语文》第 11 期。

389.《影响中国 20 世纪的语文教育大家——蔡元培》,《语文教学通讯·初中刊》第 1 期,署名雨辰。

390.《影响中国 20 世纪的语文教育大家——穆济波》,《语文教学通讯·初中刊》第 2 期,署名雨辰。

391.《影响中国 20 世纪的语文教育大家——徐特立》,《语文教学通讯·初中刊》第 3 期,署名雨辰。

392.《影响中国 20 世纪的语文教育大家——吴研因》,《语文教学通讯·初中刊》第 4 期,署名雨辰。

393.《影响中国 20 世纪的语文教育大家——黎锦熙》,《语文教学通讯·初中刊》第 5 期,署名雨辰。

394.《影响中国 20 世纪的语文教育大家——陈望道》,《语文教学通讯·初中刊》第 6 期,署名雨辰。

395.《影响中国 20 世纪的语文教育大家——王森然》,《语文教学通讯·初中刊》第 7—8 期,署名雨辰。

396.《影响中国 20 世纪的语文教育大家——舒新城》,《语文教学通讯·初中刊》第 9 期,署名雨辰。

397.《影响中国 20 世纪的语文教育大家——胡适》,《语文教学通讯·初中刊》第 10 期,署名雨辰。

398.《影响中国 20 世纪的语文教育大家——朱自清》,《语文教学通讯·初中刊》第 11 期,署名雨辰。

399.《影响中国 20 世纪的语文教育大家——叶苍岑》,《语文教学通讯·初中刊》第 12 期,署名雨辰。

400.《影响中国 20 世纪的语文教育大家——梁启超》,《语文教学通讯·高中刊》第 1 期,署名雨辰。

401.《影响中国 20 世纪的语文教育大家——蒋维乔》,《语文教学通讯·高中刊》第 2 期,署名雨辰。

402.《影响中国 20 世纪的语文教育大家——夏丏尊》,《语文教学通讯·高中刊》第 3 期,署名雨辰。

403.《影响中国 20 世纪的语文教育大家——钱基博》,《语文教学通讯·高中刊》第 4 期,署名雨辰。

404.《影响中国 20 世纪的语文教育大家——艾伟》,《语文教学通讯·高中刊》第 5 期,署名雨辰。

405.《影响中国 20 世纪的语文教育大家——周予同》,《语文教学通讯·高中刊》第 6 期,署名雨辰。

406.《影响中国 20 世纪的语文教育大家——叶圣陶》,《语文教学通讯·高中刊》第 7—8 期,署名雨辰。

407.《影响中国 20 世纪的语文教育大家——陈鹤琴》,《语文教学通讯·高中刊》第 9 期,署名雨辰。

408.《影响中国 20 世纪的语文教育大家——陶行知》,《语文教学通讯·高中刊》第 10 期,署名雨辰。

409.《影响中国 20 世纪的语文教育大家——吕叔湘》,《语文教学通讯·高中刊》第 11 期,署名雨辰。

410.《影响中国 20 世纪的语文教育大家——阮真》,《语文教学通讯·高中刊》第 12 期,署名雨辰。

2007 年

411.《要强化母语教育》,《小学语文》第 3 期。

412.《以"三重"夯实基础》,《小学语文》第 6 期。

413.《名师教语文·序》,收录于于漪、刘远主编:《名师教语文》,北京:语文出版社。

414.《他为我们绘制了宏伟蓝图——为王松泉语文教育思想研究课题立项而作》,收录于曹颖群主编:《王松泉语文教育思想研究》,北京:社会科学文献出版社。

415.《写作素质化解读与导引·序》,收录于周仕龙著:《写作素质化解读与导引》,武汉:崇文书局。

416.《重读叶圣陶》,《中学语文》第 12 期。

2008 年

417.《陈日亮的境界——〈我即语文〉读后感悟》,《语文教学研究》第 1 期。

418.《且听梁启超怎么说——关于"讲读"》,《新语文学习》第 1—2 期。

419.《人生的感悟》,《中学语文教学》第 1 期。

420.《话说"语文人生"》,《语文教学通讯·高中刊》第 2 期。

421.《探求先辈语文课程教材编制的心路》,收录于《母语教材研究》,南京:江苏教育出版社。

422.《理论跋涉和科学实验:推进我国现代语文教材建设的两大动力》,收录于《母语教材研究》,南京:江苏教育出版社。

423.《再听梁启超怎么说——关于"作文"》,《新语文学习》第 5—6 期。

424.《我国现代语文课程教材建设百年的理论跋涉》,《江苏教育研究(理论版)》第 8 期。

2009 年

425.《奇迹的启示——洪宗礼述评》,《中学语文》第 1 期。

426.《教材实验：教材名家成功之路》，收录于袁振国主编：《这就是教育家——品读洪宗礼》，北京：教育科学出版社。

图书在版编目（CIP）数据

生命·生活·生态：顾黄初教育文选/顾黄初著；梁好选编.
--北京：开明出版社，2023.1

（开明教育书系/蔡达峰主编）

ISBN 978-7-5131-7731-3

Ⅰ.①生… Ⅱ.①顾… ②梁… Ⅲ.①语文教学–教学研究–
文集 Ⅳ.①H19-53

中国版本图书馆 CIP 数据核字（2022）第 190526 号

出 版 人：陈滨滨
责任编辑：卓 玥 程 刚

生命·生活·生态：顾黄初教育文选

SHENGMING·SHENGHUO·SHENGTAI：GUHUANGCHUJIAOYUWENXUAN

出 版：开明出版社
　　　　（北京海淀区西三环北路 25 号 　邮编 100089）
印 刷：保定市中画美凯印刷有限公司
开 本：710×1000 　1/16
印 张：23.25
字 数：300 千字
版 次：2023 年 1 月第 1 版
印 次：2023 年 1 月第 1 次印刷
定 价：75.00 元

印刷、装订质量问题，出版社负责调换。联系电话：（010）88817647